서비스 코칭 관리사

필기

한국CS경영아카데미 지음

서비스 코칭 관리사(필기)

초판 1쇄 인쇄일 2019년 10월 23일
초판 1쇄 발행일 2019년 10월 29일

지은이 박종태
펴낸이 양옥매
디자인 송다희 임흥순

펴낸곳 도서출판 책과나무
출판등록 제2012-000376
주소 서울특별시 마포구 방울내로 79 이노빌딩 302호
대표전화 02.372.1537 **팩스** 02.372.1538
이메일 booknamu2007@naver.com
홈페이지 www.booknamu.com
ISBN 979-11-5776-793-9 (13320)

이 도서의 국립중앙도서관 출판예정도서목록(CIP)은 서지정보유통지원시스템
홈페이지(http://seoji.nl.go.kr)와 국가자료종합목록시스템(http://www.nl.go.
kr/kolisnet)에서 이용하실 수 있습니다. (CIP제어번호: CIP2019041501)

서비스 코칭 관리사

필기

한국CS경영아카데미 지음

국내 서비스 조직 관리자의 코칭 실무 역량 향상 및
자격 검증을 위한 실무 자격증

책나무

4차 산업혁명의 여파로 인해 고객의 요구가 갈수록 까다로워지고 경영환경이 하루가 다르게 변화하고 있는 상황에서 단순히 서비스 직원들의 태도만을 가지고 고객의 욕구를 충족시키기란 어렵다. 게다가 고객이 다양한 채널을 통해 단순한 정보와 지식을 제공받게 됨에 따라 사람이 직접 투입된 채널에 기대하는 것은 빠른 문제해결이라고 해도 과언이 아니다.

따라서 앞으로 서비스 조직에서 필요로 하는 역량은 감정조절능력과 창의적인 문제해결 능력, 낙관성과 성취 지향성이라고 할 수 있다. 단순히 정보와 지식을 제공하는 수준의 서비스는 환영받지 못할 것이라는 점은 자명한 사실이다. 결국 서비스 조직에서 필요로 하는 것은 이들 고객을 만족시킬 수 있는 다양한 역량을 갖추는 것이다.

경쟁이 치열해지는 상황에서 조직의 목표를 달성하기는 갈수록 어려워질 수밖에 없는데 이럴 때 서비스 조직의 개인이 가진 실력과 잠재력을 최대한 발휘할 수 있도록 돕는 것이 조직의 목표나 개인의 목표를 달성하는 데 가장 현명한 방법이 아닐까 생각한다. 직원의 잠재적 욕구와 가능성 발견은 물론 스스로 알지 못했던 사실을 인지하도록 도와주고 목표를 성취할 수 있도록 자신감과 의욕을 고취시키는 것이 갈수록 어려워지는 환경 속에서 기업을 발전시키는 요인으로 작용할 수 있다고 생각한다.

직원의 잠재적인 욕구를 끄집어내고 자신감과 의욕을 고취시키는 것이 바로 '코칭'이라고 하는데 국내에는 아직 제대로 코칭을 시행하는 곳이 많지 않다. 당장 성과를 내야 하기 때문에 과정 지향적이라기보다는 결과 지향적인 교육이나 훈련이 많기 때문이다. 교육과 훈련도 실제로 보면 상품과 서비스에 대한 내용이 주를 이루기 때문에 실질적인 효과로 이어지기에는 한계가 있다.

4차 산업혁명시대 체계적인 고객경험관리를 위해서는 서비스 조직에 있는 직원들의 역량을 상향 평준화하는 데 노력을 해야 하며 이들이 제대로 된 역량을 발휘하기 위해서는 관리자들의 역할이 매우 중요하다. 서비스 조직에서 근무하는 실무 관리자는 물론 담당자들이 반드시 알고 있어야 하는 서비스 조직 운영과 함께 4차 산업혁명시대 고객서비스는 어떤 식으로 변화하고 고객경험관리는 어떤 식으로 진화를 거듭할 것인지를 명확히 이해해야 한다.

이를 바탕으로 서비스 조직의 인적자원관리는 어떻게 해야 하는지에 대한 이해가 선행되어야 하며 서비스 조직을 운영하는데 있어 가장 핵심이 되는 성과관리나 갈등관리는 어떻게 접근해야 하는지를 알고 있어야 한다. 그뿐만 아니라 서비스 조직의 성과나 갈등을 관리하기 위한 관점에서 가장 중요한 코칭 커뮤니케이션이나 스킬을 어떻게 활용해야 바람직한 결과를 만들어 낼 수 있는지에 대한 고민이 병행되어야 한다.

따라서 서비스 코칭관리사는 서비스와 관련하여 관리자들이 반드시 알고 있어야 할 고객 서비스의 변화나 경영사조, 4차 산업혁명으로 인한 트랜드의 변화 등에 대한 지식과 정보는 물론 서비스 조직의 관리자로서 갖추고 있어야 할 역량과 실제 현장에서 인적자원관리를 위해 필요한 코칭 관련한 커뮤니케이션 방법이나 스킬을 체계적으로 다루는 실무중심의 자격증이다. 서비스 코칭관리사는 현장에서 발생하는 다양한 이슈를 코칭을 통해 어떻게 개선하고 보완할 것인지를 구체적으로 학습함으로써 서비스 조직 관리자의 역량을 향상시키는데 목적이 있다.

서비스 코칭관리사는 서비스 조직의 관리자는 물론 실무 담당자들을 대상으로 4차 산업혁명과 고객경험관리에 대한 명확한 이해를 바탕으로 코칭을 통해 서비스 조직에서의 인적자원은 어떻게 관리하고 역량을 향상시켜야 하는지에 대한 실무 이론을 다룬다. 그뿐만 아니라 서비스 조직에서 근무하는 다양한 유형의 직원을 대상으로 커뮤니케이션 방법은 물론 성과 및 조직 내 갈등을 체계적이고 효과적으로 관리하기 위해 필요한 실전 위주의 전략과 지식, 정보를 학습하게 하고 이를 검증하는 100% 실무 중심의 자격증이다.

서비스 코칭관리사는 서비스 조직에서 직원들의 내재해 있는 잠재능력을 이끌어내고 발휘하도록 돕거나 조직에서 발생하는 다양한 이슈를 체계적으로 관리하기 위해 필요한 실무지식과 역량을 검증하는 자격증이다. 서비스 조직과 관련하여 전반적인 운영관리를 이해할 수 있어야 하며 접점 직원 대상 코칭에 대한 기본적인 지식과 정보는 물론 코칭 스킬 및 커뮤니케이션 방법의 활용을 통해 서비스 조직에서 발생하는 갈등관리, 성과관리를 체계적으로 수행할 수 있는 역량을 가진 전문가를 검증하는 데 목적이 있다.
서비스 코칭관리사의 역할은 아래와 같다.

- ✓ 서비스 조직에서 전반적인 운영관리 업무 수행
- ✓ 서비스 조직 접점 직원 유형별 코칭 커뮤니케이션을 통한 개선 활동
- ✓ 서비스 조직 성과관리 및 상향 평준화를 위한 코칭 커뮤니케이션 활동
- ✓ 서비스 조직의 직원의 역량을 향상을 위한 교육 및 훈련
- ✓ 고객채널 서비스 품질 관리 및 실행과 모니터링 활동
- ✓ 서비스 조직 이슈 관리 및 조직 내 갈등관리
- ✓ 고객 서비스 개선을 위한 VOC 운영관리 및 업무 프로세스 개선 활동
- ✓ 고객 서비스 과정에서의 리스크 관리(Risk management) 및 의사결정
- ✓ 직원의 잠재적 욕구와 가능성 발견 및 목표 성취할 수 있도록 자신감과 의욕 고취
- ✓ 직원 역량 향상을 위한 코칭 프로세스 개선 및 자원 활용계획 수립

서비스 코칭관리사는 향후 문제해결능력을 중시하는 서비스 조직에서 핵심적인 역할을 수행하기 때문에 상위 관리자로 성장하기 위해 갖추어야 할 필수 역량을 검증하는 자격증이다. 실제 시간과 비용 문제로 인해 좀처럼 다루기 힘든 코칭 관련 실무 및 활용법을 학습함으로써 역량을 검증하는 자격증은 국내에서 유일하기 때문에 이에 대한 수요가

많을 것으로 예상된다. 그뿐만 아니라 코칭을 통한 성과관리나 조직 내 갈등관리는 물론 다양한 코칭 스킬을 통해 유형별 직원들과 커뮤니케이션을 하는 데 있어 필요한 지식과 정보를 필요로 하는 서비스 조직에서 수요가 높을 것으로 예상된다. 암묵지 형태가 아닌 서비스 조직에 적합한 형식지 형태의 코칭 실무 내용이나 지침을 통한 학습을 통해 관리자를 꿈꾸는 담당자나 역량을 향상시키기 위해 노력하는 관리자들에게는 역량 향상은 물론 이직이나 내부 인사고과에서 유리하게 작용할 수 있다.

· 서비스 코칭관리사 응시자격 및 기대효과 ·

서비스 코칭관리사 자격증은 현재 서비스 조직에 근무하고 있거나 관리자로서의 경력관리를 하고자 하는 사람들 그리고 서비스 조직에서 근무를 희망하는 사람들에게 필요한 실무자격증이다. 직원의 잠재적인 능력을 이끌어 내거나 직원들이 스스로 목표를 설정하고 효과적으로 달성 및 성장하도록 지원하는 인재 개발 기법인 코칭에 대한 실무적인 지식과 태도는 물론 서비스 조직의 관리자로서의 자질을 평가하며 서비스 조직 내에서 발생하는 다양한 이슈를 체계적으로 해결할 수 있는 역량을 기준으로 서비스 코칭관리사의 자격을 평가한다.

서비스 코칭관리사 응시자격은 연령이나 학력에 상관없이 지원이 가능하며 주요 대상자는 아래와 같다.

✔ 서비스 조직 운영 관리자(매니저)
✔ 서비스 조직 사내 강사 및 CS 강사(CS 아카데미 소속)
✔ 서비스 조직 중간 관리자 및 예비 후보자
✔ CS관련 부서 담당자(CS 기획, 운영, 지원)
✔ 서비스 기획 및 운영에 관심 있는 분

- ✔ 고객 응대 서비스 관리 및 운영 조직 종사자
- ✔ 서비스 조직 대상 코칭을 주제로 강의 및 컨설팅하는 프리랜서
- ✔ 서비스 기획 및 운영 업무에 관심 있는 일반인 및 학생

▶ 시행기관 : 한국CS경영아카데미(www.kacademy.net)

▶ 시험과목 : 서비스 조직 인적자원관리, 서비스 운영 실무, 서비스 코칭 실무, 서비스 코칭 활용

▶ 시험방식 : 오프라인 테스트(필기시험 합격자 대상 실기 시험 시행)

▶ 기대효과

서비스 조직	서비스 코칭관리사
• 서비스 조직 경력개발 과정으로 활용 가능 • 코칭 역량에 대한 객관적인 검증 체계 확보 • 조직의 서비스 개선 및 직원 로열티 확보 • 서비스 역량 확보 및 문제해결능력 향상 • 문제해결역량 확보를 통한 조직 내 이슈해결	• 서비스 코칭에 대한 이론과 실무능력 배양 • 코칭 스킬 및 소통 능력 등 전문 역량 향상 • 자격증 취득을 통한 자아실현 • 직무 만족도 및 몰입도의 지속적인 향상 • 직업적인 성장의 기회 확대

‣ 서비스 코칭관리사 시험 형태 및 주요 과목 ‣

▶ 시험 형태 1차 필기(4지 선다형) 2차 실기(단답 및 서술 중심의 필답형, 작업형)

과목	출제내용	문항수
서비스 조직 인적자원관리	• 고객 및 서비스의 이해 • 서비스 품질 측정 모델 • 고객불만의 발생원인 및 대응방안 • 고객불만 사전예방활동 및 사후관리 • 고객 서비스 회복 결정요인 및 회복 전략 • 고객만족경영의 패러다임 및 고객경험관리 • 4차 산업혁명과 고객서비스 변화 • 4차 산업혁명시대 서비스 조직 인적자원관리 • 서비스 조직에 필요한 역량 • 서비스 조직 이직관리 / 성과관리 / 동기부여	20
서비스 운영 실무	• 고객상담서비스 품질의 이해 • 고객채널 상담품질 관리 및 실행 • 고객 상담서비스 모니터링 활동체계 • 상담품질 평가 모니터링 프로세스 및 주요 유형 • 기타 고객채널의 응대 스킬 및 모니터링 체계 – 이메일, 채팅, 메시지 등 • 상담품질 결과 분석 및 보고 체계 • 고객응대를 위한 핵심 도구(응대 스크립트 및 역할연기)	20

서비스 코칭 실무	• 서비스 코칭의 이해
	• 서비스 코칭 프로세스
	• 서비스 코칭 스킬 및 활용
	  – 경청 / 질문 / 피드백 / 확인 스킬
	• 서비스 코칭 커뮤니케이션 스킬
	  – 중립적 언어 / 비폭력 대화 / 나 전달법 / 침묵 스킬
	• NLP기법의 이해와 코칭 커뮤니케이션의 활용
		20

서비스 코칭 활용	• 접점 직원 유형별 코칭 커뮤니케이션(10가지 대표 유형) • 서비스 조직 성과관리 향상을 위한 코칭 • 서비스 조직 평가와 보상 • 매트릭스 분석 및 활용을 통한 성과관리 코칭 • 코칭을 통한 서비스 조직 갈등관리 • 유형별 접점 직원 대상 갈등 최소화를 위한 커뮤니케이션 • 서비스 조직 리더십 코칭	20

· 서비스 코칭관리사 합격 기준 및 시험 일정 ·

▶ 합격 기준

종목 및 구분		기준	출제 형태	시간
이론	합격	전 과목 평균 100점 만점에 60점 이상	• 객관식 80문항 • 4지선다형 • 과목별 20문항씩	90분
	불합격	• 전 과목 평균 100점 만점에 60점 미만 • 4과목 중 단일 과목 점수 40점 미만		
실기	합격	100점 만점에 60점 이상	• 단답 서술형 15~20문항 • 피드백 작성형 5~7문항	90분
	불합격	100점 만점에 60점 이하		

● 자격증 이론 및 실기 부정행위자는 해당 시험을 중지 또는 무효로 하며 이후 2년간 시험에 응시 불가함

▶ 실기평가 방법

형식	문항	배점	주요 내용
단답 서술형	15~20	70점	• 단답형과 서술형이 주를 이루며 용어설명 및 괄호 안에 알맞은 내용을 채워 넣기에 따라 배점에 차등을 둠 • 총 4과목(서비스 조직과 인적자원관리, 서비스 운영 실무, 서비스 코칭 실무, 서비스 코칭 활용)에 대한 내용 중 반드시 알고 있어야 할 내용을 중심으로 출제
피드백 작성형	5~7	30점	• 지문 형태로 제공되는 예시를 보고 코칭 커뮤니케이션 스킬을 활용하여 피드백 작성 • 서비스 관련 주요 지표 매트릭스를 보고 각 차원별 특징과 코칭 방법을 작성 (매트릭스는 2x2, 2x3, 3x3형태) • 피드백 유형에 따라 배점에 차등을 둠

▶ 시험 일정

구분	필기접수 (인터넷)	필기시험	필기 합격자발표	실기접수 (인터넷)	실기시험	최종 합격자발표	자격증 발급신청
1회	2019. 11. 18 ~ 12. 01	12. 07	12. 16	12. 16 ~ 12. 22	12. 28	2020. 01.06	2020. 01. 06 ~ 01. 12
2회	2020. 04. 13 ~ 04. 26	05. 02	05. 11	05. 11 ~ 05. 17	05. 23	06. 01	2020. 06. 01 ~ 06. 07
3회	2020. 08. 31 ~ 09. 13	09. 19	09. 28	09. 28 ~ 10. 11	10. 17	10. 26	2020. 10. 26 ~ 11. 01
4회	2021. 04. 12 ~ 04.25	05. 01	05. 10	05. 10 ~ 05. 16	05. 22	05. 31	2021. 05. 31 ~ 06. 06
5회	2021. 11. 08 ~ 11. 21	11. 27	12. 06	12. 06 ~ 12. 12	12. 18	12. 27	2021. 12. 27 ~ 2022. 01. 02
6회	2022. 03. 14 ~ 03. 27	04. 02	04. 11	04. 11 ~ 04. 17	04. 23	05. 02	2022. 05. 02 ~ 05. 08
7회	2022. 09. 19 ~ 10. 02	10. 08	10. 17	10. 17 ~ 10. 23	10. 29	11. 07	2022. 11. 07 ~ 11. 13
8회	2023. 03. 13 ~ 03. 26	04. 01	04. 10	04. 10 ~ 04. 16	04. 22	05. 01	2023. 05. 01 ~ 05. 07
9회	2023. 10. 16 ~ 10. 29	11. 04	11. 13	11. 13 ~ 11. 19	11. 25	12. 04	2023. 12. 04 ~ 12. 10

● 연 2회 실시하며 세부계획 및 일정은 한국CS경영아카데미 홈페이지(www.kacademy.net)을 참고

서비스 코칭관리사 시험 접수 및 발급 절차

▶ 접수 절차 및 방법

• 서비스 코칭관리사 자격시험은 100% 온라인 접수만 가능(방문접수 불가)
• 한국CS경영아카데미 접속 · 원서접수(필기/실기) · 응시료 입금 · 수험표 확인 및 출력

▶ 응시료 안내

• 필기 : 37,000원   • 실기 : 45,000원

▶ 응시료 입금기한

서비스 코칭관리사 응시료 입금기한은 접수마감일 자정(00:00)까지 응시료를 결제해야 하며, 이때까지 결제가 이루어지지 않으면 응시접수가 자동으로 취소된다.

▶ 응시료 취소 및 환불

접수취소 및 응시료 환불 적용 기간은 시험시행으로부터 3일 전까지이며 접수 기간 중 취소는 100% 환불, 접수 기간 후는 50% 환불이 이루어지며 접수 취소 후 환불은 2일 이내에 처리된다.

구분	시험접수 취소 및 응시료 환불 기준			
적용 기간	접수기간 중(中)	접수기간 후(後)	시험시행 3일 전	시험시행 당일
환불 적용률	100%	50%	환불 없음	

▶ 접수 취소 방법

• 로그인 〉 My 페이지 〉 수험표 발급 〉 접수 취소 〉 확인 버튼을 눌러 취소 / 환불 신청
• 홈페이지 상단 〉 자격시험 접수 〉 자격시험 접수 취소 〉 확인 버튼을 눌러 취소 / 환불 신청

▶ 자격관리기관 정보

기관명 : 한국CS경영아카데미 (대표 : 박종태)

연락처 : 02-941-7033 (이메일 ccguider@naver.com)

소재지 : 서울특별시 양천구 중앙로 294, 명성빌딩 6층

홈페이지 : www.kacademy.net

▶ 자격증 신청

• 서비스 코칭관리사 시험에 합격한 자로서 해당 회차의 자격증 발급 기간 내에 KCA홈페이지에서 발급, 신청 가능하며 자격증 발급과 관련하여 별도의 자격증 발급 수수료가 부과된다.

• 발급절차

자격증 발급신청 → 자격증 발급 수수료 납부(온라인 입금) → 자격증 발급 확인 → 자격증 발행 → 자격증 발송 → 자격증 수령

● 신청 시 기재된 주소로 등기우편으로 발송되어 개별적으로 수령

서비스 코칭관리사 FAQ

Q : 서비스 코칭관리사 자격증은 어떤 자격증인가요?

A : 서비스 코칭관리사 자격증은 서비스 조직 운영관리는 물론 직원의 잠재능력을 이끌어 내고 발휘하도록 돕거나 조직에서 발생하는 다양한 이슈를 체계적으로 관리하기 위해 필요한 실무지식과 역량을 검증하는 자격증으로 국내에는 없는 관계로 KCA가 자격증을 발급할 수 있도록 국가직업능력개발연구원에 등록을 하고 운영하는 민간자격증입니다. 이를 위해 국내 코칭 전문가들과 함께 교재를 집필하고 직접 문제를 출제하고 관리 감독하는 자격증이며 이를 통해 서비스 부서 직원이나 관리자들에게 관련 실무능력 향상은 물론 해당 분야 업무를 수행하는 데 있어 직간접적인 도움을 제공하고자 만들어진 자격증입니다.

Q : 서비스 코칭관리사 자격증을 취득하면 취업을 알선해 주거나 취업에 유리한가요?

A : 답부터 드리면 절대 자격증을 취득한다고 취업이 100% 되지도 않으며 또한 저희 KCA에서는 알선해 드리지도 않습니다. 일부 자격증 업체에서는 해당 자격증만 취득하면 100% 취업보장이라는 말로 수험자를 현혹하고 있는 것이 사실입니다. 그렇지만 저희 KCA는 그러한 말을 하지 않습니다. 서비스 코칭관리사 자격증은 오직 수험자들의 코칭에 대한 전문지식 및 실무 능력을 향상시키거나 검증하는 자격증으로서만 역할 및 책임을 다할 것입니다.다만 업체마다 서비스 코칭관리사 자격증 취득자를 선호하는 곳이 있다면 이들 업체에서 제공하는 취업 정보를 제공하거나 추천을 해 드리는 정도의 활동을 제공함으로써 수험자들을 지원하는 형태의 활동은 지속적으로 해 나갈 예정입니다. 또한 취득을 위한 응시료와 발급비용 외에는 어떠한 비용도 요구하지도 않으니 이 점 착오 없으시기 바랍니다.

Q : 자격증 취득과 관련하여 오프라인에서는 자격증 관련 교육은 없나요?

A : 네. 오프라인에서도 토요일을 활용하여 자격증 관련 교육을 특강형태로 진행합니다. 주로 주말을 이용해 시험 보기 1~2주 전에 오프라인에서 특강 형태로 진행됩니

다. 관련 내용은 홈페이지를 비롯한 다양한 채널을 통해 사전에 공지합니다. KCA 홈페이지에 회원으로 가입하시면 저희가 자격증을 위한 특강은 물론 기타 교육이나 세미나 및 행사가 있을 때 문자 메시지를 보내 드리니 참고하시기 바랍니다.

Q : 서비스 코칭관리사 자격증은 국가 공인 자격증인가요?

A : 서비스 코칭관리사 자격증은 아직 국가 공인 자격증이 아닙니다. 다만 서비스와 관련된 코칭 전문 자격증이 국내에 없는 관계로 KCA가 자격증을 발급할 수 있도록 국가직업능력개발연구원에 등록을 하고 운영하는 민간자격증입니다. 서비스 코칭관리사 자격증은 현장 실무 능력과 경험을 충분히 갖춘 코칭 전문가들이 모여 체계적인 코칭을 위한 교재 집필은 물론 문제를 출제하고 관리 감독하는 자격증입니다. 이를 통해 해당 분야에 종사하는 실무 기획자 및 담당자와 현장 접점 직원들에게 코칭은 물론 서비스 조직을 운영관리와 관련하여 실무능력 향상과 함께 해당 분야의 업무를 수행할 수 있는지 여부와 자격을 검증하는 국내 최초 서비스 코칭 관련 자격증입니다.

Q : 서비스 코칭관리사 자격증은 정식으로 등록되어 있는 자격증인가요?

A : 네. 서비스 코칭관리사 자격증은 자격기본법 17조 2항과 같은 법 시행령 제23조 제4항 및 제23조의 2항에 따라 한국직업능력개발원에서 정식으로 민간자격증 등록을 마쳤습니다. 한국직업능력개발원에서 서비스 코칭관리사와 관련한 서류 및 자격증 관련 주요 내용에 대한 검토가 이루어졌고 2019년 상반기에 최종 등록이 완료되었으며 등록신청 시 제출한 민간자격의 관리, 운영에 관한 규정에 따라 서비스 코칭관리사 검정을 성실히 이행토록 하겠습니다.

Q : 서비스 코칭관리사 자격증 취득 시험을 위한 교재가 있나요?

A : 네. 서비스 코칭관리사 자격증 교재는 현재 온·오프라인 서점에 배포되어 있습니다. 수험서 제목은 4차 산업혁명 시대 문제해결능력 향상을 위한 『서비스 코칭관리사』입니다.

Q : 첫 회 치러지는 자격증이 취득하기 쉽다고 하는데 정말 그런가요?

A : 네. 어떤 자격시험이나 마찬가지이듯 첫 번째 시행할 때 자격증을 취득하는 것이 유리합니다. 일반적으로 자격증은 회차를 거듭할수록 수험 내용이 많아지고 문제 수준이나 출제 범위가 확대됩니다. 그뿐만 아니라 합격대상자도 축소되는 경향이 있습니다. 따라서 첫해 치러지는 시험이 수험 내용이나 범위도 적고 문제 수준이 낮아 합격하기에는 유리하다고 할 수 있습니다.

Q : 감정노동 관리사 자격시험 과목은 어떻게 구성되어 있나요?

A : 서비스 코칭관리사는 실무를 중심으로 총 4개의 과목(영역)으로 구성되어 있습니다. 4개 과목이란 총 4개 영역을 의미하는데 제1영역은 서비스 조직 인적자원관리이고 제2영역은 서비스 운영 실무, 제3영역은 서비스 코칭 실무이며 마지막으로 제4영역은 서비스 코칭 활용으로 구성되어 있습니다. 4개 영역은 모두 서비스 조직 운영관리는 물론 직원의 역량 향상은 물론 잠재적인 능력을 이끌어 내어 조직의 목표를 달성하기 위해 노력하는 실무자라면 필수적으로 알고 있어야 할 핵심 내용으로 구성되어 있습니다.

Q : 서비스 코칭관리사 자격증과 관련하여 응시자격에 제한이 있나요?

A : 서비스 코칭관리사 자격증은 아래와 같은 분들이면 누구나 응시할 수 있습니다.
① 서비스 조직 운영 관리자(매니저)
② 서비스 조직 사내 강사 및 CS 강사(CS 아카데미 소속)
③ 서비스 조직 중간 관리자 및 예비 후보자
④ Claim, CS, CCM 부서장 및 CS관련 부서 담당자 및 실무자 (CS 기획, 운영, 지원)
⑤ 서비스 조직 대상 코칭 및 직원 역량 향상을 주제로 강의를 하고자 하는 프리랜서
⑥ 고객 응대 서비스 관리 및 운영 조직 종사자
⑦ 서비스 조직 기획 및 운영에 관심 있는 분
⑧ 서비스 기획 및 운영 업무 관련하여 관심 있는 대학생 및 일반인

Q : 서비스 코칭관리사 자격시험과 관련하여 출제 난이도는 어떤가요?

A : 현장 경험이 있으신 분들이나 현재 서비스 조직에서 근무하고 계신 분들이라면 수험서 또는 강의를 듣는 것만으로 충분히 풀 수 있는 수준의 문제들로 출제됩니다. 서비스 코칭관리사 자격증 시험은 어렵게 문제를 내서 혼란을 드리는 것이 목적이 아니고 서비스 조직의 업무를 수행하는 과정에서 발생하는 다양한 이슈를 해결하고 특히 코칭을 통해 직원들의 역량을 한 단계 향상시키거나 잠재력을 이끌어 내고자 하는 분들이 반드시 알고 있어야 할 기본정보나 지식 그리고 경험을 묻는 수준이므로 이 점에 유의하시면 되겠습니다. 서비스 코칭관리사는 기존 이론서처럼 현장에서 활용하기에 한계가 있는 수험서가 아니라 현장에서 필요한 실무지식과 실제 현장에서 활용할 수 있는 내용을 다루는 100%문제 해결 중심의 지침이자 자격을 검정하는 자격증이라고 할 수 있습니다.

Q : 서비스 코칭관리사 자격시험은 어느 지역에서 치러지나요?

A : 관리사 자격증은 서울, 대전, 부산, 광주, 대구 지역에서 치러집니다. 다만 상황에 따라 시험지역이 변경될 수 있음을 미리 알려 드립니다. 자세한 수험 장소는 시험 전에 홈페이지와 여러 채널을 통해 공지됩니다.

Q : 서비스 코칭관리사 자격시험 접수는 온라인에서만 가능한가요?

A : 예. 감정노동 관리사 자격증에 대한 시험 원서접수는 오직 KCA 홈페이지에 있는 온라인 접수를 통해서만 가능합니다.

Q : 서비스 코칭관리사 자격시험 일정은 어떻게 되나요?

A : 서비스 코칭관리사 시험 일정은 KCA홈페이지나 수험서를 참고하여 주시기 바랍니다. 서비스 코칭관리사는 1년에 2회만 치러집니다. 다만 시험 일정은 변경될 수 있으니 반드시 해당 회차 최종 시험 일정은 시험 전 KCA홈페이지를 참고하시기 바랍니다

Q : 서비스 코칭관리사 필기시험은 어떻게 치러지나요?

A : 서비스 코칭관리사는 영역별 20문항씩 총 80문항이 출제되며 필기시험 전용 OMR 카드에 답을 기입하는 형태로 시험이 치러집니다. OMR카드로 기입한 내용을 판독기로 읽어 내서 채점합니다.

차례

제2장

고객 응대
서비스와
운영 실무

제3장

서비스
코칭
실무

제4장

서비스
코칭
활용

단답 서술형 서비스 코칭 활용 영역 실전 예상 문제 /
정답표

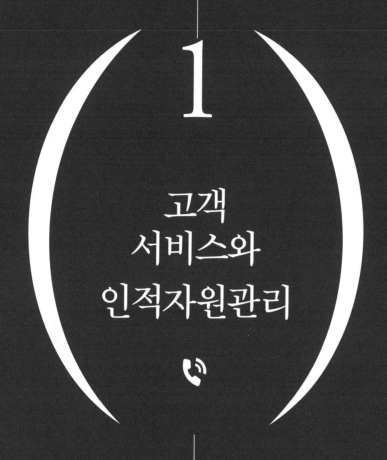

1

고객
서비스와
인적자원관리

고객 및 서비스의 이해

(1) <u>고객의 이해</u>

1) 고객의 정의

① 고객을 의미하는 'Customer'라는 단어는 관습이나 습관을 뜻하는 'Custom'에서 유래하였다.

② 고객은 과거, 현재, 미래에 자사의 상품 및 서비스를 구매하는 사람이다.

③ 반복적인 구매와 상호작용으로 만들어진다.

④ 조직 및 기업에 고객생애가치의 실현으로 이익을 창출해 줄 수 있는 사람을 말한다.

⑤ 경제에서 창출된 재화와 용역을 구매하는 개인이나 가구를 말한다.

⑥ 소비자는 일반적인 소비의 대상을 뜻하고, 고객은 기업의 입장에서 실제 자사제품을 구매하거나 구매 의향이 있는 소비자를 의미한다.

⑦ 소비자는 고객보다 더 넓은 불특정 다수를 지칭한다.

2) 고객 개념의 변화
① 시대적 흐름에 따른 고객 개념 변화

시대의 흐름	생산자 중심	판매자 중심	마케팅 중심	고객 중심
고객의 개념	고객 개념 부재	판매자 욕구 지향	고객 관점	고객만족=품질혁신

② 경제적 관점에 따른 고객 개념 변화

경제적 관점	고객의 개념
수요 〉 공급	기업 우선(고객은 봉)
수요 = 공급	평범한 서비스(고객은 소비자)
수요 〈 공급	고객중심/고객만족 서비스(고객은 왕)

3) 고객의 구분

① 형태에 따른 구분

- 내부고객: 기업 내부의 종업원으로서 상품을 개발하고 제공하는 데 협력하는 조직 내부의 구성원들을 내부고객이라 한다.
- 외부고객: 이익을 창출하기 위한 실질적인 고객으로 서비스의 가치를 최종적으로 사용하는 대상을 외부고객이라 한다.

② 마케팅 관점에 따른 구분

마케팅 관점	고객 구분
잠재적 시장	가능고객, 가망고객
불안정한 시장	이탈고객, 신규고객, 불완전고객
안정적 시장	안정적 고객
성숙적 시장	충성고객

- 가능고객: 영업활동 전개 전의 공략 대상 고객, 고객화할 수 있는 잠재적 시장, 생각 속의 고객
- 가망고객: 구체적 영업활동의 대상, 관리하고 있는 잠재적 고객
- 이탈고객: 자사의 제품이나 서비스를 이용하지 않는 고객, 타사 이탈 고객
- 신규고객: 처음으로 구매하고 난 후의 고객
- 불완전고객: 친숙도가 높지 않은 고객, 이탈 가능성이 있는 고객
- 안정적 고객: 현재 관계가 유지될 수 있는 고객

- 충성고객: 제품이나 서비스를 반복적으로 구매하는 고객, 신뢰 및 친숙도가 매우 높은 고객

③ 관계 발전에 따른 구분

- 의사결정고객: 직접 고객(제품 또는 서비스를 구입하는 고객)이 제품을 선택하는데 돈을 지불하지는 않지만 영향을 미치는 고객
- 단골고객: 애용가치와 높은 친밀감을 가지고 반복적으로 애용하는 고객
- 옹호고객: 자사의 제품이나 서비스를 신뢰하여 개인 홍보자(지인 추천, SNS 전파)의 역할을 수행하는 적극성을 띤 고객
- 한계고객: 자사의 수익 창출을 저해하는 고객으로 자사와의 거래, 활동을 중단할 수 있음

4) 고객의 역할

고객은 스스로 생산자가 되기도 하고, 서비스품질과 만족에 기여하며, 때로는 직원의 경쟁자로서의 역할도 수행하고 있다.

① 생산자원으로서의 고객은 조직의 생산 역량을 키워 주는 인적자원이다.

② 고객자원의 투입은 조직의 생산성에 영향을 미칠 수 있다.

③ 온라인 고객 서비스에서도 고객은 자신의 서비스를 수행하는 부분 직원이 되어 조직의 생산성을 증가시킨다.

④ 서비스품질 및 만족에 기여하는 공헌자로서의 고객은 고객참여를 통해 고객의 욕구가 충족될 가능성을 증가시켜 준다.

⑤ 고객이 효과적으로 자신의 역할을 수행했다고 믿는 고객일수록 서비스에 더 만족한다.

⑥ 책임을 지는 고객과 고객이 참여하도록 격려하는 서비스제공자가 함께할수록 높은 수준의 서비스를 창출해 낸다.

⑦ 경쟁자로서의 고객은 부분적으로 서비스를 수행하거나, 혹은 전체적으로 서비스를 수행하기도 한다.

⑧ 서비스 제공자가 필요하지 않은 경우의 고객은 경쟁자가 될 수 있다.

(2) 서비스의 이해

1) 서비스의 어원

① 서비스의 어원은 전쟁에 패하고 식민지화되어 정복자에게 끌려가 노예가 된 것에서 유
　래되었으며 노예의 상태라는 의미의 라틴어 '세르브스(servus)'와 노예라는 의미의 불어
　에서 유래했다.

② 국어사전에서는 '남의 뜻을 받들어 섬김', '남을 위하여 자신을 돌보지 않고 노력함'의
　의미로 사용되며, 영어사전에서는 봉사, 돌봄, 용역, 시중 등 다양한 개념으로 사용
　되고 있다.

③ 시대가 발전하면서 서비스는 봉사적 의미로 발전하여 전 산업 영역에서 중심 역할을
　수행하는 핵심 개념으로 변화되었다.

④ 현대적 의미로는 자기의 정성과 노력을 남에게 베풀어 보람과 만족을 주는 유 · 무형
　적 행위이다.

2) 서비스의 개념

① 생산과 동시에 전달되는 관계로 저장이 불가능하다. 즉, 재고 상태로 보관할 수 없으
　며 생산과 동시에 소비된다.

② 가변적이며 비표준적인 산출물을 생산한다.

③ 전시가 불가능할 뿐만 아니라 제공에 앞서 소비자에게 견본 제시가 불가능하다.

④ 제공받는다고 하더라도 그것은 구체적인 물건을 구입하는 것은 아니다.

⑤ 전달 과정에 고객이 참여하므로 인간적인 교류가 필요하다.

⑥ 제공된 뒤에만 그 품질을 판정할 수 있으며, 좋고 나쁨에 대한 판단은 주관적이다.

⑦ 노동 집약형이다.

⑧ 전달 시스템 없이는 존재할 수 없다.

⑨ 재화와 달리 시간과 공간의 제약을 받는다고 볼 수 있다.

⑩ 대량 생산이 불가능하다.

3) 서비스의 정의

① 판매를 위해 제공되거나 상품의 판매와 관련하여 준비되는 제반활동, 편익, 만족이다.

② 서비스는 교환의 대상이 유형의 재화 이외의 거래로서 소유권 이전이 불가능하다.

③ 손으로 만질 수 있는지 없는지에 따라 유형의 상품과 무형의 상품으로 구분되며, 서비스는 시장에서 판매되는 무형의 제품이다.

④ 자신이 수행할 수 없거나 하지 않는 활동, 만족과 혜택으로서 판매될 수 있는 것을 말한다.

⑤ 제품은 유형물, 고안물, 객관적 실체인 반면, 서비스는 무형의 활동이나 노력이다.

⑥ 소비자나 산업 구매자에게 판매될 경우 욕구를 충족시키는 무형의 활동으로 제품이나 다른 서비스의 판매와 연결되지 않고도 개별적으로 확인 가능한 것이다.

⑦ 서비스는 어떤 사람이 상대방에게 제공할 수 있는 활동이나 혜택으로서 무형적이며 소유될 수 없는 것으로 유형적 제품과 연계될 수도 있고, 그렇지 않을 수도 있다.

⑧ 서비스의 경제학적 정의는 서비스를 용역으로 이해, 유형재인 제품과 구분하고 있으며 경제학적 관점에서 서비스는 비생산적인 노동, 비물질적인 제품이다.

⑨ 서비스의 경영학적 정의는 아래와 같이 4개의 큰 영역으로 구분된다.

분류	내용
활동론적 정의	서비스란 판매를 위해 제공되거나 연계되어 제공되는 모든 활동, 편익 및 만족이라고 정의한다.
속성론적 정의	서비스에 있어 무형과 유형의 구분을 손으로 만질 수 있느냐의 여부에 따라 구분하는 정의이다.
봉사론적 정의	서비스 제공자가 서비스 수혜자에게 제공하는 봉사적 혜택을 강조하는 견해이다.
인간 상호관계론적 정의	무형적 성격을 띠는 일련의 활동으로서 고객과 서비스 제공자 간의 상호작용에서 발생하며, 고객의 문제를 해결해 주는 것이다.

4) 서비스의 유형

① 기능적, 정서적 서비스

- 기능적 서비스: 많은 사람들로부터 공통적으로 인정받는 '객관성과 안정성이 있는

어떤 편익의 제공'을 의미한다. 유통서비스, 금융서비스, 교통서비스는 기능적 우위에 속한다고 볼 수 있다.

- 정서적 서비스: '서비스의 수행 방법'을 의미하는 것으로 인적인 대응이 이에 속한다. 정서적인 것에 대한 평가는 좋고 나쁨에 대한 주관적인 판정으로서 식음서비스와 숙박서비스가 정서적 우위에 속한다고 볼 수 있다.

② 유형적 서비스

- 비소유 서비스재: 신체에 대한 서비스(병원, 이발소, 헬스클럽)
- 소유 서비스재: 재화나 고객의 유형물에 대한 서비스(소포 발송, 세탁물 보관)

③ 무형적 서비스

- 일반적 서비스: 자산에 대한 서비스(회계, 은행, 보험)
- 인적 서비스: 정신에 대한 서비스(연예, 교육, 공연)

5) 서비스의 주요 특성

서비스의 주요 특성은 아래와 같다.

특성	내용
무형성	• 서비스는 추상적이며, 만지거나 소유할 수 있는 것이 아니다. • 서비스를 받기 전에는 알 수 없고, 경험을 통해 느낀 무형의 가치재이다. • 고객의 주관적인 판단이나 평가에 의존한다.
소멸성	• 서비스는 재고로 보관하거나 재판매할 수 없다. • 과잉생산에 따른 손실과 과소생산으로 인한 기회 상실 가능성이 높다. • 서비스는 즉시 사용하지 않으면 사라진다.
비분리성	• 서비스는 생산과 소비가 동시에 일어난다. • 서비스에 대한 품질 통제나 대량생산체제 구축이 어렵다. • 서비스 비분리성으로 나타나는 위험요소를 제거하기 위하여 서비스요원의 신중한 선·발과 교육에 대한 관심과 투자, 그리고 고객에 대한 교육 및 관리가 중요하다.
이질성	• 서비스는 표준화가 어렵고, 변동적이다. • 사람에 따라 제공되는 서비스의 내용과 질이 동질적이지 않다. • 기업에서는 우수한 직원을 선발하여 훈련 및 표준화를 실행하고, 고객만족조사를 실시하여 이질성을 최소화해야 한다.

6) 서비스 제공의 3단계

공급자와 고객 간의 거래가 발생하는 행위 시점으로 사전에 제공되는 서비스(Before service), 현장 서비스(On service), 사후에 제공되는 서비스(After service)로 분류할 수 있다.

① 사전에 제공되는 서비스(Before service)

- 거래 전 제공되는 서비스로서 거래를 촉진하는 예약 서비스가 이에 속한다.
- 고객 접점에서 제공되기 전에 준비하는 단계이다(주차장 안내표지판, 특가상품 게시물 등).

② 현장 서비스(On service)

- 고객과 서비스 제공자 사이에 직접적으로 상호작용이 이루어지는 서비스의 본질이다.
- 고객과 접촉하는 순간부터 현장서비스는 시작된다.

③ 사후에 제공되는 서비스(After service)

- 현장 서비스가 종료된 이후의 유지서비스로 고정고객과 단골고객 확보를 위해 중요한 단계이다.
- 고객이 제공받은 서비스에 문제가 생겼을 때 사후서비스의 처리 속도 및 정확성, 서비스 요원의 태도 등은 고객의 유지 및 잠재고객의 확보 차원에서 매우 중요하다고 할 수 있다.

(3) 서비스품질 측정 모델

1) 서비스품질 측정의 이해

① 서비스품질은 기업의 경쟁우위를 결정짓는 주요 요인으로서 그 중요성이 증대되고 있다.

② 서비스품질에 대한 개선, 향상을 위해서는 정확한 측정이 필요하다.

③ 서비스는 고유한 특성으로 객관적인 품질 측정이 어렵기 때문에 고객은 자신의 주관

적 판단에 의해 평가할 수밖에 없다.

④ 서비스품질을 측정하는 모형에는 SERVQUAL 모델, SERVPERF 모델, Kano 모델 등
이 있다.

2) SERVQUAL 모델

① 미국의 파라수라만, 자이다믈, 베리 세 사람의 학자에 의해 개발되었다.

② 서비스품질 측정 모델 중 가장 널리 사용되고 있는 모델로 품질을 측정하기 위해 22
개 항목 5개 차원의 다항목 척도를 개발하였다.

10가지 차원	5가지 차원	정의
유형성	유형성	시설, 설비, 직원, 서비스자료의 유형(팸플릿, 설명서 등)
신뢰성	신뢰성	서비스 수행 시간 준수, 정확한 서비스 제공능력
응답성	응답성	신속한 서비스 수행, 고객 입장을 고려하는 자세
능력	확신성	지식, 공손, 신뢰, 확신을 주는 능력
예의		
신용성		
안전성		
접근성	공감성	고객과의 접근이 편리하고 고객 니즈에 대한 이해, 배려, 관심을 제공하는 능력
커뮤니케이션		
고객이해		

③ 고객의 기대와 서비스 제공에 따른 경험 간의 차이로 정의한다.

④ 기대가치를 먼저 측정한 후 경험가치를 측정하여 격차를 이용해 서비스품질을 평가
한다.

⑤ 고객의 기대문항에 대한 점수와 기대문항에 상응하는 지각문항에 대한 점수 간의 차
이로써 측정한다. (SERVQUAL 점수 = 고객의 지각점수 - 고객의 기대점수)

⑥ 고객의 기대를 형성하는 데 기여하는 핵심요인에는 구전, 고객들의 개인적 욕구, 서
비스를 이용해 본 과거의 경험, 서비스 제공자의 외적 커뮤니케이션 등이 있다.

⑦ 측정 결과 점수가 마이너스(−)값을 가질수록 서비스품질의 문제가 심각하다고 할 수 있다.

⑧ 기업에서는 우수한 직원을 선발하여 훈련 및 표준화를 실행하고, 고객만족조사를 실시하여 이질성을 최소화해야 한다.

【 SERVQUAL모델 】

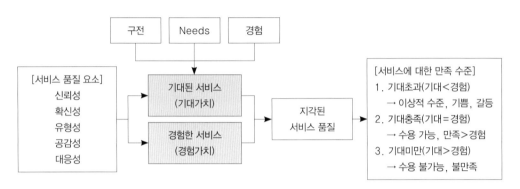

3) SERVQUAL의 활용

① 기업이 서비스품질 개선을 위해 노력해야 할 핵심 차원이나 차원 내의 구체적인 항목을 명확히 하는 데 활용이 가능하다.

② 고객의 기대와 지각을 시계열로 비교가 가능해 일정 기간 동안 고객의 기대 수준이나 기업의 서비스 수행에 대한 평가의 추이를 파악할 수 있다.

③ 고객만족도의 변화에 미치는 요소는 물론 기대와 평가의 영향이 어느 정도인지 확인 가능하다.

④ 경쟁기업에 동일하게 적용하여 자사와 경쟁기업의 서비스품질 및 수준을 비교해 볼 수 있다.

⑤ 설문 내용 수정 시 내부 서비스품질을 측정하는 데 활용이 가능하다(부서 간 업무 협조도).

⑥ 개별 SERVQUAL 점수를 근거로 고객의 서비스품질 지각수준에 따라 고객 세분화를 위한 자료로 활용이 가능하다.

4) SERVPERF 모델

① 크로닌(Cronin)과 테일러(Taylor)는 SERVQUAL의 개념화와 조작화는 적절하지 못하고 기대와 성과의 차이를 지지하는 이론적 · 실증적 증거가 없다고 비평하였다.

② SERVQUAL의 대안으로 성과에만 의한 측정인 SERVPERF를 개발하였다.

③ 성과항목만으로 품질 수준을 측정하는 것이 다른 측정 항목에 비하여 우수하다고 주장하였다.

④ SERVQUAL에서 사용된 5개 차원을 토대로 성과치만으로 구성된 SERVPERF모델이 서비스품질 측정 모델로 타당함을 입증하였다.

⑤ SERVQUAL과 SERVPERF의 비교

구분	SERVQUAL	SERVPERF
구성	기대와 성과	성과
기대의 정의	제공해야 할 수준	기대측정 안 함
측정자원	5개 차원 22개 항목	5개 차원 22개 항목

4) Kano 모델

① 노리아키 카노(Noriaki Kano) 교수가 개발한 고객만족, 상품 개발에 관한 이론이다.

② 카노 모델은 어떤 상품을 기획할 때 각각의 구성요소에 대해 기능의 충족/불충족과 고객의 만족/불만족을 두 축으로 객관적 관계를 설정하여 설명하는 이론으로 고객의 만족을 측정하는 데에 활용되고 있는 기법이다.

③ 카노 모델은 제품이나 서비스의 품질 속성의 성능점수와 고객 만족 사이의 관계를 이해하는 프레임워크로 사용된다.

④ 대부분의 고객은 서비스가 미비하면 불만을 갖게 되고, 충분한 경우에는 당연하다고 느낄 뿐 만족감을 갖지 않는다.

⑤ 카노 모델은 제품과 서비스에 대해 고객들이 느끼는 만족도를 조사하는 데 있어 주관적 품질 인식(사용자의 만족)과 객관적 품질 인식(요구조건과의 일치)의 이원적 인식 방법을 제시하였다.

⑥ 카노 모델은 고객 기대의 품질 요소는 매력적, 일원적, 필수적으로 잠재적 품질 요소
는 무관심, 반대적 품질로 구분하였다.

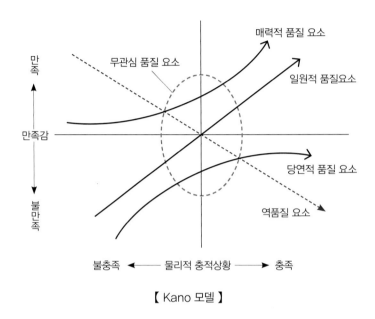

【 Kano 모델 】

⑦ 매력적 품질 요소(Attractive Quality Attribute)는 충족되면 만족감을 주지만 충족되지
않더라도 크게 불만족이 없는 품질 요소로, 자동차의 자동주차 기능이나 후방 인식
센서를 통한 주차의 편리함을 강조한 기능이 대표적이라고 할 수 있다.

⑧ 일원적 품질 요소(One Dimensional Quality Attribute)는 충족되면 만족감을 주지만
충족되지 않으면 고객의 불만을 야기하는 품질 요소로, HDTV가 고화질로 선명하면
만족감을 주지만 노이즈가 발생하거나 흐릿하게 나오면 불만을 야기하는 것과 같다.

⑨ 필수적 품질 요소(Must Have Attribute)는 당연히 있어야 한다고 생각되는 필수 요소
로, 충족되지 않으면 불만을 야기하지만 아무리 충족의 정도가 높더라도 너무나 당연
한 것이어서 굳이 만족감을 느끼지 않는 요소를 말한다. 새로 수리한 문이 잘 안 닫히
면 불만족스럽지만 잘 닫힌다고 해서 만족감이 높아지는 것이 아니라 당연히 그래야
하는 것과 같다.

⑩ 무관심적 품질 요소(Indifferent Quality Attribute)는 있어도 그만, 없어도 그만인 품

질 요소로 필기구에 향기가 나도록 하는 기능이 추가된 것을 예로 든다면 글만 잘 써지면 그만이지 향은 없어도 그만인 품질 요소이므로 굳이 비용을 들여 제공할 필요는 없는 요소라 할 수 있다.

⑪ 반대적 품질 요소(Reverse Quality Attribute)는 제공하면 제공할수록 불만족이 발생하는 품질 요소로 웹사이트에서 팝업되는 광고가 대표적이라고 할 수 있다. 기업에서는 수익과 관련된 부분이어서 제공한다고 하지만 팝업광고가 많을수록 오히려 고객의 짜증을 유발한다.

고객불만의 발생 원인 및
대응 방안

(1) 고객불만의 이해 및 고객불만 대응 지침

1) 고객불만의 정의

① 고객불만은 '컴플레인' 또는 '클레임'이라는 단어로 사용된다.

② 컴플레인의 사전적인 의미는 '불평하다', '한탄하다' 등 불편을 표현하는 것이다.

③ 클레임의 사전적 의미는 '요구하다', '청구하다'로 고객의 손해에 대한 권리 및 금전적 배상을 요구하는 것을 말한다

④ 보통 고객이 불만족스러울 경우 '컴플레인을 제기한다', '클레임을 건다'라고 사용된다.

⑤ 고객불만은 제품 또는 판매·상담 과정, 구매 후 처리 과정에서 발생한 불편이나 문제에 대한 불만의 표시이다.

⑥ 고객불만은 개인과 조직의 문제점 및 취약점을 개선해 발전할 수 있는 기회를 제공한다.

2) 고객불만 분류

① 기초적 일반 불만

일반적인 고객불만의 원인인 기업의 제품이나, 고객의 오해, 직원의 서비스 태도 등에 대한 불만을 제기하거나 고객의 문제 해결 및 사과를 요구

② 상투적 억지 불만(블랙컨슈머)

- 무료이용이나 상품권, 금전 보상 등의 불순한 목적으로 불만 제기
- 금전적 보상이나 제품 이용의 혜택을 요구

③ 기업을 위한 불만
- 기업에 애정을 가지고 진심을 담아 불만을 제기
- 기업의 서비스 개선 및 제품 개선을 요구

3) 고객불만 발생의 원인

고객불만의 원인으로는 제품이나 서비스의 결함, 소비자 단체 기능 강화, 업체 간 과열 경쟁, 기업의 개선 노력 부족, 소비자 의식 개선, 기타 사유가 존재한다.

구 분	내 용
기업원인	경쟁사 대비 수준 이하의 서비스, 제품이나 제도, 프로세스의 결함, 서비스 장애 발생, A/S등의 서비스 이용 불편, 교환 환불 지연, 업무처리 부서 간의 연계 시스템 문제
고객원인	고객의 오해, 고객 우월주의로 인한 지나친 기대, 고객의 부주의
직원원인	업무처리 미숙, 서비스마인드 결여(불친절), 예의 없는 태도, 책임회피, 규정만 내세운 안내, 충분한 설명 미흡, 약속 미이행, 의사소통 미숙, 직원의 용모 및 복장 불결

① 고객불만의 원인은 사소한 것에서부터 발생하는 경우가 대부분이므로 기본에 충실하여야 한다.
② 직원의 용모나 복장이 불량한 경우에 발생한다.
③ 직원들의 퉁명스러운 말투 및 언행을 통해서도 발생한다.
④ 약속한 서비스가 지연되거나 회복이 더디게 진행될 경우에도 발생한다.
⑤ 계약 및 거래 시 약속한 행위나 서비스가 이행되지 않았을 경우에 발생한다.
⑥ 애초에 고객이 기대했던 수준에 미치지 못하는 서비스가 제공되었을 때 발생한다.
⑦ 직원의 실수와 무례한 태도로 인해 불만이 발생한다.

4) 불만이 발생해도 고객이 불만을 제기하지 않은 이유

① 불만을 제기하기 귀찮거나 불만을 어디에 제기해야 할지 몰라서

② 제기해도 해결될 것 같지 않아서

③ 귀찮고, 손해 보고 다시는 거래하지 않으면 된다는 생각을 가져서

④ 고객불만 사안에 따라 시간이 경과되면 증거가 없어지므로

⑤ 불쾌한 것은 빨리 잊고 싶어 하는 성향 때문에

⑥ 고객불만 제기 시 더 큰 불이익을 당할 우려 때문에

⑦ 악성 고객이라는 나쁜 이미지가 형성될 것이라는 우려 때문에

5) 최근 국내 고객불만의 특징

① 문제는 고객불만 건수의 증가가 아니라 해결하기 어려운 고객 불만 건이 증가했다는 점이다.

② 단순한 고객불만이 아닌 복합적인 요인이 얽힌 고객 불만 건이 증가하고 있다.

③ 고객불만이 갈수록 극으로 치닫는 원인은 기업과 고객 사이의 신뢰가 무너졌기 때문이다.

④ 단순한 사과만으로는 문제 해결이 어려운 고객불만 건이 증가하고 있다.

⑤ 고객불만 발생 후 기업의 설명이나 변명을 극도로 꺼린다.

⑥ 표면적인 사과 및 대응논리가 아닌 명확한 원인규명 또는 사후 재발방지를 요구한다.

⑦ 고객불만 발생 시 정식적인 문서작성을 통한 커뮤니케이션 요구는 물론 녹취, 녹화, 인터넷 또는 SNS에 공개하겠다는 협박까지 한다.

⑧ 기능적으로 업무를 처리하는 일선 접점직원과의 대화가 아닌 책임자와의 대화를 요구한다.

⑨ 문제 발생 시 기업의 접점채널을 활용하지 않고 직접적으로 공공기관에 해당사항에 대한 불만을 토로하거나 신고한다(미래부의 신문고, 소비자보호원, 소비자 보호관련 NGO 등).

⑩ 문제 해결에 소요되는 시간이 길어지고 접점직원의 심적 부담은 가중된다.

6) 국내 기업의 고객불만 처리의 문제점

① 고객접점 중심의 외형적인 면에 치중

② 도급업체에게 클레임 업무 전가로 인한 현업 부서의 무관심 유발 및 자체 처리능력 감소

③ VOC 전담 부서 및 전문가 부재

④ VOC 시스템의 부재 또는 체계적인 활용 미흡

⑤ 고객불만 유형별 대응 매뉴얼의 부재

⑥ 접점직원의 고객불만 처리에 따르는 권한위임의 부재

⑦ 획일적인 CS교육 및 평가 체계의 부재

7) 최근 소비자 불평 행동의 특징

최근 인터넷을 기반으로 한 스마트 기기 보급 및 소셜 미디어(SNS)가 확산되면서 고객 불만을 제기하는 통로가 다양해졌다. 특히 소셜 미디어의 가입자가 많아 고객들이 표출한 불평의 내용들이 빠르게 확산되고 있다. 또한 SNS를 통한 쉬운 불만 표출로 과거 대비 고객불만의 비율도 증가하였으며, 고객들이 온라인 집단화한다는 점도 최근 나타나는 특징이다.

① 불만대상 품목의 다변화 – 스마트폰, 디지털서비스, 콘텐츠, 기기에 대한 불만 확대

② 온라인 불만 플랫폼의 확산 – 인터넷, SNS(트위터, 페이스북 등), 유튜브 등이 불만 표출 채널로 급부상

③ 불만 소비자의 온라인 집단화 – 인터넷 기반의 거대한 가입자를 기반으로 유사 불만 소비자들이 커뮤니티로 집결하여 소비자 분쟁의 파급력 확대

④ 1인 영향력의 증대 – 온라인 빅마우스, 소셜테이너의 확산, 단순 불만을 넘어 특정 기업을 공격하는 디지털 저격수의 등장

8) 기업의 고객불만 대응 전략

① 지역사회 등 이해관계자들과의 우호관계 구축을 통해 고객들의 불만을 사전에 파악하라.

② 첫 대면은 신속하고 감성적으로 처리하며, 첫 대면에서 문제를 해결하라.

③ 고객의 불만을 수용하라.

④ 접수된 불만은 기업과 고객의 입장에서 공정하게 처리하라.

⑤ 고객을 이기려 하지 말라.

⑥ 고객의 입장에서 행동하라.

⑦ 의사소통 전 먼저 고객의 감정으로 정확히 문제를 이해하고 접근하라.

⑧ 타사와 차별화된 불만관리를 실시하라.

⑨ 고객불만을 혁신의 기초로 삼으라.

⑩ 고객불만을 축적정보로 인식하고 빅데이터 분석을 통해 과학적으로 관리하라.

⑪ 불만이 제기되는 상황에 대한 가상훈련을 시행하여 대응력 강화 및 위험을 최소화하라.

⑫ 진실성 있는 소통으로 고객불만에 즉각 대처하라.

9) 고객불만 현장 대응 지침

① 고객을 기다리게 하는 것은 2차 불만으로 이어지므로 신속하게 대응한다.

② 고객불만 응대의 핵심은 고객의 마음을 안정적으로 유지시키는 데 있다.

③ 고객불만은 다소 감정적인 측면이 강하므로 감정적인 대응이 아닌 이성적인 대응이 필요하다.

④ 고객이 말하는데 중간에 자르지 않고 끝까지 경청한다.

⑤ 올바른 표현과 적절한 호응어를 구사한다.

⑥ 즉각적인 반론은 삼간다.

⑦ 회사의 논리만을 일방적으로 주장하지 않는다.

⑧ 직설적인 표현(돌직구)을 지양하고 고객의 자존심을 자극하지 않는다.

⑩ 적절한 사죄를 하되 터무니없는 고객의 요구를 쉽게 수락하지 않도록 한다.

10) 고객불만 처리 시 주의사항

① 첫 응대가 문제 해결의 핵심이므로 고객에게 정성을 다하고 관심을 적극적으로 표현한다.

  예시 "고객님 얼마나 놀라셨어요. 많이 당황하셨겠습니다.

   아~ 네 그렇군요. 고객님께 이런 불편을 드려 뭐라고 사죄말씀을 드려야 하는지요."

"저에게 자세히 말씀해 주세요. 제가 해결해 드리겠습니다."

② 불만에 대해 적극적인 자세로 임하고 있다는 믿음을 심어 준다.

　예시 "이렇게 관심 가지고 직접 말씀해 주셔서 감사합니다."

　　　"원인 파악을 위해 00일 이내에 신속하게 알려 드리겠습니다."

　　　"문제점은 반드시 개선되도록 최선을 다하겠습니다."

　　　(기술적인 답변) "어려운 답변을 드려야 되겠습니다만, ~한 원인으로 발생된 점 깊이 양해하여 주시면 감사하겠습니다."

③ 변명보다는 고객의 입장에서 신속 정확하게 처리해야 하며 '무리한 YES'보다 신속한 사후처리 약속 및 대안 제시가 바람직하다.

　– 무리한 YES: 진실 왜곡 → 약속 불이행 → 고객불만 증폭 → 회사 이미지 실추

　– 사과 및 대안 제시: 정중한 사과 →배려와 이해→ 신속한 대안 제시→고객만족

④ 까다로운 고객일수록 요구를 정확히 이해할 것(모든 고객이 보상만을 요구하지 않음)

　예시 "예, 고객님의 문제를 어떻게 하면 해결할 수 있을지 방법을 찾아보겠습니다."

　　　"일반적인 것은 아니지만 처리할 수 있는 방법을 찾아보겠습니다."

　　　"다른 부서의 도움이 조금 필요합니다만 제가 끝까지 책임지고 처리하도록 하겠습니다."

⑤ 고객의 상황에 맞는 소재를 찾아 교감 및 커뮤니케이션한다.

　– 대형뉴스, 취미, 가족이야기 등의 관심사로 긴장감을 해소하고 상호 교감 탐색

　– 성별, 연령, 집안 환경 등의 개인적인 이야기로 인간적 공감대 형성

⑥ 고객불만사항에 대해서는 즉각적이며 완벽하게 일을 처리한다.

　예시 "고객님의 불편함을 가능한 빠르게 처리하겠습니다."

　　　"고객님과의 약속은 꼭 지키겠습니다."

　　　(문제해결 후 해피콜을 통해) "저희 서비스로 번거롭게 해 드려서 죄송합니다. 이번 일로 불편했던 점이 있다면 사과드리고 고객만족을 위해서 최선을 다하겠습니다."

　　　"저희 서비스에 대해 더욱 관심 가져 주시기 바라고 많은 격려와 질책 부탁드립니다."

(2) 고객불만 사전예방활동 및 사후관리

1) 고객불만관리를 위한 사전예방 활동

기업은 고객불만이 발생하여 이를 해결하려는 노력과 비용을 들이기보다 고객불만을 사전에 예방하는 것이 유리하며, 고객과의 신뢰, 기업의 이미지 제고, 비용적 측면을 고려한다면 위기 상황에 대한 정확하고 신속한 대응, 재발방지를 위한 시스템 및 교육 반영, VOC 반영, 효과적인 고객 정보 제공, 협력업체와의 협업 등이 함께 유기적으로 운영될 수 있도록 제도적 장치를 마련하고 실행해야 한다.

사전예방을 위한 요건은 아래와 같다,

① 고객불만 예방을 위한 활동계획 수립 및 실행

② 위기관리 및 고객불만 대응 절차 수립 및 실행

③ 고객불만에 대한 사후관리 및 재발방지 대책 수립 및 실행

④ 제품·서비스 기획 시 고객참여 및 고객의견 반영

⑤ 협력업체와 고객 권익 증진 협업 시스템 운영

2) 고객불만의 사전예방

고객불만 사전예방을 위한 제품 구매 단계로 구분하여 구축 및 실행한다.

【단계별 고객불만 예방】

단계	내용
제품생산단계	▶ 철저한 품질 관리: 파손, 불량, 변질, 포장 등 - 제조일 및 유통기한 - 정확한 계량 - 신선도 유지 및 오염 방지 - 균일한 품질 생산
구매/판매단계	▶ 직원들의 고객응대 매뉴얼 수립 - 호객 및 강매 금지 - 제품에 대한 정확한 업무 습득 및 설명 - 고객응대에 필요한 호응어 및 언어표현 습득 - 고객과의 약속기일 엄수 ▶ 현장(대리점 및 매장 등) 시설물 및 안전점검 - 엘리베이터, 에스컬레이터 점검 및 주의 - 홍보 장치나 시설물 점검

고객 서비스와 인적자원관리

배송단계	▸ 제품의 취급/보관 기준 수립 및 실행 ▸ 파손 방지: 전자제품, 주방용품 등 안전한 포장 유지 ▸ 약속시간 엄수
사후관리 단계	불만처리기준 수립 및 실행
단계별 피드백	고객불만 발생 시 각 단계별 재발방지를 위한 대책 반영

【업종별 고객불만 예방 유형】

구분	내용
마트/백화점	▸ 시식코너에 환기통 설치 ▸ 고객이 '공식 경로'를 통해 불만을 제기하지 않고 직원에게 지나가는 말로 가볍게 말하더라도 이를 꼼꼼히 적어 운영에 반영하는 '원트 슬립(Want Slip · 고객 희망 메모) 캠페인' 운영, 월별 불만사전 예보제 등
자동차판매	▸ 트럭과 트랙터 판매 시 출하교육 및 추가교육 시행(올바른 운전법을 알려 줘 사용 중 일어날 수 있는 불만 최소화)
카드	▸ 본사 로비에 위치한 카페의 벽면에 10개의 컴퓨터 스크린을 통해 인터넷이나 콜센터로 접수된 고객들의 불만을 직원들이 차를 마시거나 식사를 하면서 볼 수 있도록 고객의 메시지가 중계되는 '통곡의 벽' 운영
항공	▸ 채팅상담서비스 운영(인터넷 채팅으로 상담이나 질의)
서점	▸ 회사에서 주문하면 퇴근길 근처 서점에 들러 책을 바로 받을 수 있는 '바로드림' 서비스 제공

3) 위기관리 및 대처방안

기업 관점뿐만 아니라 소비자 관점에서도 위기를 관리해야 한다. 고객의 안전, 위해, 유해 측면에서 위기가 발생하거나 다수 고객과의 약속 불이행, 고객 재산이라고 볼 수 있는 개인정보의 취급, 보호 등이 기업의 큰 위기라고 볼 수 있다. 아래는 고객불만 위기에 대한 기업의 대처 방안이다.

① 현장 직원들에게 업무재량권을 부여

② 소셜 미디어 모니터링 및 즉각적인 대응

③ 고객 맞춤서비스 제공

④ 위기 대응 매뉴얼 개발 및 활용(체계적인 비상계획)

⑤ 위기 대응에 따른 빠른 의사결정

⑥ 다양한 커뮤니케이션 채널 확보

⑦ 문제가 확산되기 전 초동 단계에서 적극적인 대응 및 진화

⑧ 사건 및 주요 이슈 종결 후 현실적인 서비스 회복 프로그램의 전개

4) 고객불만에 대한 사후관리 및 재발방지 대책

고객불만에 대한 개선 실적 및 소비자 고객불만의 사전예방 단계별 활동에 프로세스, 기준, 매뉴얼 등의 표준화를 통한 기존의 고객불만 재발 방지 대책을 반영하며 제품·서비스를 기획할 때 고객의 참여와 의견을 반영한다. 제품 및 서비스 기획에서는 고객의 참여와 의견이 매우 중요하다. 일반적으로 제품과 서비스의 기획은 고객만족도 조사에서 함께 다루어지고 개선되고 있다.

【고객참여 의견 반영 방법】

기획	고객참여 및 의견 반영
제품 기획 시	▶ 사용자 테스트 신상품 출시 전 고객이 직접 일정 기간 사용하고 의견을 제시하면 기업에서는 제시된 의견을 반영 ▶ 신상품 체험단 상품의 주 사용층을 대상으로 일정 장소에 모여 직접 사용하고 문제점을 도출하거나 개선의견을 제시하면 기업에서는 제시된 의견 반영 ▶ 서베이 대상 상품에 대한 불편한 점, 개선이 필요한 사항 등 문제점을 상품의 주 사용층 의견을 받아 신상품 개발에 반영
서비스 기획 시	▶ 미스터리 쇼핑 고객 또는 관리감독 직원이 고객으로 가장한 채 매장(대리점, 직영점, AS센터, 콜센터 등)에 방문해 직원의 서비스 수준 또는 소비자의 입장에서 현장의 서비스 개선점을 평가하는 제도로서 소비자 응대의 이ffff행 수준 확인, 업무 완결성 및 신속성 확인, 업무 환경 수준 확인 등을 통한 CS이행 수준 분석을 거쳐 개선 방향을 도출하고 고객 서비스 정책에 반영 ▶ 고객 위원회 고객, 고객전문가(학계, 소비자단체 등), 언론인 등 다양한 이해관계자와 함께 기업에서 판매하고 있는 제품 및 서비스에 대해 소비자 입장에서의 문제점, 개선점, 향후 반영되어야 할 제안사항 등을 토론하고 기업의 제품 품질 향상 및 고객 서비스 정책에 반영하는 회의체. 일반적으로 기업의 목표관리 평가시기에 맞추어 실시하며, 차기 목표 설정 또는 수정에 반영하여 운영하고 있다. ▶ 불만고객의 고객만족도 조사 고객의 불만 발생 시, 불만처리를 위한 정보의 접근성, 상담친절도, 불만처리의 완결성 및 신속성 등을 직접 소비자의 평가와 의견을 받고 소비자 서비스 업무에 정기적으로 반영하는 방법

5) 고객불만관리를 위한 사후관리 활동

고객의 불만예방을 위한 사전 예방 활동을 시행함에도 불구하고 발생한 고객불만은 신속하고 정확하게 처리하고 체계적인 분석을 통해 개선활동을 전개해야 한다. 고객불만은 내부 접수뿐만 아니라 외부기관에 접수된 것도 포함하여야 하며 고객불만에 대한 모니터링 및 고객만족도를 연계하여 개선하여야 한다.

사후관리를 위한 요건은 아래와 같다.

① 고객불만처리 · 사후관리를 위한 활동계획 수립 및 실행

② 유형별 고객 불만사항, 처리내용, 결과 등을 공유

③ 외부기관에 접수된 고객불만을 처리하는 내부 프로세스 마련

④ 고객불만을 통해 개선과제 발굴 및 개선활동 실행

⑤ 고객불만처리에 대한 고객만족도 모니터링 시행

⑥ 온라인 모니터링 · 불만관리 프로세스 수립 및 실행

⑦ 블랙컨슈머 관리 기준 수립 및 실행

6) 신속하고 정확한 소비자 불만처리 · 사후관리를 위한 활동

① 고객불만의 유형별 · 중요도별 분류

분류	내용
유형별 분류	주문, 상품, 상담, AS, 채널, 기타로 구분하고 대/중/소로 세분화하여 기업의 규모와 특성에 따라 분류하여야 한다.
중요도별 분류	고객불만의 중요성, 시급성, 파급성에 따라 중요도를 분류하여야 한다. (안전사고, 리콜, 대량 품절/배송지연, 대외민원 등)

② 고객불만의 유형별 · 중요도별 대응 절차(규정화)

③ 고객불만 유형별 대응 절차 수립 및 운영

④ 고객불만의 유형별 대응 절차의 수립에는 최고경영자의 고객중심경영 의지와 방침이 반영

전자상거래법에서는 고객의 청약철회 기간이 7일로 규정되어 있으나 일부 기업은 청약철회 기간을 14일로 규정하여 운영하고 있음. 이는 고객의 다양한 이유로 인해 청약철회 기간이 부족할 수 있다는 판단에 따라 적극적으로 고객 권익을 보호하는 규정임.

– 고객불만의 중요도별 대응 절차 수립 및 운영
– 고객의 안정과 위해, 기업의 경제적 손실, 기업 이미지 훼손 등을 고려하여 중요도별 대응 절차를 수립하고 운영하여야 한다.

7) 유형별 고객불만사항, 처리내용 · 결과 등의 전 사원 공유 활동

고객불만의 유형별, 처리내용과 결과에 대한 공유는 주기별, 대상별로 구분하고 관리하여야 한다. 아래에 제시된 내용은 고객불만의 유형별, 처리내용, 결과에 대하여 주기별, 대상별로 구분하고 운영하는 사례이다.

[예시] **【 고객불만사항 및 처리결과 공유 】**

순번	인입 일자	사업 소명	고객번호	고객명	불만유형	고객 연락처	불만 강도	고객요구 사항 및 제안사항	처리 사항
1	5/02				피해보상		약		고객센터 종결
2	5/02				피해보상		약		고객센터 종결
3	5/02				업무처리 불만		중		해당부서 중계처리
4	5/03				업무처리 불만		중		해당부서 전화연계
5	5/09				사이버 지정		약		고객센터 종결
6	5/14				업무 건의				고객센터 종결
7	5/14				업무 칭찬				고객센터 종결
8	5/17				업무처리 불만		강		고객지원 팀장 전화연계

8) 외부기관에 접수된 고객불만 처리

외부기관에 접수된 고객불만의 취급과 처리는 고객, 외부기관, 기업 모두의 입장에서 매우 중요하다. 고객이 외부기관에 민원을 접수하는 경우에는, 기업과 고객불만에 대한 처리가 원만하게 되지 않았거나 외부 기관에 접수된 민원이 어떤 경로로 유입되었는지에 대한 분석과 검토에 적극적이어야 한다.

9) 고객불만을 통해 개선과제 발굴 및 개선활동 프로세스

고객불만에 대한 사후관리 및 재발방지 대책은 개선과제 발굴부터 개선대책 수립 및 유효성 확인, 표준화까지 진행하여야 한다.

① 개선발굴과제 선정: 고객불만의 중요도, 시급성, 파급성 등을 고려한 개선과제 발굴 요구
② 원인 분석: 특성요인도 등의 원인 분석 방법을 이용한 고객불만 유형별 원인 분석 수행
③ 임시 대책 수립 및 조치: 환불, AS(수리, 재작업), 교환, 폐기 등 임시 조치
　예) 퀵 가이드를 통한 사용 방법 안내 등 임시 대책
④ 개선 대책 수립: 원인 분석을 통한 근본 대책, 재발방지 대책, 유지관리 대책 수립
⑤ 표준화: 개선대책 수립과 유효성 확인에 따른 사내 규정 표준화
　예) 검사기준 개정, 상담 매뉴얼 개정 등

10) 고객불만 처리 후 사후관리 방법

① 불만고객 대상 모니터링 및 불만처리에 대한 평가가 이루어져야 하며 관련 VOC 표출 고객에 대한 처리결과에 대해서는 해피콜을 시행한다.
② 다발 민원, 이슈민원과 같은 불만유형별 분석 및 대응책을 마련하기 위해 관련 부서의 정기적인 워크샵과 조직별 정기 VOC분석을 통해 개선안을 도출하는 프로세스를 운영한다.
③ 관련 부서가 모여 월별 특이 사항이나 주요 민원 대응 방안, 민원 대응 계획 등에 대한 논의가 이루어져야 한다.
④ 정기적으로 특정 이슈나 어젠다(Agenda)를 도출해 해당 고객군에 대한 주요 VOC를

집중적으로 분석함으로써 전사 공유는 물론 대응책을 마련하여야 한다.

⑤ 고객을 대상으로 주요 VOC를 분석할 때에는 나이는 물론 성별, 가입기간, 고객불만 유형 및 주 이용 채널, 업무 유형에 따른 다발 민원 등 다양한 민원 요소들을 체계적으로 분석한다.

⑥ 불만처리 결과에 대해서는 불만을 제기한 고객에게 만족도 검사를 통해 효과에 대한 검증을 실시하며, 만족도 조사를 시행함과 동시에 관련 데이터를 분석함으로써 개선 방안을 도출한다.

⑦ 불만고객(해당 업체에 불만을 제기하거나 불만 표출의 가능성이 있는 고객 포함)관리를 위해서는 주로 KPI 반영 및 해피콜 등 사후관리지침을 마련하여야 한다.

⑧ 핵심평가항목 중에는 대외 기관 접수 건이나 사후관리 미흡으로 인한 접수 건에 대해서도 종합 평가를 진행하여야 하며 불만 건에 대해서는 해피콜을 포함하여 사후관리 진행을 지침으로 운영하는 것이 바람직하다.

⑨ 사후관리 지침에는 사안별로 다르기는 하지만 주로 D+1 이내 형태의 관리가 이루어질 수 있도록 KPI 지표를 마련하여 운영하며 고객 사정으로 인해 연락이 안 될 경우 3회까지 시도 후 문자 발송을 남기도록 지침을 운영한다.

⑩ 다발민원, 주요 이슈 민원을 포함한 대내외민원을 유형별로 분석하여 대응책 마련을 위한 프로세스 운영에 반영하여야 하며 내부적으로 중점 실행 과제화하여 운영한다.

⑪ VOC 과제별로 획기적이고 과감한 VOC 개선 영역, 획기적인 VOC 감소 영역, 지속적인 감소 영역을 선정하고 관리함으로써 고객불만에 체계적으로 대응하여야 한다.

(3) 블랙컨슈머 이해 및 대응 방안

1) 블랙컨슈머의 정의
① 악성을 뜻하는 '블랙(black)'과 소비자란 뜻의 '컨슈머(consumer)'를 합친 신조어다.
② 기업을 상대로 구매한 상품이나 서비스에 대하여 보상금 등을 목적으로 의도적으로 악성 민원을 제기하는 소비자를 의미한다.

③ 기존 선행연구들은 악성고객과 블랙컨슈머에 대한 별다른 구분을 두지 않고 소비자의 우연하고 의도적인 행동을 모두 불량행동으로 규정하고 있다.

④ 악의적인 행동을 통해 기업에게 금전적·정신적으로 피해를 줌은 물론 다른 소비자의 손실을 초래한다.

⑤ 블랙컨슈머라는 용어는 아직까지 사회적으로 합의된 명확한 정의가 존재하지 않는다.

⑥ 악성고객의 행위 또는 행동에 대한 개념적 정의 또한 언론 매체나 기업, 학계에서도 통일되어 사용되지 않고 있다.

2) 블랙컨슈머의 판단기준

① 국내 기업에서도 블랙컨슈머에 대한 정의가 명확하지 않으며 이에 대한 정의는 물론 이들을 구분하는 기준이 마련되어야 한다.

② 정의나 판단 기준이 없으면 클레임고객과의 구분도 쉽지 않을 것이고 정당한 클레임 고객과의 구분이 명확하지 않아 선의의 고객에게 피해를 입힐 수 있다.

③ 블랙컨슈머는 일반적으로 아래와 같은 6가지 특성을 지닌다.

특성	내용
고의성	▶ 고객행동이 '계획적인 것'인지에 대한 여부 ▶ 고객이 자신의 행위로 인해 어떠한 결과가 발생할지를 인식하였음에도 불구하고 그러한 행위를 하는 성질 ▶ 자신에게 유리한 방향으로 유도하기 위해 사전에 계획한 의도 및 정황 포함
기만성	▶ 남을 속여 넘기는 성질을 의미하며 이러한 성질이 의도적으로 드러났는지 여부 ▶ 보통 기만은 숨김과 보여 줌의 교묘한 기술로 정의되는데 자신의 잘못을 감추고 상대방을 속이려는 의도를 가졌는지 여부
상습성	▶ 어떠한 특정한 행위가 단순히 한 번에 그치지 않고 반복적으로 일어나는 특성 ▶ 과정 또는 결과로서의 교환, 환불, 보상 행위가 반복되는지 여부
억지성	▶ 정상적인 방법으로는 잘 안 될 수 있는 일을 무리하게 해내려는 특성 ▶ 무지 또는 비양심에 기인함 ▶ 고객의 억지 주장이나 생떼의 형태로 발현
과도성	▶ 정상적인 정도에서 '벗어난' 또는 '지나침'을 의미함 ▶ 흔히 과도한 보상이나 부당한 요구 형태로 발현
비윤리성	▶ 고객으로서 마땅히 행하거나 지켜야 할 도리를 지키지 못하는 비윤리적 특성 ▶ 타인의 아픔이나 공감능력이 없는 미성숙함 ▶ 폭언, 폭행, 성희롱, 과도한 보상 요구의 형태로 발현

3) 블랙컨슈머 발생 원인

소비자 측면	기업 측면
① 서비스/상품에 대한 높은 기대 수준 ② 소비자의 개인적인 성향 ③ 지식의 부족 및 정보의 비대칭성 ④ 왜곡된 소비자의 권리 의식('고객은 왕')	① 부정확한 정보 제공 ② 제품 하자 및 불친절한 서비스 제공 ③ 블랙컨슈머에 대한 부적절한 대응
정부(공공기관) 측면	사회적 요인
① 관련 정책 및 법규의 미비 ② 소비자 교육 및 계몽의 부족 ③ 상담기관의 부적절한 태도 ④ 상담 전문가 부족 및 비체계적인 대응	① 매스미디어의 영향 ② 인터넷 발전 및 SNS 활성화 ③ 경제 상황의 악화 ④ 사회에 대한 불신 팽배 ⑤ 소비자 권리의 신장

4) 최근 블랙컨슈머의 특징과 경향

① 갈수록 교묘하고 대범해지고 있으며 규모가 과거에 비해 점점 커지고 있다.

② 최근 생계형 블랙컨슈머는 물론 조직적이고 체계적으로 움직여 부당한 이익을 취하는 조직형 블랙컨슈머 집단이 등장하고 있다.

③ 소극적인 대응으로 일관하던 대기업이 더 이상 수세적인 입장이 아닌 적극적인 대처로 입장을 전환하면서 대기업이 아닌 중소기업으로 이동하고 있다.

④ 단순히 개선을 요구하는 수준이 아닌 정신적인 피해보상은 물론 고소, 고발을 통해 자신이 피해액보다 과도한 보상을 요구하는 경우가 증가하고 있다.

⑤ 최근 들어 국내 기업들이 국내 소비자와 해외 소비자들을 대상으로 제품이나 서비스에 대해 가격 차별화 정책을 쓰면서 해외 업체들을 대상으로 한 블랙컨슈머가 기승을 부리고 있다.

⑥ 국내 업체가 아닌 해외 업체들을 대상으로도 악성 행동이나 민원을 제기하여 혜택이나 보상을 갈취하는 일들이 빈번히 발생하고 있다.

5) 블랙컨슈머 대응전략

① 블랙컨슈머 대응을 위한 전담팀 구성 및 운영

② 블랙컨슈머 리스트 작성과 전산 시스템 등록 및 관리

③ 유형별 매뉴얼 및 대응 지침서 마련 및 운영

④ 블랙컨슈머 예방을 위한 선제적 대응 강화

⑤ 철저한 상품 및 서비스품질관리 및 모니터링 강화

⑥ 접점직원 대상 스트레스 해소 및 보호 방안 마련 및 시행

⑦ 법적 책임에 대한 검토 및 대응 체계 마련

⑧ 기타 규정이나 이용약관에 분쟁이 발생할 경우 '제3의 기관 의뢰 및 참여' 조항 삽입

⑨ 피해 보상 규정에 대한 명확한 근거 및 기준의 수립 [과실여부 판단기준 및 지침 반영]

⑩ 접점직원에 대한 철저한 교육 훈련 및 적절한 권한위임 제공

6) 접점에서 블랙컨슈머 대응 지침

① 초기에 신속하게 대응해야 하고 정황을 포착하거나 증거의 확보를 통해 피해를 최소화한다.

② 제2의 민원 제기를 염두에 두고 유발하는 경우가 많으니 동일한 맞대응은 자제한다.

③ 블랙컨슈머에게 유리한 위치를 내줄 수 있는 필요 이상의 저자세나 굽신거림은 피한다.

④ 보상의 경우 명확하고 절대적인 원칙을 가지고 대응한다.

⑤ 과격한 언행이나 폭력의 경우 녹취 또는 CCTV녹화 등 증거를 확보한다.

⑥ 즉각적인 대응이 아닌 시간적 간격을 두거나 장소를 변경하는 등의 분위기 전환을 시도한다.

⑦ 인터넷이나 SNS 유포 협박에 흔들리지 말고 증거자료(게시물, 녹취 자료 등)를 확보한다.

7) 블랙컨슈머에 대한 법적 조치 전 사전 주의사항

블랙컨슈머의 행위가 불법적인 경우 법적 대응이 가능하며 법적 조치는 크게 민사적인 조치와 형사적인 조치 2가지로 나누어 조치한다.

① 법적 대응 방안이 최선의 대응책은 아니다.

② 법적 대응에 대한 해석은 사람마다 달라질 수 있다.

③ 내부 전략 및 프로세스 구축은 물론 내부 자원에 대한 교육 및 훈련이 선행되어야 한다.

④ 법무팀이나 전문가에 도움을 받아 대응한다.

⑤ '팩트(Fact)'가 명백한 사안에 대해서는 즉각 고발 조치한다.

⑥ 법적 조치 전 반드시 증거물(녹취, 녹화, 물리적인 증거 등)을 확보한다.

8) 민사적인 조치

① 재산에 대한 압박을 가하는 손해배상 청구 형태를 말한다.

② 위법행위를 통해 손해를 입힌 경우로 손해가 발생한 것에 대한 책임을 지고 손해배상한다.

③ 원칙적으로 손해배상은 금전적인 배상을 의미한다.

④ 손해가 발생했다고 해서 무조건적인 배상을 의미하는 것은 아니다.

⑤ 가해자에게 과실이 있는 경우에만 피해자에게 손해배상을 할 책임이 발생한다.

⑥ 과실 없이 발생한 손해에 대해 가해자가 물어줄 법적 책임은 없다(천재지변 또는 기타 원인불명에 의해 발생한 손해).

9) 형사적인 조치

① 형법상 범죄행위가 되는 경우 고소 및 고발을 취하는 형태를 말한다.

② 사회질서를 파괴한 데 대한 제재 성격을 띤다.

③ 징역형, 벌금형, 금고형 등을 받을 수 있다.

④ 기업입장에서는 범죄행위로 인해 피해를 입었다면 고소 가능하나 최종적인 조치수단이므로 신중한 접근이 필요하다.

⑤ 블랙컨슈머의 행위가 범죄구성요건에 해당하면 형법에 따라 처벌이 가능하다

⑥ 블랙컨슈머에 대한 형사처벌 사례: 폭행죄, 협박죄, 명예훼손죄, 모욕죄, 신용훼손죄, 업무방해죄, 통신비밀보호법, 사기죄, 공갈죄, 배임 수재죄, 경범죄 등

10) 블랙컨슈머에 대한 선제적인 대응 방안

① 사전에 블로그나 카페는 물론 SNS로 유포되는 사안에 대한 신속한 모니터링 및 조치

② 접점에 있는 담당직원에게 충분한 임파워먼트(Empowerment)를 제공

③ 사전에 불만요소에 대한 모니터링 및 실시간 공유(메일, 홍보자료, 홈페이지, SNS 등)

④ VOC사전 예보제를 통한 리스크 최소화

⑤ 사전에 블랙컨슈머의 타깃이 될 만한 고객불만요소의 지속적인 모니터링 및 개선 활동 강화

⑥ 발생 가능한 고객불만 유형에 따른 대응 매뉴얼 구축은 물론 사전 교육 및 훈련 진행

⑦ 정기적인 블랙컨슈머에 대한 연구 및 전문가 양성을 통한 초기 대응력 강화

⑧ 블랙컨슈머에 대응하기 위한 전담팀 구성 및 빅데이터 활용

⑨ 사전에 고객이력 및 고객 성향(고의성, 습관성, 억지성 등)을 종합하여 분석 후 대응책 마련

11) 효과적인 블랙컨슈머 단계별 대응

① 효과적으로 블랙컨슈머에 응대하기 위해서는 아래와 같이 단계별로 대응한다.

② 먼저 E · A · R 기법을 활용한다.

③ 현실적인 대안을 분석하거나 제시한다.

④ 잘못된 정보에 대해서는 철저하게 대응한다.

⑤ 한계선을 정해서 대응한다.

단계별 조치	주요 내용
효과적인 응대	▶ 적절하게 E.A.R기법 활용 ▶ 심정이나 상황을 이해하려고 노력하는 공감(Empathy) ▶ 경청 및 주의(Attention)를 기울임 ▶ 존중(Respect)하는 태도 및 자세 견지
현실적인 대안 제시	▶ 현실적이고 실현 가능한 대안 제시 ▶ 대안 제시를 통해 객관적 사고에 집중할 수 있도록 함 ▶ 대안 목록(List) 작성 및 지침 마련 ▶ 대안제시 및 유형에 대한 분석

잘못된 정보에 대한 대응	▶ 악성고객이 제기한 정보에 대한 객관적인 비판 및 대응 ▶ 제기된 불만 및 정보에 대한 균형 잡힌 시각이 필요 ▶ B.I.F.F(Brief, Informative, Friendly, Firm) 기법의 활용 ▶ B.I.F.F를 통해 감정적인 대응 최소화
한계선 설정	▶ 현실적인 결과에 대한 정보 제공 → 한계선 설정 ▶ 기업의 운영 규정이나 정책, 주요 절차 활용 ▶ 보상, 교체, 환불, 사과, 수리, 회수, 판정, 교환의 기준 ▶ 한계선을 설정함으로써 직원의 감정적 소진 유발 방어

12) 블랙컨슈머 응대 기법들

블랙컨슈머의 특징은 감정이 사고를 지배하고 자신의 피해나 손실을 수용하지 않으며 타인과의 공감 능력이 떨어지고 문제점이나 해결책을 제시하면 오히려 책임을 회피하거나 문제 해결에 있어 타인에 의존하는 경향이 있다는 점이다. 욕설이나 폭언 또는 과격하게 화를 내는 블랙컨슈머의 경우 E · A · R 기법을 활용하는 것이 효과적이다. 이와 함께 잘못된 정보에 대한 대응은 물론 흥분한 고객을 진정시키고 잘못된 정보에 대해서 효과적으로 대응하기 위해서는 B · I · F · F기법을 활용하는 것이 바람직하다.

① E · A · R기법이란 'Empathy, Attention, Respect'의 앞 글자를 따서 만든 것이며, 몹시 흥분하거나 감정 조절이 제대로 되지 않는 고객들을 진정시키고 차분히 응대할 수 있도록 해 준다.

② 블랙컨슈머의 심정과 상황을 이해하려는 공감(Empathy)과 함께 경청 및 주의(Attention)를 기울이고 존중(Respect)하는 태도를 유지함으로써 흥분을 진정시키는 효과를 거둘 수 있다.

③ 공감(Empathy)이 필요한 이유는 극도로 흥분한 상태에서는 이성적인 논리나 대안의 검토에 무게를 두기보다는 자신 상황이나 처지에 대해 공감하거나 알아주기를 바라기 때문이다.

④ 흥분한 블랙컨슈머에게 잠시라도 주의(Attention) 및 경청하려는 모습을 보여 주면, 대체로 진정된 모습을 보인다.

⑤ 경청이나 주의를 기울이는 행동 후 자연스럽게 블랙컨슈머로 하여금 존중받는 느낌

을 가질 수 있도록 한다.

⑤ B · I · F · F기법은 잘못된 정보에 대한 대응 방법으로, 흥분한 고객을 진정시키고 잘 못된 정보에 대해서 효과적으로 대응하도록 하는 것이 주 목적이다.

⑥ 직접 대면채널 또는 이메일이나 사회 관계망 서비스(SNS)를 통해 문제 해결에 대한 의지나 목적 없이 직원들에게 공격적인 성향을 보이는 고객에게 효과적이다.

⑦ B · I · F · F기법은 해당 고객을 대상으로 짧게 물어보고 짧게 대답하며(Brief) 정보 위주로 대응하고(Informative) 친근감을 유지하며(Friendly) 언행에 대해서 확고한 자세를 유지하는 것(Firm)이다.

⑧ B · I · F · F기법의 기대 효과로는 균형 잡힌 기법 활용을 통한 불필요한 감정 대응을 최소화하고 감정을 상하지 않게 함으로써 이성적인 접근을 통한 문제 해결이 가능하다는 것을 들 수 있다.

(4) 고객 서비스 회복 결정요인 및 회복 전략

1) 서비스 실패(Service failure)의 정의

① 서비스 실패에 대해 학자들은 근본적인 책임소재가 있는 대상으로부터 서비스 과정이나 결과에 따른 과실이라고 정의하기도 한다.

② 서비스 접점과 지원활동을 포함해 고객 불만족을 초래하는 유형의 모든 경험이다.

③ 서비스 성과가 고객의 인지된 허용영역 이하로 떨어진 상태이다.

④ 고객의 기대 정도 이하로 심각하게 떨어진 상태라고 할 수 있다.

⑤ 고객 유형 및 상황에 따라 차이가 있으며 이에 따라 서비스 회복 전략도 차이가 날 수 있다.

⑥ 서비스 접점에서 고객 불만족을 야기하는 열악한 서비스 경험을 말하는 것으로 서비스 전달 과정에서 발생되는 다양한 실수들, 서비스의 약속 위반, 다양한 형태의 서비스 오류 등이 포함된다.

⑦ 고객의 감정적인 측면으로부터 출발하여 서비스 프로세스나 결과에 대해 고객이 부

정적인 감정을 갖고 있는 상태이다.

⑧ 서비스 접점에서 고객의 불만족을 야기하는 문제적인 서비스 경험을 의미한다.

2) 서비스 실패의 유형

① 서비스 실패는 서비스 전달시스템의 실패, 고객의 요구와 요청에 대한 직원 반응, 그리고 종업원의 잘못된 행동으로 발생한다.

② 서비스 전달시스템의 실패는 서비스 지연, 내부 시설 문제, 재고 부족, 명확하지 않은 대고객 정책, 제품 결함, 포장 실수, 불가능한 서비스, 잘못된 정보 및 핵심서비스의 실패들이 포함된다.

③ 고객의 요구와 요청에 대한 직원 반응에 따른 실패는 주로 고객 개인의 기호와 관련하여 발생하는 실패, 고객의 특별한 요구와 고객에 의한 실수 등이 포함된다.

④ 종업원의 행동으로 인한 실패에는 전달되지 않은 주문, 잘못 받은 주문, 계산착오 등이 포함된다.

⑤ Keaveney(1995)는 핵심 서비스 실패는 서비스 자체와 관련된 실수 또는 기술적 문제를 의미하며, 서비스 접점 실패는 고객과 직원 간의 상호작용에 있어서 발생된 실패를 의미한다고 했다.

⑥ Smith 등(1999)은 결과적 실패와 과정적 실패로 분류하였는데 결과적 실패란 결국 무엇을 제공하였는지에 관한 것이며 과정적 실패란 어떻게 제공하였는지에 관한 것이라고 할 수 있다.

⑦ McCole 외 학자들은 귀인 시각으로부터 출발하여 귀인의 유형에 따라 서비스 실패의 유형을 서비스 제공자에 관한 귀인, 고객에 관한 귀인, 다른 귀인이라는 3개의 주요 유형으로 분류하였다.

3) 서비스 회복의 정의

① 서비스 회복은 서비스 실패 이전의 상태로 복원하는 것을 의미한다.

② 서비스 제공자가 취하는 반응으로 서비스 실패를 수정하기 위해 취하는 일련의 행동이다.

③ 불평처리보다 더 폭 넓은 활동을 일컫는, 서비스 제공자의 전반적인 행동 개념이다.

④ 서비스가 처음 잘못 제공될 때 이러한 문제들을 관리하는 기술이다.

⑤ 제공된 서비스나 상품이 고객의 기대에 부응하지 못해 기업에 대한 불만족을 경험하는 고객들을 만족한 상태로 되돌리는 일련의 과정이다.

⑥ 제공된 서비스에 대한 지각이 고객의 인내영역 이하로 하락한 결과에 대하여 서비스 제공자가 취하는 일련의 활동이다.

4) 서비스 회복의 중요성

① 서비스 회복은 고객을 다시 만족시킬 수 있다.

② 서비스 회복은 고객 충성도와 재구매 의도에 긍정적인 영향을 미칠 수 있다.

③ 서비스 회복은 고객과의 지속적인 관계 유지에 유익하다.

④ 서비스 회복은 기업 서비스품질의 제고에 유익하다.

⑤ 서비스 회복은 직원의 직무만족과 행위에 영향을 미친다.

⑥ 서비스 회복은 기업 이미지에 영향을 미친다.

5) 서비스 회복 전략 및 유형

① 서비스 실패 시 서비스 회복에 대한 노력 여하에 따라 고객만족과 충성도를 제고할 수 있다.

② 서비스 회복전략은 크게 반응, 정보, 행동, 보상의 4가지 형태로 분류할 수 있다.

③ 서비스 회복은 고객의 성격은 물론 환경, 서비스 실패의 유형 등 요소가 매우 다양하고 업종의 특성 또한 달라 그 과정이 복잡하다.

④ 일반적으로 가장 많이 행해지는 서비스 회복의 유형은 할인, 교환, 사과, 보상이다.

⑤ 서비스 회복의 유형에는 서비스 실패가 발생하면 곧바로 고객에게 사과, 문제 해결 및 개선, 협조, 응대, 설명 등의 무형적인 회복이 있다.

⑥ 서비스 실패 발생 시 할인이나 무료 혜택, 보상, 상품권 제공이나 환불이나 교환을 해 주는 등의 유형적인 서비스 회복이 있다.

⑦ 유형적인 서비스 회복보다는 무형적인 서비스 회복이 신뢰에 긍정적인 영향을 미친다.

⑧ 고객과의 신뢰와 만족 수준을 향상시키려면 유형적인 서비스 회복보다는 무형적인
　서비스 회복이 바람직하다.

【 서비스 회복 프레임워크 】

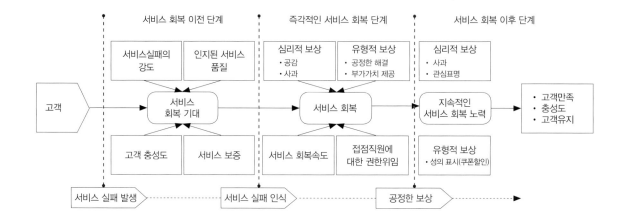

6) 서비스 회복 전략

고객만족전략이나 경영체제를 잘 운영하더라도 제품이나 서비스의 생산 과정이 완벽할
수 없다는 점과 고객 개개인의 니즈나 특성이 상이하다는 점 때문에 서비스의 최초 전달
이 100% 완전할 수 없다. 대표적인 서비스 회복 전략은 아래와 같다.

① 고객불만에 대한 선제적인 대응

② 접수된 고객불만의 공정한 처리

③ 고객불만에 대해 신속하고 정확한 처리 및 감성적인 터치(서비스 회복 시간)

④ 고객 불만에 대한 차별화된 전략 구사

⑤ 지속적인 프로세스 개선

⑥ 직원들에 대한 지속적인 훈련 및 임파워먼트 부여

7) 서비스 회복의 역설

① 서비스 회복 패러독스는 서비스 실패 후 고객의 만족도(2차 만족도)가 실패 전보다 높다는 사실을 발견해 낸 McCollough와 Bharadwaj가 처음 사용한 용어이다.

② 서비스 실패 후 회복이 효과적으로 이루어진다면 고객들은 실패하지 않았을 때보다 더 높은 만족감을 느끼게 된다는 이론이다.

③ 서비스 회복을 경험한 고객이 서비스 실패를 경험하지 않은 고객보다 오히려 만족도는 물론 충성도까지 높을 수 있다는 것을 의미한다.

④ 서비스 회복의 역설이 의미하는 것은 사후처리 과정의 중요성이라고 할 수 있다.

⑤ 서비스 실패를 두려워하기보다는 그대로 표출되는 실패나 문제점들을 회복시키려는 노력이 오히려 고객만족을 높일 수 있다.

⑥ 서비스 회복을 경험한 고객의 만족도와 재구매율은 그렇지 않은 고객보다 더 높다.

8) 서비스 패러독스의 이해

① 경제적인 풍요는 물론 서비스가 다양해지고 좋아졌는데도 오히려 소비자의 불만의 소리가 높아지는 아이러니한 현상을 '서비스 역설'이라고 한다.

② 모바일 서비스의 확장이나 ARS의 발달, 가격비교 사이트에 의한 정보 제공, 맞춤화 서비스의 극대화 등 고객의 니즈를 충족시키기 위해 다양한 서비스가 제공되지만 고객의 만족도는 오히려 감소하는 것이 대표적이다.

③ 실제 한국소비자원 자료에 의하면 제품에 대한 불만은 90년대 말과 대비해서 12% 감소한 반면 서비스에 대한 불만은 무려 86%나 증가했다는 사실이 이를 방증한다.

④ 서비스 패러독스는 PZB의 서브퀄(SERVQUAL) 모형에서 서비스품질에 대한 기대와 인식된 서비스품질 차이에 의해서 만족도가 결정되는 것처럼 고객들의 서비스 기대 수준이 높아졌다는 것과 실제 서비스에 의한 성과가 불일치할 때 발생한다.

9) 서비스 패러독스의 발생 원인

① 서비스 패러독스가 발생하는 근본 원인은 서비스의 공업화라고 할 수 있다.

② 서비스의 공업화(Service industrialization)는 효율성 및 비용 절감을 위해 서비스를 사

람이 아닌 기계로 대체하거나 제조업에서 자주 활용하는 계획화, 조직, 통제, 관리, 훈련 등을 서비스 활동에 적용하는 것을 의미한다.

③ 서비스 공업화로 인해 아래와 같은 한계와 문제점이 발생한다.

　　– 인간적 서비스의 결여

　　– 비용과 효율성의 강조를 통한 서비스의 획일화 · 유연성과 차별성 감소

　　– 서비스의 인간성 상실

　　– 기술의 복잡화

　　– 종업원 확보의 어려움 및 교육과 훈련의 부족으로 인한 악순환

　　– 서비스의 표준화

10) 서비스 패러독스 극복방안

① 고객에게 진심이 담긴 성의 있는 서비스를 제공한다.

② 직원들을 고객이 원하는 진정한 전문가로 육성한다.

③ 효율성과 비용절감 중심의 서비스 설계가 아닌 감성 중심의 서비스를 설계한다.

④ 지속적으로 고객중심적인 서비스 혁신을 통한 서비스 프로세스를 개선한다.

⑤ 고객 개인별로 차별화 및 맞춤화된 서비스를 제공한다.

⑥ 서비스를 제공하는 직원들에게 상황에 맞는 권한을 위임한다.

⑦ 고객 서비스 정책과 관련한 유연한 의사결정을 구축한다.

⑧ 감성 역량이 풍부한 직원의 채용 및 감성역량 향상을 위한 지속적인 교육을 진행한다.

고객만족 및 고객경험관리

(1) 고객만족의 이해

1) 고객만족의 정의

① 고객만족이란 고객요구에 대응하는 일련의 기업에서 진행하는 활동의 결과로서 상품 및 서비스의 재구매가 이루어지고, 고객의 신뢰가 연속되는 상태를 말한다.

② 고객이 상품 및 서비스의 구매 전후 상황에서 느끼는 포괄적인 감정을 말한다.

③ 고객만족은 고객의 사전기대치와 사후만족도에 대한 차이에 의해 결정된다.

④ 고객에게 단순한 가치나 효용을 제공하는 것을 넘어 만족을 주는 것을 의미한다.

⑤ 고객이 기대하고 있는 수준 이상의 업무 및 서비스를 고객에게 제공하여 고객으로 하여금 만족감을 느끼게 하고 아울러 고객으로부터 신뢰를 얻는 것이다.

⑥ 고객만족은 서비스 제공자가 통제할 수 없는 요소로 고객의 감정, 주관적인 기대수준에 의해 좌우된다.

⑦ 이외에도 고객만족의 의미는 다양하게 정의된다.

학자	정의
Goodman	'고객만족'이란 비즈니스와 기대에 부응한 결과로서 상품, 서비스의 재구입이 이루어지고 아울러 고객의 신뢰감이 연속되는 상태

Westbrook과 Newman	상품 및 서비스를 구매, 비교, 평가, 선택하는 과정에서 고객이 경험하는 호의적 또는 비호의적인 감정을 고객만족, 불만족으로 구분하여 설명
Anderson	고객의 포괄적인 감정을 프로세스로 고객만족을 설명하는데 고객의 만족, 불만족을 하나의 과정으로 이해하여 고객의 사용 전 기대와 사용 후 성과를 평가한 결과로 고객만족을 이해
Hempel	소비자가 만족을 기대했던 제품의 효익이 실현되는 정도라고 정의하고 실제 성과와 기대했던 결과 사이의 일치 정도를 나타냄.
Miller	소비자 만족, 불만족은 제품에 대한 기대수준과 지각된 성과 수준과의 상호작용으로부터 발생

2) 고객만족의 구성요소

① 상품

- 하드웨어적 요소: 품질, 기능, 성능, 효율적인 가격 등

- 소프트웨어적 요소: 디자인, 컬러, 상표명, 향기, 소리, 포장, 편리성 등

② 서비스: 판매원의 서비스, 점포 분위기, A/S 등

③ 기업 이미지: 사회공헌도, 환경보호, 고객보호, 사회적 책임 등

3) 고객만족의 효과

① 재구매와 브랜드 애호도

- 재구매 의사는 상품이나 서비스에 대한 경험 후 다시 구매하고자 하는 감정상태로 브랜드 충성도까지 포함한 개념이다.

- 불만족을 경험한 고객은 재구매할 의사가 매우 낮아지며, 고객의 만족경험은 재구매 의사, 재구매 행동에 크게 영향을 미친다.

- 만족을 경험한 고객은 경쟁사 대비 높은 가격을 유지해도 제품을 지속적으로 이용한다.

② 구전

- 구전은 소비자들 사이에서 대화를 통해 제품, 서비스에 대한 정보를 공유하는 것을

의미한다.

- 영향력의 특성과 관련된 개인 혹은 집단 간의 영향력이 구전이다.
- 개인의 직간접적 경험을 비공식적으로 주고받는 활동이다.
- 매스커뮤니케이션에 의한 효과보다 구전의 효과가 더 크다.
- 구전은 많은 사람에게 빠르게 전파되기 때문에 긍정적 구전은 기업에 이익을 가져
  오지만 부정적 구전은 기업에 큰 손해를 입힐 수 있다.

③ 비용절감
- 신규고객을 유치하는 데 많은 비용이 발생하므로 고객만족에 의하여 기존고객을
  유지한다면 불필요한 지출을 막을 수 있다.
- 고객의 요구사항을 사전에 예측하여 반영함으로써 불필요한 지출을 줄일 수 있다.

4) 서비스 수익체인

【서비스 수익체인 모델】

- 서비스 수익 체인은 가치를 생성하는 기업내부(직원) 측면, 가치를 전달하는 접점
  (서비스전달) 측면, 가치를 구매하는 고객 순으로 표현된다.
- 기업의 성과를 향상시키기 위해서 먼저 내부고객인 종업원의 만족도를 향상시켜야
  고객에게 좋은 제품과 서비스를 제공할 수 있게 되는 것이다.
- 서비스 수익 체인 모형에 따른 고객관점의 성과 측정은 조사 결과 연계를 통해 선
  순환 구조를 갖추게 하는 것이 필요하다.

(2) 고객만족경영의 이해

1) 고객만족경영의 의미

① 경영의 모든 부문을 고객의 입장에서 우선적으로 생각함으로써 진정한 의미에서 고객을 만족시켜 기업의 생존을 유지하고자 하는 경영전략이다.

② 고객에게 만족감을 주기 위하여 고객만족도를 정기적, 정량적으로 측정하고 그 결과에 따라서 제품과 서비스 및 기업 이미지를 조직적이고 지속적으로 개선해 가는 과정이다.

③ 고객만족경영은 회사의 이익 창출 극대화가 목표이며, 마케팅 차원에서 고객만족을 우선순위로 놓고 경영하는 것을 말한다.

⑤ 고객만족경영을 함으로써 신규고객을 창출하고 충성고객이 늘어나며, 기업 경쟁력이 강화된다.

⑥ 고객만족 경영에서 가장 중요한 개념은 MOT이다. MOT 순간에 어떤 감동을 심어줄 것인가에 대한 노력이 바로 고객만족경영이며 모든 접점들을 관리하는 것이 고객만족 경영이다.

2) 고객만족경영의 배경

① 경제활동의 중심이 생산자에서 소비자로 변화하였다.

② 공급보다 수요가 감소되는 현상이 나타나고 있다.

③ 통신, 인터넷 발달로 인해 소비자들이 많은 정보를 접하고 권리를 주장하게 되었다.

④ 비슷한 품질이나 가격 등으로 고객의 욕구를 충족시키지 못하고 있다.

⑤ 시장이 개방되면서 국내 경쟁시장에서 세계 경쟁시장으로 변화되었다.

⑦ 고객의 서비스에 대한 기대수준이 상승되었다.

3) 고객만족경영의 전략

① 고객만족은 고객만족경영이 회사 전반적인 차원에서 실시되어야만 성공할 수 있다.

② 고객만족경영시스템이 구축되어야만 한다.

③ 고객만족경영시스템이 성공적으로 운영되기 위해서는 최고경영자의 고객만족경영에 대한 강력한 의지와 참여, 지원 등이 선행되어야 한다.

④ 고객만족이 종업원 만족에서부터 시작된다는 것을 인식하고 성과보상체계도 갖추어야 한다.

⑤ 고객만족에 대한 전사적 차원의 체계적인 교육훈련이 실시되어야 한다.

4) 고객만족경영의 핵심요소

핵심요소	내용
비전	전 직원의 고객만족에 대한 장래의 비전, 가능성 등을 공유
주인의식	전 직원의 고객만족 업무 및 문제해결방안에 대한 주인의식 공유
조직 업무프로세스	고객 중심적인 조직구조와 고객 관점의 업무프로세스 설계
지식, 정보시스템	고객요구 변화를 예측하고, 업무를 지원하는 지식, 정보시스템 구축
운영시스템	고객의 요구를 빠르게 기업운영에 반영시키는 운영지원시스템 구축

(3) 고객만족경영의 패러다임

1) 배경

① 글로벌 지식 경쟁 시대에는 신기술이 끊임없이 도입되고 있다.

② 남보다 빠르고, 지속적으로 변화를 시도하는 것이 혁신 능력과 경쟁력이 되고 있다.

③ 변화 선도를 위하여 기존의 방식에서 더 발전적인 모습으로의 새로운 인식 전환이 필요하다.

④ 새로운 경쟁력 창출을 위해 노력하는 기업으로 끊임없이 발돋움해야 한다.

2) 고객만족경영(CSM)

① 최근 기업은 서비스를 제공하고 개선하는 데 있어 점점 까다로워지는 소비자의 만족

을 이끌어 내기 어려워졌다.

② 고객만족의 총체적 요소를 발현하여 기존의 고객만족경영을 뛰어넘는 혁신이 요구되고 있다.

③ 총체적 고객만족경영의 핵심요소

구분	내용
내부 핵심역량 측면	비용절감 및 경영효율 제고(지식, 정보기술, 프로세스)
시장 경쟁력 측면	고객만족 및 시장성과 창출(가격경쟁력, 브랜드, 이미지)

3) 고객가치경영(CVM)

① 고객가치라는 의미는 협의로 고객을 위한 가치를 의미하며 기업이 고객을 위해 제공하는 가치이고 고객의 입장에서는 기업에 대한 체감적 가치를 의미한다.

② 고객이 체감하는 가치라는 것은 기업의 제품이나 서비스를 통해 고객이 경험으로 인지하는 총체적 효익이라고 할 수 있다.

③ 기존의 고객만족경영이 전사 차원의 실질적인 혁신을 이끌어 내지 못함으로써 기업성과와 연계가 불투명했던 반면 고객가치경영은 기업성과와의 연계를 통한 혁신이라고 할 수 있다.

④ 기업은 최고의 가치를 제공하기 위해 상품 및 서비스의 차별화와 체험 마케팅에 주력하는 한편 끊임없이 변화하는 고객의 요구를 측정하고 대응 방안을 마련해야 한다.

⑤ 고객의 가치는 기업이 고객을 기다리기보다 능동적으로 고객을 선택하고 고객가치를 개발하는 것을 의미한다(고객 잠재 니즈 발견, 고객 포트폴리오 구축, 불량고객의 충성고객 전환, 고객 생애 가치 분석 등).

⑥ 고객가치경영이 중요한 이유는 고객가치 극대화가 곧 기업가치 및 기업성과 창출에 출발점이라는 것과 상품, 서비스 및 이미지에 대한 기업의 차별성을 유도하기 때문이며 마지막으로 고객 접점 중심의 서비스 개선이 아닌 전사 차원의 혁신 프로그램이라는 점이다.

고객가치경영(CVM)	고객만족경영(CSM)
• 고객가치 혁신 • 비용 대비 효과 평가에 초점을 맞춤 • 고객에 의한, 고객을 위한 고객, 고객의 가치 • 모든 고객의 가치는 다르다 • 기업이 고객을 선택 • 고객 라이프사이클 관리 • 마케팅 도구와의 연계 • 기존고객 + 신규 고객 • 가치의 상호교환	• 고객만족 향상이 주요 목표 • 고객만족도 평가에 초점을 맞춤 • 고객을 위한 가치 • 모든 고객은 동일하다 • 고객이 기업을 선택 • 고객 접점 관리(MOT) • 구체적인 실현 툴이 불분명 • 기존고객 중심 • 가치 제공

4) 고객관계관리(CRM)와 고객경험관리(CEM)

① CRM은 고객만족을 기반으로 하여 장기적인 고객관계 유지를 통한 매출 향상 및 마케팅비용 절감으로 수익성 개선과 기업의 경영전략을 고객중심적으로 전환하는 경영 혁신 프로그램이다.

② CRM은 고객가치 중심으로 프로세스를 재설계하고 고객을 만족시킬 수 있는 핵심역량을 강화함으로써 신규고객 유치와 기존 고객 유지를 통해 수익성을 극대화하는 데 목적이 있다.

③ CEM은 기업 또는 상품 및 서비스에 관련한 고객의 전반적인 경험을 전략적으로 관리하는 프로세스로서 결과가 아닌 과정에 초점을 맞춘 고객중심의 경영전략이다.

④ CEM은 상품 판매 전과 후에도 고객에게 정보와 서비스를 제공하는 등 고객과 지속적으로 상호작용을 유도하고 고객이 긍정적인 경험을 할 수 있도록 유도한다.

구분	고객관계관리(CRM)	고객경험관리(CEM)
개념	기업의 입장에서 고객만족도 관리 (고객에 대한 회사의 생각 수집/배포)	고객입장에서 고객만족도 관리 (회사에 대한 고객의 생각 수집/배포)
측정시점	고객접촉의 결과가 기록된 후	고객접촉이 일어나는 순간
측정방법	POS, 시장조사, 웹클릭, 영업실적 등	설문조사, 특별연구, 고객관찰 등

기대성과	• 고객 수익성 관리 • 고객의 가치를 기업가치화 • 기업내부의 효율성 강조 • 논리적이고 기능적인 가치창조 • 시스템과 거래데이터 역할 강조	• 고객로열티 관리 • 기업의 가치를 고객가치화 • 경쟁사와 차별화된 경험 강조 • 감성적인 가치 강조 • 고객접점의 역할 강조
접근방향	기업으로부터 고객으로 (Inside-out 전략)	고객으로부터 기업으로 (Outside-in 전략)
업무범위	기업 전반에 걸쳐 광범위한 개선에 초점	고객의 경험 개선에 초점
데이터	주로 거래데이터 활용	주로 고객의 경험데이터 활용

(4) 고객경험관리와 실행 프로세스

1) 고객경험관리의 이해

① 고객경험은 회사와의 직간접적 접촉을 통하여 갖게 되는 내부적이고 주관적인 반응이다.

② 고객경험관리는 기업의 모든 고객 접점에서 고객이 긍정적 경험(Good Experience)을 느끼도록 관리하는 것을 의미한다.

③ 다양한 고객 채널에서 느끼는 경험은 기업 또는 브랜드에 대한 충성도에 큰 영향을 미친다.

④ 제품이나 서비스에 대한 고객의 경험을 체계적으로 관리하는 프로세스이다.

⑤ 기업 입장에서 고객의 제품 탐색에서부터 구매, 사용단계에 이르기까지 모든 과정에 대한 분석 및 개선을 통해 긍정적인 고객 경험을 창출하는 경영 사조이다.

⑥ 고객경험관리의 핵심은 다양한 고객채널을 통해 기업과 고객이 긴밀한 유대관계를 맺는 방법을 고민하고 실행하는 전략이다.

⑦ 고객이 기업과 만나는 모든 접점에서 고객이 만족한 경험을 갖게 하여 고객에게 해당 기업이나 상품에 긍정적인 인식을 형성·확대시키는 경영방식이다.

• 고객여정지도(Customer Journey Map): 고객경험관리를 위하여 선제적으로 요구되는 기업의 활동으로 기업이 고객의 입장이 되어서 고객의 경험을 디자인하고 그려 보는 것으로, 고객이 해당 기업과 어떠한 상호작용을 하는지를 지도 형태로 그린 것이다.

고객여정지도를 통해 고객의 서비스 여정에 따라 이동하면서 각 접점별로 고객의 불편함은 무엇인지 그리고 개선해야 하는 것은 무엇인지를 파악하고 고민해 본다.

이러한 활동을 통해 서비스를 제공하는 기업 관점에서 접점프로세스는 물론 고객 지향적인 프로세스를 발견하고 고객의 경험을 긍정적으로 바꾸기 위해 서비스 프로세스를 개선하는 데 목적이 있다.

【 고객경험관리 프레임워크 】

2) 고객경험의 활용

① 고객 서비스 측면에서 고객경험의 정량화가 가능해, 보다 정확한 니즈 파악이 가능하다.

② 분석하고 모니터링한 결과를 통해 서비스 개선 및 기업의 경영효율성 향상에 직간접적인 영향을 제공한다.

③ 체계적인 분석을 통한 고객경험관리가 가능해 고객에게 맞춤형 서비스를 제공할 수 있다.

④ 환경분석 및 실시간 고객의 반응에 대한 모니터링을 통해 의사결정을 하는 데 필요한 중요 데이터를 제공해 효율성이 향상된다.

⑤ 고객불만에 대한 다각적인 분석은 물론 선제적인 대응이 가능해 유연한 대처와 함께 긴급 이슈 발생 시 체계적이고 효과적으로 대처할 수 있는 환경을 조성한다.

3) 고객경험관리의 필요성

① 최근 고객은 단순히 구매에서 끝나는 것이 아니라 구매를 통한 총체적인 경험을 중요시한다.

② 브랜드가 추구하거나 제공하는 독특한 라이프 스타일이나 제품을 통해 얻는 총체적인 경험을 더 중요하게 생각한다.

③ 고객과의 장기적인 관계 형성은 고객만족을 통한 충성도 확보가 가장 중요한데, 이를 가능하게 하는 요소가 바로 고객에게 긍정적인 경험을 제공하는 것이다.

④ 접점을 통해 얻게 되는 경험의 질을 중요시하며 이러한 경험의 질이 기업의 성과에 직간접적인 영향을 미치고 있다.

⑤ 단순히 고객의 경험을 판매하는 것으로는 차별화가 어렵기 때문에 체계적으로 관리해야 한다.

⑥ 축적된 고객경험을 데이터화하고 고객의 경험 사이클을 분석함으로써 지속적인 고객만족도 향상 및 기업 성장을 제고할 수 있다.

⑦ 실제 기업 사례에서도 고객에게 즐거운 경험을 제공했을 때 높은 가격임에도 불구하고 기업은 지속적으로 성장하는 것을 볼 수 있다.

4) 고객경험관리(CEM) 실행 프로세스

① 고객경험관리 과정에 대한 철저한 이해가 필요하다.

② 고객경험 사이클의 이해를 위해서는 고객경험에 영향을 미치는 3가지 차원의 핵심요소에 대한 분석이 선행되어야 한다.

③ 3가지 핵심요소를 바탕으로 목표 고객의 경험 요소들을 명확히 정의한다.

④ 3가지 핵심요소 정의 및 분석 후 차별화된 경험적 요소를 제공해야 한다.

⑤ 고객의 기대와 실제 경험 사이의 간극을 파악하고 이를 통해 불만족 요소와 만족 요소에 따라 우선순위를 선정한다.

⑥ 우선순위를 선정한 후 독특하고 차별화된 경험을 제공한다.

⑦ 기업의 프로세스 전 과정에 고객의 의견이나 경험을 평가하고 반영한다.

⑧ 고객 참여를 통해 고객경험관리에 대한 실효성 검증은 물론 공감대를 형성한다.

⑨ 일관된 경험을 체계적으로 제공하여 고객가치를 향상시키는 데 활용한다.

⑩ 일관된 경험 제공을 위해 기업에서는 경험의 질을 종합적이고 체계적으로 관리한다.

⑪ 체계적인 고객경험관리를 위해 내부직원에게 지속적인 교육 및 훈련을 시키고 주기적인 모니터링을 통해 개선 및 보완한다.

5) 고객경험에 영향을 미치는 3가지 핵심요소

요소	주요 구성내용
제품과 서비스	상품이나 서비스를 구매하는 과정에서 발생하는 경험(탐색, 구매, 사용단계) 상품이나 서비스가 주는 편익이나 가치에 대한 브랜드 경험
커뮤니케이션	다양한 커뮤니케이션 채널, TV 광고, 웹사이트, 애플리케이션, 콜센터, 모바일 앱, 길거리 광고 및 판촉 행위, SNS 등
사람	접점직원, 동료, 친구, 가족, 기타 주변 사람들 등

6) 고객경험관리의 문제점

흔히 고객만족경영의 한계를 극복할 수 있을 것이라 생각되었던 고객경험관리가 여전히 고객만족경영에서의 다양한 문제들을 그대로 답습하고 있다.

① 고객 경험 관리의 목적 및 목표 부재

② 명확하지 않은 실행 프로세스

③ 성과측정이 체계적으로 이루어지지 않고 있음

④ 고객 경험 관리는 부가적 업무라는 잘못된 인식의 팽배

⑤ 교육 및 훈련, 평가 및 보상 프로그램의 미흡

⑥ 내부 커뮤니케이션, 시스템 인프라 등의 문제

⑦ 고객 경험의 전달 주체인 직원 역할의 중요성에 대한 인식 부족

⑧ 고객으로 하여금 신속·정확한 서비스 제공은 물론 긍정적인 경험 제공을 통해 충성도 확대는 물론 수익성(고객만족도)을 향상시켜야 한다.

⑨ 셀프서비스도 중요한데 가장 핵심적인 요소는 개인화된 서비스 제공은 물론 문제해결에 대한 통찰력을 제공함으로써 고객 경험을 극대화시켜야 한다는 것이다.

7) 고객경험관리 채널의 변화

최근 고객경험은 대면 직원과 콜센터에만 국한되지 않고 다양한 고객채널로 확장되고 있다. 따라서 고객문의와 불만처리에 국한된 1차 기능이 아닌 여러 채널을 통해 고객의 니즈는 물론 경험을 데이터화하고 분석하여 수익창출 및 서비스 개선에 활용되고 있다. 이와 같이 채널이 다양해지고 고객경험의 범위가 확장되면서 이러한 채널들과 고객경험을 연계해 체계적으로 관리하는 것이 주요 화두라고 할 수 있다. 고객경험관리센터로 진화하고 있는 콜센터의 특징은 아래와 같다.

① 고객경험채널이 지속적으로 확장되고 있다.

- 모바일 앱(App)
- 콜센터 ARS(IVR)
- 보이는 콜센터 IVR(IVVR)
- 채팅(Chat-bot)
- 이메일 / 문자(SMS/LMS)
- 인공지능(AI)
- 음성 봇(Voice-bot)
- 웹사이트(Web site) 외

② 고객채널은 고객의 여정을 정확히 파악하고 이를 통합하여 관리하는 체계를 갖추어야 한다.

③ 좋은 고객경험 제공을 통해 고객 인게이지먼트[1]를 강화하여야 한다.

---

1 고객과의 관련성 또는 관여도라고 할 수 있는데 고객이 일정 기간 동안 관심을 가지고, 참여하고, 관계를 맺는 일련의 약속된 행동이라고 할 수 있다.

④ 신속·정확한 서비스 제공은 물론 긍정적인 고객경험 제공을 통해 충성도를 확대하고 수익성(고객만족도)을 향상시켜야 한다.

⑤ 비대면 채널에서는 고객 자가해결율도 중요한데 가장 핵심적인 요소는 개인화된 서비스 제공은 물론 문제해결에 대한 통찰력을 제공함으로써 고객 경험을 극대화시켜야 한다는 것이다.

⑥ 단순문의 및 반복적인 문의에 대해서는 채널 분산을 통해 운영효율성을 높이고자 한다.

⑦ 고객의 의견이나 경험을 축적하고 분석하여 활용하는 전략적인 거점으로서의 콜센터의 중요성이 증가하고 있다.

⑧ 문의 폭주 시 타 채널 이용을 유도해 문제해결이 되지 않으면 부정적인 고객경험을 유발한다.

⑨ 현재 챗봇의 경우 제한적이고 정형화된 답변 외에는 제대로 답변을 제공하지 못해 부정적인 고객경험을 제공하는 것으로 나타나고 있다.

⑩ 고객 자가해결 채널을 통해서 해결하지 못한 문의사항(지식이나 정보)이 무엇인지를 파악하고 이를 개선하는 과정을 반복해야 한다.

8) 디지털 채널에서 고객경험을 결정하는 주요 요인들

① 디지털 채널에서 가장 중요한 것은 '시각화(동선)' 및 정확한 지식 및 정보 제공

② 애플리케이션(App)이 있어 접근이 용이한지 여부(스마트폰에 최적화된 App.)

③ 고객이 요구하거나 찾는 정보나 지식이 시각적으로 구조화되어 있는지 여부

④ 고객 스스로 해결이 가능하도록 콘텐츠 구성은 물론 검색의 효율성은 있는지 여부

⑤ 채널 활용 시 궁금한 사항이 있을 때 추가적으로 문의할 수 있는 채널이나 방법이 있는지 여부(전화번호 및 채팅 등)

⑥ 고객이 자주 찾은 정보나 지식의 빈도, 중요성에 따라 추천 및 제안이 이루어지는지 여부와 적절한 곳에 위치해 있는지 여부(예: 중요 정보나 지식 또는 지침은 왼쪽 상단, 접속 시 왼쪽 상단에 FAQ 위치 여부)

⑦ 디지털 채널 내 검색은 효과적으로 기능하는지 여부

⑧ 중요 정보나 지식이 고객의 시선의 움직임에 따라 자연스럽게 배치 및 구성되어 있는

지 여부

⑨ 디지털 채널관리는 고객채널의 VOC와 고객이 전화한 이유를 분석하는 것이 핵심이라고 할 수 있으며 향후 웹사이트 시각적 구조화를 위해 고객 시점에 분석하는 것이 중요한 화두임

9) 만족한 고객경험의 결과 및 기대효과

① 해당 브랜드를 선호할 가능성이 높다.

② 해당 회사와 지속적으로 거래할 가능성이 높다.

③ 더 많은 상품과 서비스를 구매한다.

④ 향후 비슷한 제품 구매 시 같은 브랜드에서 구매할 가능성이 높다.

⑤ 회사, 브랜드, 상품을 지인에게 추천할 가능성이 높다.

4차 산업혁명과
고객 서비스 변화

(1) 4차 산업혁명 시대 고객 주요 이용채널의 변화 및 특징[1]

2010년 이후 지속적으로 콜센터 이용이 감소하고 있으나 여전히 상품 및 서비스 정보 제공과 문제해결을 위한 채널은 콜센터가 우세를 점하고 있으며 점차적으로 기업 홈페이지 또는 모바일 채널의 비중이 증가하고 있는 추세이다.

1) 고객 주요 이용채널 현황

① 고객은 불만 제기 및 처리상태를 확인하기 위한 채널로 콜센터 선호

② 정보탐색 및 구매 후 의견을 공유하는 채널로는 디지털 채널의 이용빈도가 높음

③ 민감하고 불만족한 유형의 용건일수록 디지털 채널보다는 콜센터 이용을 선호

④ 불만 발생 시 10~20대는 디지털 채널을 이용해 주변 공유를 하는 반면 30대 이상부터는 규제당국에 호소하는 비중이 높음

⑤ 채널 이용 경험에 대한 전반적인 만족도는 콜센터나 디지털 채널이나 높지 않음

⑥ 콜센터의 경우 상담 태도와 업무역량 대비 수신 여건 불량(ARS체류 및 연결 지연)

---

1 해당 내용은 2018년 KMAC 주관 대한민국 채널 및 커뮤니케이션 컨퍼런스에서 발표된 한국 소비자들의 채널&커뮤니케이션 이용 실태 조사 결과를 참고하였음.

⑦ 디지털 채널의 경우 응답속도 지연, 이용 편리성과 답변 적절성이 콜센터 대비 낮음

⑧ 콜센터나 디지털 채널 이용만족도가 높은 고객의 경우 재구매/추천 의사가 높음

⑨ 디지털 채널 이용이 많은 고객일수록 콜센터 이용 비율이 높은 것으로 나타남

⑩ 채널 간 답변 및 업무처리에 있어 서로 상이한 경우를 다수 경험한 것으로 나타남

2) 대표 고객채널 이용 목적

순위	콜센터	디지털 채널
1순위	구매 후 불만, 제안, AS신청	구매 전 정보 탐색(디자인/성능 등)
2순위	진행 상태 확인(주문/배송/반품)	진행 상태 확인(주문/배송/반품)
3순위	구매 전후 이용방법 문의	구매 후 불만, 제안, AS신청
4순위	구매 전 정보 탐색(비용/결제 등)	구매 전후 이용방법 문의
5순위	구매 전 정보 탐색(디자인/성능 등)	구매 전 정보 탐색(비용/결제 등)
6순위	구매 후 의견 공유	구매 후 의견 공유

3) 4차 산업혁명 고객 서비스가 가지고 올 변화들

① 전문가 수준의 지식 및 정보를 통한 서비스 역량 확대

② '검색'보다는 '대화'가 정보를 습득하는 방식의 일반화

③ 단순한 '음성'이 아닌 '오감' 활용

④ 업무 표준화 수준의 획기적인 향상

⑤ 고객과의 커뮤니케이션 활성화를 위한 다양한 채널 확대

⑥ 고객이 직접 참여하는 새로운 서비스의 지속적인 등장

⑦ 언어만이 아닌 비언어적인 커뮤니케이션 기능 확장

⑧ 기존의 가치제안은 개인맞춤화 서비스로 전환

⑨ 기존의 관계 또는 다양한 채널은 비대면 채널로 전환

⑩ 고객경험의 극대화 및 개인 맞춤화 서비스

⑪ 데이터 중심의 서비스의 지속적인 출현

⑫ 고객을 이해할 수 있는 수단 확보가 가능해 경쟁력은 향상되나 업체 간 치열한 경쟁 가속

⑬ 공유경제의 확대로 인한 온디맨드 서비스 확대

⑭ 온디맨드 서비스로 상시적 고용이 아닌 On demand work 활성화

4) 고객채널 운영에 있어 중요한 트렌드

① 고객 커뮤니케이션 채널의 다양화 및 채널을 통한 일관성 있는 응대의 중요성 심화

② 단순 지식과 정보 제공이 아닌 문제해결 중심의 고객채널로의 전환 가속화

③ 인공지능 기술이 적용된 시스템을 통한 프로세스 개선 및 직원의 개인비서 역할 수행

④ 고객에 편의를 고려한 고객자가해결 채널의 증가(단순 FAQ 제공 및 의사결정 중심의 챗 상담)

⑤ 고객행동예측을 통한 선제적인 대응 및 활용(VOC 축적 및 분석을 통한 고객 이해 심화)

⑥ 고객경험전략의 고도화를 통한 맞춤 전담 서비스로의 전환 가속화(개인화된 서비스 경험)

⑦ 음성인식, 빅데이터, 인공지능 시스템 활용을 통한 고객 친화적인 서비스 지속

⑨ 고객중심의 솔루션과 시스템을 통한 고객경험관리 전략의 실현

⑩ 단순응대가 아닌 고객경험관리를 통한 기업의 비즈니스 목표를 달성하는 채널로의 변화 지속

5) 4차 산업혁명 시대와 접점채널 환경의 변화

① 지식과 정보 제공보다는 문제해결 중심채널로의 변화

② 모바일 기반의 비대면 고객상담 및 마케팅 증가

③ 대면보다는 모바일을 통한 셀프서비스 확대로 고부가 가치 업무에 대한 요구 강화

④ 서비스 중심채널로서 고객경험관리센터로의 진화를 거듭

⑤ 향후 콜센터가 고객접촉채널은 물론 고객관리의 핵심 역할을 수행

⑥ 단순 응대가 아닌 고객을 중심으로 고객경험을 일관되게 전달하는 옴니채널로 전환하고 있음

⑦ 정책 및 시장환경 변화에 따른 고객접촉채널 혁신 요구에 대한 고민의 증가

⑧ 고객 행동 예측을 통한 선제적인 대응의 필요성이 갈수록 증가

⑨ 단순 업무처리가 아닌 고객정보 축적 및 활용을 통한 고객관리 기능에 대한 고도화 요구

6) 4차 산업혁명 시대와 대표 고객채널의 변화 및 주요 이슈

① 미래 고객채널은 결국 옴니채널, 인공지능, 챗봇, 그리고 인적자원으로 귀결됨

② 직원의 업무 지원 및 챗봇의 형태가 가장 일반적인 고객채널의 형태로 진화

③ 인공지능을 활용하는 기술이 고객응대는 물론 관리자의 업무 영역까지 수행

④ 인공지능 기술의 발달로 인해 고객채널 적용업무가 갈수록 확대될 전망

⑤ 인공지능 기술의 발달로 주요 고객채널의 운영 목표였던 운영효율성 실현(비용 절감)

⑥ 인공지능의 인식 기술은 크게 화상 · 음성 · 텍스트인데 이 중 고객채널은 음성 인식과 텍스트 일부 기능을 주로 활용

⑦ 고객채널의 모든 프로세스가 자동화되는 관점에서 디지털로의 환경 변화 가속화

⑧ 기술의 진화로 고객경험이 분산될 우려가 있어 사람이 직접 관여해 통제하는 역할 필요

⑨ 로봇 프로세스 자동화(RPA: Robotic Process Automation)를 통해 다양해지는 고객요구를 충족

⑩ 인간은 인간이 가진 고유의 '문제해결능력'과 '공감능력'을 바탕으로 복잡하고 해결하기 어렵거나 감성적인 요구에 부응하기 위한 작업을 수행

⑪ 결국 인공지능을 포함한 로봇 프로세스 자동화를 통해 단순 업무는 로봇이 처리하고 인간은 좀 더 부가가치가 높은 업무에 집중하는 형태로 진화

(2) 고객 접점 채널의 역할과 셀프서비스

1) 인공지능 기술의 고객 채널 적용 영역

① 직원에 의한 하이브리드 응대 가능(고객 응대)

② 직원의 감정 및 감성 분석을 근거로 한 응대 가능(응대 시 리스크에 대한 선제적 대응)

③ 고객 응대 이력을 근거로 고객의 성격이나 특이사항 파악 후 적절한 접점직원 연결 가능

④ 음성인식을 통한 고객 서비스 지원의 자동화 가능(접점직원 연결, 필요한 정보 실시간 제공 등)

⑤ 다양한 고객채널(콜센터 포함 옴니채널)의 접속 트래픽 예측하고 적절한 직원 배치

⑤ 인공지능 챗봇 활용을 통한 자동 응대 가능(텍스트 채팅)

⑥ 인공지능에 의한 강력한 FAQ 기능 실현(FAQ 관련 고객문의 내용 자동 추출 및 생성)

⑦ 채용 및 교육(인적자원 관리 측면)

⑧ VOC 분석을 통해 체계적인 고객불만관리 가능

⑨ 객관적이고 개인화된 CRM 분석을 통한 마케팅 활동에 활용 가능

⑩ 재택근무 또는 복수거점에서의 근무 가능(직원 개인 인증 등의 보안 및 라우팅 전략 강화)

2) 접점채널의 역할과 셀프서비스

최근 연구 결과에 의하면 과도한 공감보다는 문제해결에 초점을 맞춰 고객을 응대해야 한다는 주장에 힘이 실리고 있다. 고객의 서비스 질이 지속적으로 하락하는 이유 중에 하나는 고객 관련 문제는 갈수록 복잡해지고 어려워지고 있음에도 불구하고 서비스 업무를 수행하는 직원들의 역량이 이를 따라가지 못하기 때문이다. 따라서 이러한 문제를 해결하기 위해서는 친절지향적인 공감 및 호응 중심의 응대가 아닌 고객 관련 문제를 해결하는 데 있어 문제를 정확히 이해하고 이에 대해 신속하게 해결책을 제시하는 주도적인 직원이 필요한 시점이다.

① 고객이 접점을 이용하는 이유는 '정보'와 '지식'을 제공받고 문제를 해결하기 위해서이다.

② 대부분의 정보와 지식은 인터넷이나 SNS를 통해 또는 셀프서비스를 통해 해결한다.

③ 갈수록 정보제공능력보다는 접점직원이나 관리자들의 문제해결 능력이 중요시되고 있다.

④ 고객은 간단한 문제나 지식 및 정보는 콜센터를 통해 해결하지 않는다.

⑤ 고객 최접점에서 근무하는 접점직원은 복잡하고 어려운 문제를 해결해야 한다.

⑥ 문제해결 관점으로의 전환은 기업 입장에서 더 많은 비용을 치러야 한다.

  −교육 및 훈련비용, 고객 보상, 효율성 저하로 인한 비용 상승(고객 접촉 비용 등)

⑦ 잘못된 응대에 따른 리스크가 갈수록 커지고 있다.

⑧ 인적자원관리 및 역량 강화에 대한 투자가 이루어져야 한다.

⑨ 인적자원에 대한 투자가 미흡하면 우수한 직원들의 이직이 늘고 신규 직원이 유입되지 않는다.

⑩ 생산성은 물론 고난이도 문제를 해결할 수 있는 접점직원의 역량이 필요하다.

3) 셀프서비스 이해 및 고려사항

최근 정보기술과 결합하며 셀프서비스는 점차 강력한 고객 서비스 접점이 되어 가고 있다. 기업 입장에서 여러 가지 이점이 있겠지만 무엇보다도 최소한의 인원으로 서비스/시스템 운영이 가능해져 비용을 낮추는 효과가 크다. 반면 고객입장에서는 약간의 불편함을 감수한다면 저비용으로 서비스를 제공받거나 24시간 서비스를 받을 수 있는 장점이 있다.

구분	주요 내용
장점	▶ 단순문의 감소를 통한 비용 절감 ▶ 고객의 편의성 증가 ▶ 고객행동의 변화 유도 가능 ▶ 고객의 두려움 또는 갈등요소를 미연에 제거 ▶ 직원으로 인해 발생하는 불만요소 제거 ▶ 긍정적인 경험 제공 시 매출 확대에 효과적(상향, 교차 판매) ▶ 속도와 효율성이 중시되는 분야에서 강점 발휘 ▶ 고객 참여가 직접적인 서비스의 경우 실시간 피드백 가능
단점	▶ 에러 또는 장애 시 즉각/효과적 대응의 어려움 ▶ 휴먼터치의 부재로 인한 고객만족도 저하 위험 ▶ 서비스 실패 시 추가 비용 발생 위험 ▶ 서비스품질에 대한 보증이 어려움 ▶ 고객만족 포인트의 획일화 ▶ 맞춤화가 아닌 획일화된 서비스 제공 가능성 ▶ 제공받는 서비스와 가치에 대한 저평가 가능성

📋 셀프서비스 설계 시 고려해야 할 결정사항들 3가지[2]

① 고객이 셀프서비스(프로세스)에 어떤 공헌을 하는지 여부

② 고객이 셀프서비스를 충분히 사용할 수 있는지 여부

③ 셀프서비스로 인해 기대할 수 있는 효과 또는 영향(고객경험과 가치인식, 효율성(성과) 등)

(3) 4차 산업혁명 시대 고객채널의 운영 방향 및 전략

4차 산업혁명 시대 고객 서비스의 진화방향과 함께 향후 고객채널을 어떻게 운영해야 하는지에 대한 방향성은 아래와 같다. 지식과 정보는 인공지능의 영역에서 다루어져야 할 이슈이고 향후 고객채널은 감성을 바탕으로 개인화된 서비스 제공은 물론 문제해결이 중요한 고객센터의 역할로 부상할 것으로 예상하고 있다. 따라서 고객채널의 운영전략도 이와 같은 진화의 방향에 맞추어서 수립하여야 한다.

1) 4차 산업혁명 시대와 고객 서비스의 진화 방향

① 핵심경쟁력은 데이터, 알고리즘 그리고 플랫폼 경쟁

② 고객중심의 프로세스 및 서비스 혁신 고도화

③ 대면보다는 비대면 채널로의 서비스 확대

④ 온디맨드 서비스[3](On demand Service)의 확대 및 가속화

⑤ 고객 개별적 니즈 대응이 가능해짐으로써 맞춤형 고객 경험 전달 방식으로 변화

⑥ 고객가치 중심의 고객경험관리의 최적화

---

2 셀프서비스를 설계할 때 고객이 참여하는 모델을 결정하기 위해 기업은 세 가지의 핵심질문을 고려해야 한다 (Amorin et al. 2008)는 내용을 재작성하였음

3 언제 어디서나 모바일을 통해 기존에 오프라인에서 불편했던 경험들을 편리하게 해결해 주는 서비스

2) 4차 산업혁명 시대와 고객채널의 운영 방향성

① 고객채널은 업의 본질을 이해하고 고객의 가치를 제고할 수 있는 고객 서비스 전략 수립 필요

② 고객채널은 CS를 위해 존재하나 정보제공보다는 문제해결에 초점을 맞추어야 함

③ 사람 중심의 감성적인 서비스가 핵심을 이루도록 운영되어야 함

④ 지식이나 정보제공의 기능 수행이 아닌 고객 충성도를 높이는 관계 중심의 서비스 제공

⑤ 고객경험관리센터로의 전환을 위해 모든 접점 프로세스를 콜센터에서 통합 관리 필요

⑥ 통화 내용을 실시간으로 분석하여 서비스를 제공함으로써 서비스 경쟁력 확보 필요

⑦ 자동 분석을 통한 개선 및 보완 중심의 코칭으로 직원의 전문성 향상에 초점을 맞춰야 함

⑧ 고객성향 분석 및 파악을 통해 최상의 맞춤서비스 제공 필요

⑨ 인공지능 활용을 통한 업무효율성 및 생산성 향상 역량을 갖춘 관리자 발굴 및 육성

⑩ 문제해결능력 및 고객충성도 제고는 물론 고객관계형성 능력을 갖춘 접점직원 육성

⑪ 고객경험관리센터로의 전환에 맞는 고객채널 업무를 수행하는 직원의 업무 재정의

3) 4차 산업혁명 시대의 고객채널 운영전략

고도화된 지식 기반의 서비스가 가능할 4차 산업혁명시대의 고객채널 운영은 단순히 관망하는 전략보다는 기존의 비효율적인 부분을 개선하는 방향으로 운영역량을 향상시켜야 하며, 고객경험관리 전략 실행, 비대면 접촉 채널의 증가 및 인공지능 기술의 발달로 인해 갈수록 그 역할이 중요해질 것이다. 이에 따라 일관되고 신속·정확한 문제해결이 고객채널 운영의 성공을 좌우하므로 운영 전략 면에서도 몇 가지 방향성을 가지고 운영되어야 한다.

① 디지털 시대에 맞는 운영역량 확보

▶ 경영상 의사결정에 필요한 정보제공

▶ 고객 니즈에 맞는 탄력적이고 신속·정확한 서비스의 지속적인 제공

▶ 기업의 사업 성과에 기여할 수 있는 체계적인 전략 수립

▶ 고객경험관리센터로의 기능을 수행할 수 있는 역량의 단계별 확보

② 4차 산업혁명에 적합한 BPR 관점(시스템, 프로세스, 인적자원) 전환

▶ 데이터에 기반한 의사결정 및 운영프로세스 및 서비스 혁신

▶ 직원의 역량 향상에 초점 [문제해결능력, 감성, 감정조절능력 등]

▶ 협력과 수평적인 커뮤니케이션 장려

③ On Demand Work에 알맞은 인재 풀 구축

▶ 양질의 인재를 확보하기 위한 인재 프로파일링 필요

▶ 자사 역량에 맞는 공감, 커뮤니케이션, 협력, 공유능력이 뛰어난 직원의 확보

▶ 외부 인재 또는 퇴사자 대상: 프로젝트 또는 파트타임 형태로 활용

▶ 재택근무자 및 프리랜서 활용 원격근무 가능한 스마트 워커가 점차 증가 추세

④ HR 데이터 기반의 인적 자원 관리 활성화

▶ 주먹구구식이 아닌 데이터 기반의 분석(채용, 성과, 성과관리, 경력 및 조직개발 등)

▶ 리더 및 관리자의 축적된 경험, 전문성 수준 등을 데이터베이스화 ⋯▶ 리더 유형 도출

▶ 직원 채용 시 인적성 검사를 통한 적합한 수준의 역량을 갖춘 인재 확보

▶ 채용, 유지, 인력수요예측 등 내부 알고리즘 개발 및 활용

▶ 인력 채용 및 교육 훈련의 고도화 필요

⑤ 효율성 개선을 위한 고객접촉 채널의 개선

▶ 채널 분산과 고객편의성 및 접근성을 고려한 채널 확보(챗봇, 애플리케이션, 키오스크 등)

▶ 정보와 지식 제공 채널과 문제해결 중심 채널에 대한 업무 정의 및 실행

▶ 정보 및 지식 제공에 있어 불편함을 최소화할 수 있는 해소 전략 마련

▶ 다양한 고객이력 분석을 통한 응대에 있어서도 선제적인 대응 필요

4차 산업혁명 시대
서비스 조직 인적자원관리

(1) 4차 산업혁명 시대 인적자원관리

1) 4차 산업혁명과 접점 인적자원의 변화

① 접점(MOT) 인력의 절반 이상이 밀레니얼 세대[1]

② 디지털 미디어에 익숙하며 65% 이상이 소셜미디어(SNS) 활용에 익숙함

③ 면대면보다는 문자 또는 인스타그램을 통해 소통

④ 즉각적인 피드백을 원하고 목적의식이 뚜렷함

⑤ 단편적인 콘텐츠는 빠르게 흡수하고 모바일, 디지털 콘텐츠에 익숙함

⑥ 배우며 성장할 수 있는 곳을 선호하면서도 철저히 개인주의적인 성향

⑦ 상명하복, 비효율, 억지스러움, 강요적인 분위기에 반감이 심함

⑧ 접촉(Contact)보다는 접속(Connected)에 익숙

⑨ 연봉이나 직위보다는 좋아하는 일을 선호하고 일과 삶의 균형에 관심이 많음

⑩ 소속감보다는 철저하게 개인주의적인 성향이 강하며 미래보다는 현실지향적임

1　1980-2000년 사이에 출생한 집단으로, 급속도로 기술이 발달한 사회에서 태어난 첫 세대(IT 및 인터넷 능통)이며 금융 위기 이후 사회에 진출했기 때문에 현실적인 어려움에 직면한 N포 세대이기도 하다. 베이비붐 세대 이후 규모나 영향력 면에서 가장 강력한 세대이며 이전 X세대와 베이비부머 세대와는 다른 특징과 경향을 보인다. 출처: Magazine Millennial

⑪ 솔직함, 또래들과의 소속감, 연대의식을 중요시하고 공동 작업에 익숙함

2) 4차 산업혁명과 접점채널 인적자원관리

① 전통적인 교육 및 훈련, 인적자원관리, 평가 및 보상이 아닌 다른 접근 방법 필요

② 소셜(Social)과 비정형적인(Informal) 교육의 필요 및 중요성 확대

③ 향후 접점채널 인적자원관리는 '창의력'과 '공감능력'과 함께 문제해결능력을 갖추는 것임

④ 비전이나 미션 그리고 가치와 연동할 수 있는 인성, 직무적성(Aptitude), 직무능력(Ability)에 대한 정의가 선행되어야 함

⑤ 내부 인적자원 관련 데이터 활용을 통한 자사에 알맞은 직무적성의 모델링 필요

⑥ 경험에 근거한 방향제시가 아닌 자율, 모범, 설득 및 감성을 통한 리더십이 중요

⑦ 리더십은 빠른 의사결정과 코칭(피드백)은 물론 소통과 책임을 통해 복잡성과 불확실성에 맞서는 역량을 겸비해야 함

⑧ 네트워킹 능력, 소통 능력, 조정 능력을 통해 조직을 이끌어 나갈 수 있는 디지털 포용력을 가진 리더가 필요함

⑨ 채용, 훈련, 평가 등에 빅데이터를 활용한 인적자원 기법의 적극적인 도입이 필요

⑩ 불필요한 경쟁 유발이 아닌 팀워크와 협력을 장려하는 성과 평가가 필요

⑪ 상대평가보다는 절대평가와 보상방식을 강화하는 방향으로 인적자원관리가 이루어져야 함

⑫ 데이터에 기반한 의사결정 및 평가가 인적자원관리의 핵심

3) 4차 산업혁명시대 접점채널에 필요한 역량

인공지능시대에는 접점채널의 존재 이유와 함께 업(業)의 본질을 이해하는 것이 중요하며, 고객채널은 고객만족을 위해 존재하나 정보제공보다는 문제해결에 초점을 맞추어야 한다. 또한 고객경험관리가 중요한 요소라고 할 수 있는데 IVR 멘트를 듣고 감동하지 않는 것처럼 인간적인 접촉(Touch)이 우선시되어야 하므로 감성적인 서비스를 제공할 수 있어야 한다. 따라서 지식과 정보보다는 문제해결 능력이 중요한 요소이며 이외에 문제

인식 역량과 협력 및 소통능력, 그리고 감성역량이 가장 핵심적인 역량으로 자리 잡을 것이다.

① 문제인식 역량
- ▶ 유연하고 감성적인 인지력을 바탕으로 한 문제인식이 중요한 역량
- ▶ 획일적이지 않으며 문제의 핵심을 인지하고 해석하는 문제인식 역량
- ▶ 인문학적 소양 기반 및 감성적인 해석 방법으로 유연하게 문제를 인식
- ▶ 인간만이 가진 인문학적인 소양과 감성적이고 비판적인 해석을 통한 문제인식 역량

② 문제해결능력
- ▶ 단순한 정보제공이 아닌 유연한 문제해결 역량
- ▶ 차별화된 대안 제시
- ▶ 빅데이터 및 다양한 정보 조합 및 활용(정형 또는 비정형)
- ▶ 해당 분야 또는 타 분야 인적 네트워크(전문가)의 적극적인 활용

③ 협력 및 소통능력
- ▶ 사람과 기계와의 협력적 소통 역량 필요
- ▶ 인공지능(기계)으로부터 얻을 수 있는 정보와 인간의 지혜의 융합
- ▶ 효율적인 대안 및 문제해결
- ▶ 기계를 활용한 부가가치 창출 역량이 핵심

④ 감성역량
- ▶ 감성지능이 하나의 기질이라면 감성역량은 학습능력을 의미
- ▶ 감성지능을 토대로 자신과 타인의 감성을 이해하는 능력이 필요
- ▶ 다른 사람과 교감하면서 감정을 관리할 수 있는 능력이 필요
- ▶ 탁월한 업무성과를 낼 수 있도록 감성지능에 근거하여 학습된 능력

4) 조직 감성역량에 대한 이해

① 고도의 지식사회로 발전하면서 객관적인 제도와 시스템만으로 해결하기 어려운 일들
   이 지속적으로 발생함에 따라 이를 해결하기 위해서 이성에 의한 제도 또는 효율성이
   아닌 감성이 중요한 요소로 부각되었다.

② 조직에 있어서의 감성역량이 성과를 향상시키는 데 중요한 요인이라는 인식이 점차
   확산되고 있으며 이를 통해 리더십에 있어서도 감성역량이 중요시되고 있다.

③ 감정 또는 감성이라는 것은 직간접적으로 개인의 특정 행동을 유발하기 때문에 조직
   의 총체적인 행동 변화 유발을 위한 프로그램의 필요성을 주장하는 연구가 증가하고
   있다.

④ 조직 구성원의 감성관리는 향후 기업을 운영하는 데 가장 중요한 핵심역량이 될 것
   이다.

⑤ 감성관리가 중요해지면서 기업은 긍정적인 감성을 환기하는 근무환경이나 적극적인
   활동을 독려하는 분위기를 제공해 주어야 한다.

⑥ 직원들에 대한 감성관리를 통해 조직이 높은 감성역량을 보유하게 되면 조직의 효율
   성과 효과성이 증가한다는 사실이나 사례가 늘어나고 있다.

5) 조직에서 감성역량이 필요한 이유

고도의 지식사회로 발전하면서 객관적인 제도와 시스템만으로 해결하기 어려운 일들이
지속적으로 발생하고 있어, 조직 내에서 발생하는 이러한 다양한 문제를 순기능적으로
해결하는 감성역량이 필요하다.

① 효과적인 업무 수행 및 성과를 좌우하는 핵심요인

② 감성역량이 높은 직원에 의한 긍정적인 감성의 증가

③ 부정적 감성을 감소시키고 극복할 수 있게 업무환경 개선

④ 조직 내 갈등의 순기능적 해결

⑤ 조직목표 달성 의지 향상은 물론 기능 수행과 적응의 근거

6) 4차 산업혁명시대 접점채널 이직관리

① 인적 구성의 다양화 및 직원 고충의 복잡화(여성, 외국인, 장애인, 신세대 등)

② 개인의 고충이 조직 문화에 악영향을 미치므로 과학적이고 체계적인 이직관리 필요

③ 여초현상이 일반적인 접점채널의 경우 감정전염의 부작용이 심화될 수 있는 환경이
   므로 체계적인 이직관리 필요(집단화 예방)

④ 전체에 주목하고 일률적인 문제해결이 아닌 개인에 주목하는 이직관리 필요

⑤ 다양한 직원 특성별 유형화를 통해 세부 유형별 맞춤형 고충 해결책 제시

⑥ 감, 경험, 믿음 또는 관행에 의한 이직관리가 아닌 데이터에 근거한 이직관리 필요

⑦ 정확하고 유의미한 데이터 확보가 필수적이고 꾸준한 업데이트로 데이터 유지 및 관
   리 필요

⑧ 사후 해결중심이 아닌 예측 및 예방에 초점을 맞춘 선제적인 대응 필요

7) 4차 산업혁명시대 접점채널 성과관리 방향성

① 철저하게 객관적이고 실증적인 데이터 기반의 성과관리가 필수적이다.

② 성과관리는 '최종 완료된 일을 체크하는 것'이 아니라 '업무 과정 중 수시로 대화하며
   더 나은 대안을 만드는 활동'으로의 변화가 필수적이다.

③ 평가를 위한 평가, 그리고 단순히 점수를 매기고 평가하는 것이 아니라 '더 잘할 수
   있도록 도와주는 일(Constant improvement)'에 집중해야 한다.

④ 단순히 통계나 수치에 근거한 1차원적 성과관리가 아니라 데이터 간의 상관관계 속
   패턴(원인)을 찾아내는 데이터 과학(Data science)이 필요하다.

⑤ 운영 관련 데이터 성과지표와 결합 및 분석함으로써 '성과의 차이를 만들어 가는 통제
   가능 요인 탐색 후 개선하는 것'이 중요하다.

⑥ 인공지능 시대에도 본질이 바뀌지는 않는데, 성과관리 시스템의 성공의 핵심 요소는
   '리더의 커뮤니케이션 역량 강화'가 중요하다.

⑦ '평가를 위한 평가', '피드백을 위한 피드백'이 아닌 객관적이고 목표지향적인 성과지
   표 개발 및 이를 측정하는 관리 체계가 명확해야 한다.

⑧ 체계적이고 효율적인 성과관리를 위해서는 접점채널의 목표나 운영에 부합하는 필요

한 활동에만 집중하고 이를 방해하는 불필요한 활동을 제거하는 데 노력해야 한다.

⑨ 성과 측정한 결과를 토대로 개선점을 찾고 접점직원의 역량과 동기수준 매트릭스 분석을 통해 개개인의 맞춤 성과 코칭 및 피드백이 이루어져야 한다.

8) 4차 산업혁명시대 응대 전문성을 위해 필요한 역량

4차 산업혁명시대 응대 전문성을 위해 고객채널에서 업무를 수행하는 접점직원들은 서비스 마인드, 상담스킬, 그리고 업무지식과 관련한 역량을 갖추어야 한다.

역량	주요 내용
서비스 마인드	• 성실, 책임감 • 자부심과 자신감 • 배려와 존중 • 적극성 및 감성적인 서비스 의식 • 고객 응대에 임하는 마음가짐
상담 스킬	• 신속한 고객 니즈 파악 • 정중한 언어 표현 • 충분한 경청 스킬의 확보 • 정중한 질문 스킬 등
업무 지식	• 상품과 서비스에 대한 완벽한 지식 • 정책 및 규칙의 이해 • 상품 및 서비스에 대한 전문적인 지식

9) 밀레니얼 세대 대상 교육 및 훈련 방향성

고객상황과 니즈를 정확히 파악하고 전문지식과 서비스 마인드를 바탕으로 신속하게 문제를 해결해 주는 고객문제해결 전문가를 육성하는 교육훈련 체계를 수립하고 이를 실행에 옮기는 방향으로 교육 및 훈련이 이루어져야 한다.

① 모바일은 이미 사회 변혁의 대세이며 모바일과 소셜 테크(Social tech)의 급속한 발전을 이루고 있음

② 최근 유입되는 밀레니얼 세대는 5분 이상 집중하기 힘든 세대임

③ 하루 15시간 이상 디지털 디바이스(Digital device)를 사용하는 등 항상 접속상태를 유지하고 있음

④ SNS를 통해 서로 긴밀하게 연결되어 있고 이모티콘, 캐릭터 활용에 적극적

⑤ 진지함/불편함보다는 재미를 추구하며 모바일, 디지털 콘텐츠에 익숙함

⑥ 업무처리의 신속성과 정확성을 위한 즉각적인 정보, 검색, 피드백 요구

⑦ 전체 내용에서 의도적으로 일부(Thin Slice)만 잘라서 제공하는 불완전 학습도 중요 요소임

⑧ 현장 활용이 떨어지는 두꺼운 매뉴얼이 아닌 실무중심 매뉴얼 필요

⑨ "한 번에 소화할 수 있는" 콘텐츠로 교육 진행이 필수(마이크로 러닝(Micro learning))

⑩ 향후 접점직원 교육 및 훈련의 핵심은 Speed, Effective, Short(Bite-sized)라고 할 수 있음

⑪ 5~7분 정도의 분량에, 1가지 개념(concept)만으로 구성된 학습이 필요

⑫ 일방적인 주입식 교육이 아닌 쌍방향 교육과 접점직원이 직접 참여하는 교육 설계 필요

⑬ 한입 크기(Bite-size)의, 한 번에 소화할 수 있는 분량의 교육 및 훈련 필요

⑭ 과거 방식(고비용, 긴 교육시간)이 아닌 한 번에 이해할 수 있는 분량으로 학습량을 세분화하는, 짧고 수시로 확인이 가능한 교육 및 훈련의 필요

⑮ 텍스트가 아닌 그림 및 이미지는 물론 게임을 통한 교육 훈련(게이미피케이션 등)

10) 교육 및 훈련 극대화 방안

교육훈련 체계 및 전개 방향은 접점직원의 근속연수는 물론 성과에 대한 추이를 충분히 감안하여 상담 및 응대전문가 육성단계를 구분하고 각 시기별 필요한 역량을 확보하는 체계적인 교육훈련을 실시하는 것이 바람직하다. 이와 함께 교육 및 훈련을 극대화하기 위해서는 아래와 같은 방안을 고려해야 한다.

① 최근 주 52시간 근무제 시행으로 접점채널에서 집체 교육을 시행하기에는 제약이 따른다.

② 시행 제약으로 인해 시간 투입은 최소화하면서 교육 효과는 극대화하기 위한 방법을 찾으려는 업체들이 늘어나고 있다.

③ 온라인으로 선행학습 후 오프라인에서의 교육은 실습 또는 워크샵 진행하는 교육 형

태 증가하고 있다.

④ 워크샵이나 실습 후 결과를 바탕으로 코칭이나 멘토링을 통해 현장 실행력을 높이거나 활용도를 높이고자 하는 방식이 강력한 방식으로 자리 잡고 있다.

⑤ 기존에 가장 많이 활용되는 방식은 외부교육을 소수 강사나 담당직원이 수강 후 이를 전파하는 교육형태가 일반적이다.

⑥ 접점직원 관리의 문제는 경력직원과 성과우수직원이 퇴사할 경우 그들이 가지고 있는 업무노하우 및 전문 지식, 정보가 함께 사라지는 악순환이 반복되고 있다.

⑦ 무엇보다 암묵지에 있는 경력 및 우수 직원들의 전문성과 경험 및 노하우를 형식지로 끌어내는 것이 가장 중요하다.

⑧ 이들이 보유한 전문성과 경험 및 노하우를 교재로 만들어 활용하는 것이 바람직하다.

⑨ 경력 및 우수직원들이 이미 경험한 다양한 시행착오와 축적된 노하우를 공유하는 것이 개별 직원들의 역량을 향상시킨다.

⑩ 이러한 방식의 핵심은 개인적인 차원의 지식 및 노하우를 고객채널 조직 차원으로 확대하고 공유해 생산성을 향상시키고 지적인 자산을 확보하는 것이다.

⑪ 이러한 전수과정에 참여할 대상 선정, 장소 및 시간, 기대효과는 물론 전수하는 과정에서 필요한 자원(Resource)이 미리 확보되어야 한다.

⑫ 전수과정에서 전수 진행시간, 강의로 전달하는 시간, 실습 및 워크샵 시간, 코칭 및 멘토링하는 시간을 구분해서 진행한다.

⑬ 전수과정에서 추가적인 아이디어나 의견들은 취합하여 매뉴얼에 반영하면 더욱 강력해진다.

⑭ 최종적으로 전수과정이 마무리되면 과정에 참석한 직원들과 전수자들(경력직원, 우수접점직원 등)에게 별도의 보상을 제공한다.

⑮ 고객채널 조직에서는 지식전수과정이 단순히 일회성으로 그치지 않고 지속적으로 이어질 수 있도록 제도화 및 프로세스화해야 한다(역량 있는 직원들에 대한 지속적인 관찰 및 보상체계 등).

(2) 서비스 조직의 동기부여

1) 동기부여의 정의

① 동기부여는 심리학적인 관점에서 개인이 목표로 하는 행동을 자발적으로 불러일으키고 방향을 제시하며 이를 지속시키는 과정이다.

② 조직 구성원으로 하여금 업무를 적극적으로 수행할 수 있도록 의욕을 지속적으로 불러일으키고, 스스로 방향을 제시하게 하고 이를 지속될 수 있도록 해 주는 행위로 정의될 수 있다.

③ 동기부여(Motivation)의 어원은 '움직이게 하다', '행동하게 하다'라는 라틴어 'movere'에서 유래되었는데, '사람을 움직이게 하고 행동하게 하는 것'이라는 말로 단순화시킬 수 있다.

④ 조직 관점에서 동기부여는 목표를 달성하기 위한 개인의 집념과 방향 그리고 지속성을 보여 주는 과정이다.

2) 조직 관점에서 동기부여

① 동기유발은 본질적으로 인간 내부에 기인한 내재적인 과정이다.

② 인간의 특성이나 본질을 알고 있으면 직원들의 행동의 원인을 파악할 수 있다.

③ 동기유발은 생산성은 물론 효율성을 향상시키는 요인으로 작용한다.

④ 자신의 일에 애정을 가질 때 직원들은 업무를 더 잘하려고 한다.

⑤ 동기를 유발하기 위해서는 지속적으로 동기유발을 저해하는 요소를 제거해야 한다.

⑥ 팀워크는 구성들의 관심사와 동기부여 그리고 활력에서 나온다.

⑦ 업무체계는 물론 그것이 구성원들에게 어떤 영향을 미치는지에 대해 잘 알고 있어야 한다.

⑧ 업무몰입 및 충성도는 물론 열정적으로 일하게 만드는 요소로 작용한다.

⑨ 구성원들의 잠재력을 이끌어 내어 조직에 긍정적인 결과를 유발한다.

⑩ 질 높은 고객 서비스 제공은 물론 지속적인 성장 가능성의 기회를 제공한다.

3) 동기부여의 중요성

① 개인의 능력이나 자질뿐만 아니라 자신의 역량을 발휘하게끔 하는 동기유발이 성과를 결정하는 데 중요한 역할을 한다는 것이 밝혀지고 있다.

② 동기부여는 인적자원에 대한 잠재능력을 향상시키기 위한 방법으로 활용되기도 한다.

③ 동기부여는 변화관리의 한 가지 방법으로 활용하기도 하고, 경쟁사와의 경쟁구도를 유도하거나 촉진시키는 방법으로 활용하기도 한다.

④ 동기부여가 부족할 경우 조직에 부정적인 영향을 양산한다(이직, 근무태만, 생산성 저하, 물결효과 등).

⑤ 불만족한 직원이 불만족한 고객을 양산한다(사기 저하, 스트레스 증가, 고객 서비스 저하 등).

4) 서비스 조직 관련 동기부여 이론-프로사이의 문턱이론

① 동기부여 이론 가운데 서비스 조직, 특히 서비스 조직 직원을 대상으로 한 프로사이(Prosci)의 문턱(Threshold model)이론이라는 것이 있다.

② 문턱이론은 바람직한 직무요인과 필수직무요인이 어떻게 서비스 직원들의 생산성에 영향을 미치는지를 보여 주는 모델이라고 할 수 있다.

③ 문턱이론은 직원을 고무시키거나 동기부여하기 위해 먼저 취해야 할 것들은 무엇인지를 보여주는 서비스 조직 및 직원에 관한 동기부여 이론이다.

④ 문턱이론은 서비스 직원의 동기부여와 업무행위에 대해 상담직원과 그들의 매니저를 대상으로 독자적인 조사와 인터뷰를 통해 나온 벤치마킹 데이터를 근거로 하여 만들어졌다.

⑤ 문턱이론은 바람직한 직무요인과 필수직무요인으로 구성된다.

⑥ 다음 단에 위치한 것이 필수직무요인인데 기본만족요인이 무시되면 동기부여가 발생하지 않게 되며, 그 결과로 인해 이직이 발생함은 물론 낮은 생산성을 초래하게 된다고 주장한다.

⑦ 상위에 있는 바람직한 직무요인 이전에 필수직무요인이 먼저 충족되어야 한다는 점에서 매슬로의 욕구계층이론과 유사하다.

⑧ 기본적인 필수직무요인은 직원들의 업무수행에 필요한 기본적인 지식은 물론 급여 및 혜택, 물리적인 환경 및 설비 그리고 시스템이나 유틸리티 등의 각종 도구들이며 이러한 기본적인 요건이 충족되지 않을 경우 동기를 유발할 수 없다고 주장하였다.

⑨ 기본적인 조건이 충족된 상태에서 바람직한 직무요인인 조직 문화, 성과급이나 보상, 직업적인 성장 등이 실제 인센티브가 되어 이직률을 낮추고 높은 생산성을 유발할 수 있다고 주장한다.

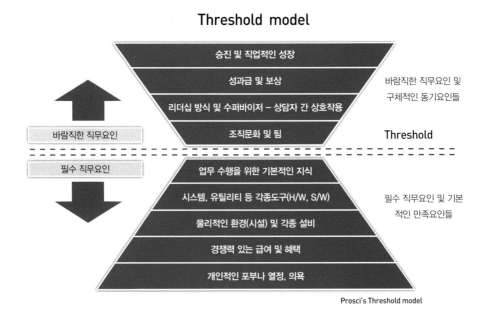

Prosci's Threshold model

5) 동기부여의 라이프사이클

① 개인이나 조직에서 이루어지는 동기부여는 보통 일정한 생애주기를 가지고 움직이는데 이를 '동기부여의 라이프사이클'이라고 한다.

② 아래 그림은 허니문 단계를 거쳐 성장 단계, 만족 단계에 이르기까지 동기부여에 대해 각 단계별로 적절히 이루어졌을 경우와 그렇지 않은 경우 어떠한 결과를 나타내는지를 보여 준다.

③ 허니문 단계는 새로운 조직에 대한 기대와 함께 자신이 기대한 바와 현실 상황과 비

교하는 시기로, 시간이 경과함에 따라 점차적으로 업무에 대한 열정이 감소하는 시기이다.

④ 허니문 단계를 거쳐 성장 단계에서 동기부여가 제대로 작용하게 되면 직원들은 상사 또는 동료들과의 업무에 대해서 자신감과 희망적인 낙관을 가지게 된다.

④ 이러한 낙관성은 결국 조직 문화와 회사의 미래에 대해서도 긍정적으로 생각해 회사와 같이 성장해야겠다는 태도를 유지하면서 퇴사하지 않고 지속적으로 회사 발전에 기여한다.

⑤ 그렇지 않은 경우 실망과 더불어 조직 문화는 물론 미래에 대해서도 냉담 및 무관심으로 일관해 결국 이직으로 이어지는 결과를 초래하게 된다.

The Motivation Lifecycle

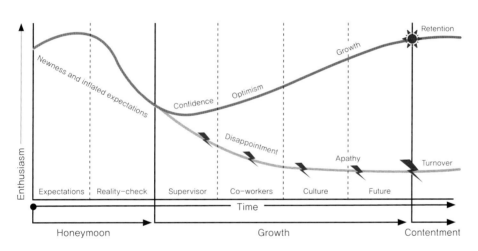

6) 프로모션 및 이벤트

① 이벤트는 단기간에 이뤄지는 활동이며, 분위기 환기 및 즐거움이나 웃음 유발을 통해 긴장감을 해소시키거나 근로의욕을 고취시킬 목적으로 진행한다.

② 프로모션은 실제 생산성 및 효율성에 직접적인 영향을 미치는 성과지향적인 성격이 강하다.

③ 조직의 목표 달성을 위해 개인이나 팀에게도 금전적·비금전적인 혜택을 제공해 성과에 직간접적인 영향을 미치는 항목들에 대한 것도 넓은 의미로 프로모션이라는 이름으로 활용되고 있다.

④ 동기부여에 있어 가장 의미 있는 노력은 실행에 있어서의 적정성과 명확성이라고 할 수 있다.

⑤ 조직 문화 또는 프로세스에 자연스럽게 녹아든 상태에서 동기부여에 대한 투자가 이루어지게 되면 단기간 또는 장기간에 걸쳐 좋은 결과를 나타낼 수 있다.

⑥ 토큰제 이벤트나 프로모션이 크게 실효를 거두지 못하는 이유는 조직 문화 또는 프로세스에 녹아들어 있지 않은 상태에서 단기간의 실효를 거두기 위해 너무 쉽게 시행되기 때문이다.

⑦ 토큰제 이벤트나 프로모션의 폐해는 당연히 수행해야 하는 업무에 대해서도 보상을 바라게 하거나, 보상이 없을 경우 업무 수행이 느슨해지거나 심하면 조직적인 저항에 부딪히기도 한다.

7) 서비스 조직에 필요한 동기부여의 조건

서비스 조직을 운영하는 데 있어 가장 핵심이 되어야 할 동기부여의 조건은 아래와 같다.

① 명확한 비전 제시
② 적절한 급여와 성과에 대한 보상
③ 몰입할 수 있는 분위기 및 환경
④ 긍정적인 조직 문화
⑤ 명확한 책임과 권한위임

(3) 서비스 조직 단계별 동기부여 전략

조직의 비전이나 목표를 달성하기 위해 필요하므로 회사의 목표나 서비스 조직의 운영방침, 목표관리와 부합해야 하며 이를 토대로 체계적인 단계별 전략이 수립되어야 한다.

【단계별 동기부여 전략】

1st Phase	2nd Phase	3rd Phase
단기적 동기부여	중기적 동기부여	장기적인 동기부여
• 단기적 목표 달성 • 단기간에 효과가 발생 • 부작용(Token제)고려 • 금전/인정/Pop promotion	• 개인 skill 향상에 초점 • 다양한 업무기회 제공 • 내외부 교육/코칭훈련 • 상담능력 향상 과정교육	• 승진, 보직변경 등 Career path 마련(직업적인 성장) • 업무경력 및 레벨에 따른 직무(업무) 변경

명확한 비전	적절한 급여 및 보상	몰입할 수 있는 분위기 및 환경	긍정적인 조직문화	책임 및 권한 위임

Motivation
- 회사의 목표 및 서비스 조직 운영방침과 부합
- 접점직원의 근무의욕 고취 및 생산성 향상
- Burn-out 해소를 통한 이직율 감소
- 단계별 전략적인 접근 필요

1) 단기적인 동기부여

① 단기적인 동기부여는 단기간의 목표달성이나 직원들의 긴장감을 해소시켜 줄 목적으로 행하는 프로모션이나 이벤트 등을 의미하는데, 재미있는(Fun) 요소가 가미되면 효과가 좋다.

② 특정 기간에 발생하는 과다한 업무 또는 회사 정책에 의해 장기간에 걸쳐 지속되는 민원 응대로 인해 업무능력이 소진(Burn-out)된 직원이나 팀 분위기를 쇄신시키기에 좋은 방법이다.

③ 성과와 상관없이 직원들의 업무의욕 고취나 긴장감 해소, 분위기 쇄신을 위해 시행할 수 있다.

④ 운영진의 아이디어를 통해서 나올 수도 있지만 직원의 의견을 통해서 시행하기도 하며, 이를 통해 직원들의 적극적인 참여를 유도해 낼 수 있다.

⑤ 주의해야 할 점은 금전적인 요소와 함께 칭찬이나 인정과 같은 비금전적인 보상을 병행해야 부작용을 완화시킬 수 있다.

⑥ 업무가 적은 시기에 시간적 보상을 진행하는 것도 이러한 단기적인 동기부여에 속한다.

⑦ 시상의 경우 사람들이 많이 모인 공개석상에서 진행하는 것이 바람직하다.

⑧ 스팟(Spot)으로 발생하는 경우도 있지만 개인 및 팀 프로그램과 같이 월별로 진행되는 경우가 많으며, 주간 단위 또는 분기, 반기, 연 단위로 진행되는 것도 있다.

2) 중기적인 동기부여

① 중기적인 동기부여는 직원들의 업무역량을 향상시키는 데 초점을 맞춘 동기부여 전략이다.

② 직원들로 하여금 스스로 배우고 발전할 수 있는 기회를 제공하는 것이 중기적인 동기부여의 핵심이라고 할 수 있다.

③ 교육이나 훈련은 단기가 아니라 어느 정도 시일이 경과한 시점에 결과가 나오므로 체계적인 전략을 가지고 접근해야 효과를 볼 수 있다.

④ 특정 그룹이나 팀에 배치되어 차별화된 업무를 수행하는 직원들에게는 내·외부 교육을 통해 높은 역량을 발휘할 수 있게 교육기회를 제공해 주는 것도 중기적인 동기부여라고 할 수 있다.

⑤ 조직 내에서 이러닝(e-Learning) 또는 특정 자격증 취득을 지원하거나 장기근속자를 대상으로 외부교육을 내보내는 것도 중기적인 동기부여라고 할 수 있다.

⑥ 관리자를 대상으로 역량 강화 및 리더십 교육을 제공하는 것도 중기적인 동기부여 방법이다.

⑦ 외부교육은 그 직원에 대한 인정과 보상 차원에서 이루어지는 만큼 효과가 크다.

⑧ 내부에서 경험이 풍부한 사람을 선발해서 외부교육을 습득하게 하고 이를 내부에 전파하는 교육이 바람직하다.

3) 장기적인 동기부여

① 장기적인 동기부여 방법은 직업적인 성장 부분에 초점을 맞춘다.

② 승진이나 보직 변경을 해 주는 것은 매슬로의 욕구단계 중 자기존중의 욕구에 해당한다.

③ 직업적인 성장은 반드시 승진이나 보직 변경을 통해서만 이루어지는 것이 아니다.

④ 직업적인 성장은 미래 성장 가능성 제시 또는 확고한 성장 비전 마련, 도전적인 업무 마련, 경력목표 달성 가능한 로드맵 제시, 자기계발 가능한 업무환경 마련 등을 통해서도 이루어진다.

⑤ 어떠한 방식에 의해서 승진이나 직업적인 성장이 가능한지를 명확하게 보여 주어야 하며, 롤모델이 될 만한 사람들을 통해 성장 가능성을 제시해 주어야 한다.

⑥ 단계별 전략에 따라 적절히 구사함으로써 잠재적인 능력 향상, 과부하로 인한 직무소진 해소, 이직률의 효과적인 관리를 통해 조직의 안정성에도 기여할 수 있다.

4) 서비스 조직에서의 동기부여 시행과 관리자의 역할

① 조직 관리자의 역할은 팀원에 대한 지속적인 동기부여에 있다고 해도 과언이 아닐 정도로 상당히 중요한 요소라고 할 수 있다.

② 동기부여의 핵심은 구성원으로 하여금 업무에 몰입하게 하고 성과를 이끌어 내는 것이다.

③ 일반적인 보상 개념으로는 효과를 거두기 어려우며 필히 내적인 동기부여가 수반되어야 한다.

④ 단순히 금전적인 보상은 일시적인 효과를 거둘 수 있지만, 장기적으로는 오히려 자극만 심화시킬 뿐 구성원을 만족시킬 수 없으며 결코 좋지 않은 영향을 미친다.

⑤ 금전적인 보상과 함께 비금전적인 보상(칭찬 및 인정)을 공식 또는 비공식적으로 활용한다.

⑥ 동일한 동기부여를 제공하는 것은 매너리즘 내지는 활성화를 저해하는 요소이므로, 개개 구성원의 특성과 상황을 파악하여 알맞은 동기를 지속적으로 부여한다.

⑦ 직업적인 성장에 알맞은 목표와 비전 제시 및 필요 조건들을 구체적으로 제시한다.

⑧ 직원들이 몰입할 수 있는 분위기와 환경을 조성해 주는 것이 중요하며 성과에 대한 적절한 보상과 조직 문화 개선, 직원들에게 자부심과 소속감을 심어 주는 노력이 병행되어야 한다.

⑨ 동기부여는 조직 목표 및 비전 달성을 위한 관리자의 지속적인 노력이며 이러한 동기부여의 기본이 되는 것이 커뮤니케이션이다.

⑩ 커뮤니케이션은 리더가 반드시 갖추어야 할 역량 중에 하나이다.

⑪ 효율적이고 강력한 동기부여를 위해서는 커뮤니케이션 능력을 가진 운영자가 존재해야 한다.

⑫ 조직의 동기부여는 커뮤니케이션을 바탕으로 권한위임, 코칭 및 교육, 훈련, 피드백 등이 적절하게 갖춘 상태에서 이루어진다.

⑬ 리더십은 조직의 목표나 비전을 제시하고 이를 달성하기 위해서 직원들이 절실히 원하고 필요로 하는 것이 무엇인지를 파악하여 적절히 채워 줄 수 있는 능력이다.

01. 고객의 정의에 대한 설명으로 <u>바르지 않은 것은?</u>
① 조직 및 기업에 고객생애가치의 실현으로 이익을 창출해 줄 수 있는 사람을 말한다.
② 고객은 과거, 현재, 미래에 자사의 상품 및 서비스를 구매하는 사람이다.
③ 고객은 일반적으로 기업의 입장에서 실제 자사제품을 구매한 사람에 한정한다.
④ 경제에서 창출된 재화와 용역을 구매하는 개인이나 가구를 말한다.

▶ 해설 : 기업 입장에서 고객은 실제 자사제품을 구매하거나 구매 의향이 있는 소비자도 포함한다.

02. 마케팅 관점에 따른 고객의 대한 구분에 대한 설명으로 <u>바르지 않은 것은?</u>
① 가능고객은 영업활동 전개 전의 공략 대상고객으로 생각 속의 고객을 의미한다.
② 가망고객이란 구체적 영업활동의 대상으로 관리하고 있는 잠재적 고객을 의미한다.
③ 이탈고객은 자사의 제품이나 서비스를 이용하지 않는 고객을 의미한다.
④ 신규고객이란 친숙도가 높지 않은 고객으로 이탈 가능성이 있는 고객을 의미한다.

▶ 해설 : 신규고객은 처음으로 구매하고 난 후의 고객을 의미하며 친숙도가 높지 않고 이탈 가능성
이 있는 고객은 불완전고객이라고 한다.

03. 서비스의 개념에 대한 설명으로 <u>옳은 것은?</u>
① 생산과 동시에 전달되는 관계로 저장이 가능하다. 즉 재고 상태로 보관할 수 있으
며 생산과 동시에 소비된다.
② 가변적이기는 하지만 표준적인 산출물을 생산한다.
③ 대량생산이 가능하지만 좋고 나쁨에 대한 판단은 주관적이다.
④ 전달 과정에 고객이 참여하므로 인간적인 교류가 필요하다.

▶ 해설 : 서비스는 저장이 불가능하며 재고 상태로 보관할 수 없다. 그뿐만 아니라 대량생산이 불가
능하고 표준화할 수 있는 성질의 것이 아니다.

04. 서비스는 대량생산이 어렵고 생산과 소비가 동시에 이루어지는 특성이 있어 서비스 요원의 신중한 선발과 교육에 대한 관심과 투자, 그리고 고객에 대한 교육 및 관리가 중요하다. 이러한 서비스 특성은 무엇인가?

① 무형성　　　　② 소멸성　　　　③ 이질성　　　　④ 비분리성

05. SERVQUAL 모델에 대한 설명 중 바르지 않은 것은?

① 고객의 기대와 서비스 제공에 따른 경험 간의 차이로 정의한다.

② 기대가치를 먼저 측정한 후 경험가치를 측정하여 격차를 이용하여 서비스품질을 평가한다.

③ 성과항목만으로 품질수준을 측정하는 것이 다른 측정항목에 비하여 우수하다고 주장한다.

④ 측정 결과 점수가 마이너스(−)값을 가질수록 서비스품질의 문제가 심각하다고 할 수 있다.

▶ 해설 : 성과항목만으로 품질수준을 측정하는 것은 SERVPERF 모델이다.

06. SERVQUAL 모델의 활용에 대한 설명으로 바르지 않은 것은?

① 기업이 서비스품질 개선을 위해 노력해야 할 핵심 차원이나 차원 내의 구체적인 항목을 명확히 하는 데 활용이 가능하다.

② 설문 내용 수정 시 부서 간 업무 협조도와 같은 내부 서비스품질을 측정하기에는 한계가 있다.

③ 고객만족도의 변화에 미치는 요소는 물론 기대와 평가의 영향이 어느 정도인지 확인 가능하다.

④ 개별 SERVQUAL 점수를 근거로 고객의 서비스품질 지각수준에 따라 고객 세분화를 위한 자료로 활용이 가능하다.

07. 카노모델(Kano model) 중 충족이 되면 만족감을 주지만 충족되지 않으면 고객의 불만을 야기하는 품질요소로 HDTV가 고화질로 선명하면 만족감을 주지만 노이즈가 발생하거나 흐릿하게 나오면 불만을 야기하는 품질요소는 무엇인가?

① 일원적 품질 요소(One Dimensional Quality Attribute)
② 무관심적 품질 요소(Indifferent Quality Attribute)
③ 매력적 품질 요소(Attractive Quality Attribute)
④ 반대적 품질 요소(Reverse Quality Attribute)

08. 최근 국내 고객불만의 특징으로 바르지 않은 것은?

① 해결이 어려운 고객 불만 건이 증가하고 있으나 대부분 설명이나 친절한 태도에 수긍한다.
② 기능적으로 업무를 처리하는 일선 접점직원과의 대화가 아닌 책임자와의 대화를 요구한다.
③ 고객불만이 갈수록 극으로 치닫는 원인은 기업과 고객 사이의 신뢰가 무너졌기 때문이다
④ 표면적인 사과 및 대응논리가 아닌 명확한 원인규명 또는 사후 재발방지를 요구한다.

09. 고객불만 대응에 대한 행동지침으로 바르지 않은 것은?

① 고객을 기다리게 하는 것은 2차 불만으로 이어지므로 신속하게 대응한다.
② 고객불만 응대의 핵심은 고객의 마음을 안정적으로 유지시키는 데 있다.
③ 올바른 표현과 적절한 호응어를 구사하며 즉각적으로 반론한다.
④ 고객이 말하는데 중간에 자르지 않고 끝까지 경청한다.

▶ 해설 : 즉각적인 반론은 고객의 감정을 자극하며 또 다른 불만을 야기하므로 조심해야 한다.

10. 고객불만관리를 위한 사전예방 활동으로 보기 어려운 것은?

① 고객불만 예방을 위한 활동계획 수립 및 실행

② 불만고객에 대한 고객만족도 조사 및 모니터링의 병행

③ 고객불만에 대한 사후관리 및 재발방지 대책수립 및 실행

④ 제품 · 서비스 기획 시 고객참여 및 고객의견 반영

▶ 해설 : 불만고객에 대한 만족도 조사 및 모니터링의 병행은 사후관리 활동이다.

11. 고객불만 처리 후 사후관리 방법에 대한 설명으로 바르지 않은 것은?

① 불만고객 대상 모니터링 및 불만처리에 대한 평가가 이루어져야 한다.

② 불만유형별 분석 및 대응책 마련을 위해 정기 VOC 분석 및 개선안을 도출하는 프로세스를 갖추어야 한다.

③ 불만 처리 결과에 대해서는 만족도 검사를 통해 효과에 대한 검증을 실시한다.

④ 불만고객관리는 주로 보상 및 손실보상에 초점을 맞춰 사후관리지침을 마련하여 야 한다.

▶ 해설 : 불만고객 처리 후 사후관리는 주로 KPI 반영 및 해피콜 등 사후관리지침을 마련해야 한다.

12. 서비스 실패(Service failure)의 정의에 대한 설명으로 바르지 않은 것은?

① 서비스 성과가 고객의 인지된 허용영역 이하로 떨어진 상태이다.

② 서비스 접점과 지원활동을 포함해 고객 불만족을 초래하는 유형의 모든 경험이다.

③ 서비스 접점에서 고객의 불만족을 야기하는 문제적인 서비스 경험을 의미한다.

④ 고객 유형 및 상황에 따라 차이가 있으나 서비스 회복 전략에는 차이가 없다.

▶ 해설 : 서비스 실패는 고객 유형과 상황에 따라 차이가 있으며 서비스 회복 전략도 차이가 난다.

13. 서비스 회복의 중요성에 대한 설명으로 바르지 않은 것은?

① 서비스 회복이 기업 서비스품질의 제고에 유익하다.

② 서비스 회복이 고객 충성도와 재구매 의도에 긍정적인 영향을 미칠 수 있다.

③ 서비스 회복은 직원의 직무만족과 행위에 영향을 미치지는 못한다.

④ 고객이탈을 방지하고 악성 구전을 예방한다.

14. 서비스 회복 전략 및 유형에 대한 설명으로 바른 것은?

① 서비스 실패 시 서비스 회복에 대한 노력은 고객만족과 충성도를 제고할 수 없다.

② 일반적으로 가장 많이 행해지는 서비스 회복의 유형은 보상만이 유일하다.

③ 서비스 회복은 업종별 특성이 유사해 서비스 회복의 과정이 생각보다 단순한 것이 특징이다.

④ 유형적인 서비스보다는 무형적인 서비스 회복이 신뢰에 긍정적인 영향을 미친다.

15. 서비스 회복의 역설에 대한 설명 중 바르지 않은 것은?

① 서비스 회복을 경험한 고객의 만족도와 재구매율은 그렇지 않은 고객보다 오히려 낮다.

② 서비스 회복의 역설이 의미하는 것은 사후처리 과정의 중요성이라고 할 수 있다.

③ 서비스 회복 경험 고객은 그렇지 않은 고객보다 오히려 만족도와 충성도가 높다.

④ 서비스 실패를 두려워하기보다는 그대로 표출되는 실패나 문제점들을 회복시키려는 노력이 오히려 고객만족을 높일 수 있다.

16. 아래에서 설명하고 있는 것은 무엇인가?

- 경제적인 풍요 및 서비스의 다양화에도 오히려 소비자의 불만의 소리가 높아지는 현상
- SERVQUAL 모형의 서비스품질에 대한 기대와 인식된 서비스품질 차이에 의해서 만족도가 결정되는 것처럼 고객들의 서비스 기대수준이 높아졌다는 것과 실제 서비스에 의한 성과가 불일치할 때 발생한다.

① 서비스 패러독스
② 서비스 사회화
③ 서비스 회복의 역설
④ 서비스 실패

17. 서비스 패러독스 극복 방안으로 바르지 않은 것은?
① 고객에게 진심이 담긴 성의 있는 서비스를 제공한다.
② 고객 서비스 정책과 관련한 유연한 의사결정을 구축한다.
③ 감성 중심보다는 효율성과 비용절감 중심의 서비스 설계가 중요하다.
④ 고객 개인별로 차별화 및 맞춤화된 서비스를 제공한다.

18. 고객만족경영 전략에 대한 설명으로 바르지 않은 것은?
① 고객만족은 고객만족경영이 회사 전반적인 차원에서 실시되어야만 성공할 수 있다.
② 고객만족경영의 성공적인 운영은 최고경영자의 의지보다는 직원들의 의지가 더

중요하다.

③ 고객만족에 대한 전사적 차원의 체계적인 교육훈련이 실시되어야 한다.

④ 고객만족이 종업원 만족에서부터 시작된다는 것을 인식하고 성과보상체계도 갖추어야 한다.

19. 고객경험관리에 대한 설명 중 바르지 않은 것은?

① 고객경험은 회사와의 직간접적 접촉을 통하여 갖게 되는 내부적이고 주관적인 반응이다.

② 기업의 모든 고객 접점에서 고객이 긍정적 경험을 느끼도록 관리하는 것을 의미한다.

③ 다양한 고객 채널에서 느끼는 경험은 기업 또는 브랜드에 미치는 영향이 미미하다.

④ 제품이나 서비스에 대한 고객의 경험을 체계적으로 관리하는 프로세스이다.

▶ 해설 : 고객채널에서 느끼는 경험은 기업 및 브랜드에 큰 영향을 미친다.

20. 아래에 설명하고 있는 경영 사조는 무엇인가?

- 비용 대비 효과 평가에 초점을 맞춤
- 고객에 의한, 고객을 위한 고객, 고객의 가치
- 모든 고객의 가치는 다르며 기업이 고객을 선택
- 고객 라이프사이클 관리
- 마케팅 도구와의 연계

① 고객가치경영

② 고객경험관리

③ 고객만족경영

④ 고객관계관리

21. 고객경험관리(CEM) 실행 프로세스에 대한 설명이다. 바르지 않은 것은?

① 기업의 프로세스 전 과정에 고객의 의견이나 경험을 평가하고 반영한다.

② 일관된 경험을 체계적으로 제공하여 고객가치를 향상시키는 데 활용한다.

③ 일관된 경험 제공을 위해 경험의 질보다는 양적 지표를 체계적으로 관리한다.

④ 3가지 핵심요소 정의 및 분석 후 차별화된 경험적 요소를 제공해야 한다.

▶ 해설 : 고객경험은 양적인 지표보다는 경험의 질이 더 중요하므로 경험의 질을 종합적이고 체계적으로 관리하여야 한다.

22. 디지털 채널에서 고객경험을 결정하는 주요 요인들에 대한 설명으로 바르지 않은 것은?

① 추가적으로 문의할 수 있는 채널이나 방법이 있는지 여부(전화번호 및 채팅 등)

② 검색은 효과적으로 기능하는지 여부와 텍스트 위주의 정보 제공 여부

③ 중요 정보나 지식이 고객의 시선의 움직임에 따라 자연스럽게 배치 및 구성되어 있는지 여부

④ 고객 스스로 해결이 가능하도록 콘텐츠 구성은 물론 검색의 효율성은 있는지 여부

▶ 해설 : 디지털 채널에서는 텍스트 위주의 정보보다는 그림이나 시각화를 고려한 이미지 및 표현물을 통해 가시성을 높여야 한다.

23. 최근 고객 주요 이용채널의 변화 및 특징에 대한 설명으로 <u>바르지 않은</u> 것은?

① 고객은 불만 제기 및 처리상태를 확인하기 위한 채널로 콜센터 선호

② 정보탐색 및 구매 후 의견을 공유하는 채널로는 디지털 채널의 이용빈도가 높음

③ 민감하고 불만족한 유형의 용건일수록 콜센터보다는 디지털 채널을 선호

④ 디지털 채널의 경우 응답속도 지연, 이용 편리성과 답변 적절성이 콜센터 대비 낮음

▶ 해설 : 민감하고 불만족한 유형의 용건일수록 디지털 채널보다는 콜센터 이용을 선호하는 특징이 있다.

24. 4차 산업혁명시대와 접점채널 환경의 변화에 대한 설명으로 <u>바르지 않은</u> 것은?

① 접점 채널이 문제해결보다는 지식과 정보 중심채널로의 변화

② 모바일 기반의 비대면 고객상담 및 마케팅 활동의 증가

③ 대면보다는 모바일을 통한 셀프서비스 확대로 고부가치 업무에 대한 요구 강화

④ 단순 응대가 아닌 고객을 중심으로 고객경험을 일관되게 전달하는 옴니채널로 전환하고 있음

▶ 해설 : 최근 접점채널의 경우 지식과 정보가 아닌 문제 해결 중심채널로 발전을 하고 있다.

25. 접점 채널의 역할과 셀프서비스에 대한 설명으로 <u>바른</u> 것은?

① 고객이 접점을 이용하는 이유는 '정보'와 '지식'만을 제공받기 위해서이다.

② 최근 대부분의 정보와 지식은 셀프서비스보다는 콜센터를 통해 해결한다.

③ 접점직원이나 현장 관리자들의 정보제공능력이 갈수록 중요시되고 있다.

④ 생산성은 물론 고난이도 문제를 해결할 수 있는 접점직원의 역량이 필요하다.

▶ 해설 : 셀프서비스가 증가할수록 접점직원의 정보제공능력보다는 문제해결능력이 중요하다.

26. 4차 산업혁명시대 고객 서비스의 진화 방향에 대한 설명으로 옳지 않은 것은?

① 핵심경쟁력은 데이터, 알고리즘 그리고 플랫폼 경쟁

② 고객중심의 프로세스 및 서비스 혁신 고도화

③ 비대면보다는 대면 채널로의 서비스 확대

④ 고객가치 중심의 고객경험관리의 최적화

27. 4차 산업혁명시대 고객 서비스가 가지고 올 변화들에 대한 설명으로 바르지 않은 것은?

① 기존의 관계 또는 다양한 고객채널은 비대면 채널로 확대

② 공유경제의 확대로 인한 온디맨드 서비스 확대

③ 고객이 직접 참여하는 제한적인 서비스의 지속적인 등장

④ 기존의 가치제안은 개인맞춤화 서비스로 전환

28. 인공지능 기술의 고객채널 적용 영역으로 보기 힘든 것은?

① 직원의 감정 및 감성 분석을 근거로 한 응대 가능

② 인공지능 챗봇 활용을 통한 자동 응대 가능(텍스트 채팅)

③ 고객 응대이력을 근거로 고객의 성격이나 특이사항 파악 후 적절한 접점직원 연결 가능

④ 보안상의 문제로 인해 재택근무 또는 복수거점에서의 근무가 불가능

▶ 해설 : 직원 개인 인증 등의 보안 및 라우팅 전략이 강화되면서 오히려 재택근무나 복수거점에서의 응대가 가능해진다.

29. 4차 산업혁명시대의 고객채널 운영전략으로 바르지 않은 것은?

① 디지털 시대에 맞는 운영역량 확보

② 기업의 수익 극대화만을 위한 고객접촉 채널의 개선

③ On Demand Work에 알맞은 인재 풀 구축

④ HR 데이터 기반의 인적 자원 관리 활성화

30. 4차 산업혁명과 접점 인적자원의 변화에 대한 설명으로 바르지 않은 것은?

① 접점(MOT) 인력의 절반 이상이 밀레니얼 세대

② 소속감보다는 철저하게 개인주의적인 성향이 강하며 미래보다는 현실지향적임

③ 비대면 접속보다는 대면 접촉을 선호하는 세대의 증가

④ 상명하복, 비효율, 억지스러움, 강요적인 분위기에 반감이 심함

▶ 해설 : 대면 접촉보다는 비대면 접속을 선호하는 밀레니얼 세대의 증가로 인해 4차 산업혁명의 고객채널 조직의 운영방식이나 인적자원관리에 변화가 필요하다.

31. 4차 산업혁명시대 접점채널에 필요한 역량으로 보기 어려운 것은?

① 정보제공능력

② 문제해결능력

③ 협력 및 소통능력

④ 감성역량

32. 조직에서 감성역량이 필요한 이유에 대한 설명으로 바르지 않은 것은?

① 효과적인 업무 수행 및 성과를 좌우하는 핵심요인

② 감성역량이 높은 직원에 의한 역기능적인 문제해결로 조직 갈등의 해소

③ 부정적 감성을 감소시키고 극복할 수 있게 업무환경 개선

④ 조직목표 달성 의지 향상은 물론 기능 수행과 적응의 근거

33. 4차 산업혁명시대의 접점채널 이직관리에 대한 설명으로 틀린 것은?

① 감, 경험, 믿음 또는 관행에 의한 이직관리가 아닌 데이터에 근거한 이직관리 필요

② 전체에 주목하고 일률적인 문제해결이 아닌 개인에 주목하는 이직관리 필요

③ 예측 및 예방에 초점을 맞춘 선제적인 대응보다는 사후 관리중심으로의 전환이 필요

④ 다양한 인종과 세대가 혼재함으로써 각 상황에 맞는 이직관리의 필요

▶ 해설 : 이직관리는 사후관리보다는 선제적인 대응이 중요하다.

34. 4차 산업혁명시대 접점채널 성과관리 방향성에 대한 설명으로 바르지 않은 것은?

① 단순히 통계나 수치에 근거한 1차원적 성과관리가 아니라 데이터 간의 상관 관계 속 패턴(원인)을 찾아내는 데이터 과학(Data Science)이 필요하다.

② 성과관리는 '업무 과정 중 수시로 대화하며 더 나은 대안을 만드는 활동'이 아니라 '최종 완료된 일을 체크하는 것'으로의 변화가 필수적이다.

③ 평가를 위한 평가, 그리고 단순히 점수를 매기고 평가하는 것이 아니라 '더 잘할 수 있도록 도와주는 일(Constant improvement)'에 집중해야 한다.

④ 운영관련 데이터 성과지표와 결합 및 분석함으로써 '성과의 차이를 만들어가는 통제 가능요인 탐색 후 개선하는 것'이 중요하다.

▶ 해설 : 성과관리는 '최종 완료된 일을 체크하는 것'이 아니라 '업무 과정 중 수시로 대화하며 더 나은 대안을 만드는 활동'으로의 변화가 필수적이다.

35. 밀레니얼 세대 대상 교육 및 훈련에 대한 설명으로 <u>바르지 않은 것은?</u>

① 향후 접점직원 교육 및 훈련의 핵심은 Speed, Effective, Short(Bite-sized)라고 할 수 있음

② 한 입 크기(Bite-size)의, 한 번에 소화할 수 있는 분량의 교육 및 훈련 필요

③ 그림 및 이미지보다는 텍스트 중심의 가독성이 높은 콘텐츠와 게임을 통한 교육 훈련

④ 5~7분 정도의 분량에, 1가지 개념(concept)만으로 구성된 학습이 필요

▶ 해설 : 밀레니얼 세대의 경우 텍스트보다는 그림 및 이미지에 익숙한 세대이다.

36. 서비스 조직 관련 동기부여 이론인 프로사이의 문턱이론에 대한 설명으로 <u>바르지 않은 것은?</u>

① 문턱이론은 바람직한 직무요인과 필수직무요인이 어떻게 서비스 직원들의 생산성에 영향을 미치는지를 보여 주는 모델이라고 할 수 있다.

② 상위에 있는 바람직한 직무요인 이전에 필수직무요인이 먼저 충족되어야 한다는 점에서 매슬로의 욕구계층이론과 유사하다.

③ 문턱이론은 직원들에게 고무시키거나 동기부여하기 위해 먼저 취해야 할 것들은 무엇인지를 보여 주는 서비스 조직 및 직원에 관한 동기부여 이론이다.

④ 기본적인 조건이 충족되지 않아도 바람직한 직무요인인 조직 문화, 성과급이나 보상, 직업적인 성장·등이 실제 인센티브가 되어 이직률을 낮추고 높은 생산성을 유발할 수 있다고 주장한다.

▶ 해설 : 기본적인 조건(필수직무요인)이 충족된 상태에서 바람직한 직무요인에 영향을 미친다.

37. 서비스 조직에서 프로모션과 이벤트에 대한 설명으로 <u>바르지 않은</u> 것은?

① 이벤트는 단기간에 이뤄지는 활동이며, 분위기 환기 및 즐거움이나 웃음 유발을 통해 긴장감을 해소시키거나 근로의욕을 고취시킬 목적으로 진행한다.

② 프로모션은 실제 생산성 및 효율성에 직접적인 영향을 미치는 성과지향적인 성격이 강하다.

③ 조직의 목표 달성을 위해 개인이나 팀에게도 금전적 · 비금전적인 혜택을 제공해 성과에 직간접적인 영향을 미치는 항목들에 대한 것도 넓은 의미로 프로모션이라는 이름으로 활용되고 있다.

④ 조직 문화 또는 프로세스에 자연스럽게 녹아든 상태에서 동기부여에 대한 투자가 이루어져도 토큰제(Token) 이벤트나 프로모션을 시행하지 않으면 좋은 결과를 나타낼 수 없다.

▶ 해설 : 토큰제는 동기부여의 한 가지 방법이지만 필수조건이나 활동은 아니며 당연히 수행해야 하는 업무에 대해서도 보상을 바라게 하거나, 보상이 없을 경우 업무 수행이 느슨해지거나 심하면 조직적인 저항에 부딪히기도 하는 등 폐해를 유발한다.

38. 서비스 조직의 중기적인 동기부여에 대한 설명 중 성격이 <u>다른</u> 하나는?

① 승진이나 보직변경을 해 주는 등의 직업적인 성장을 제시하는 동기부여 방법이다.

② 직원들로 하여금 스스로 배우고 발전할 수 있는 기회를 제공하는 동기부여 방법이다.

③ 직원을 대상으로 실무 역량 강화 교육을 제공하는 것도 중기적인 동기부여 방법이다.

④ 관리자를 대상으로 역량 강화 및 리더십 교육을 제공하는 것도 중기적인 동기부여 방법이다.

▶ 해설 : 장기적인 동기부여 방법은 직업적인 성장 부분에 초점을 맞춘다.

39. 서비스 조직에서의 동기부여 시행과 관리자의 역할에 대한 설명 중 <u>바르지 않은</u> 것은?

① 조직 관리자의 역할은 팀원에 대한 지속적인 동기부여에 있다고 해도 과언이 아닐 정도로 상당히 중요한 요소라고 할 수 있다.

② 동기부여의 핵심은 구성원으로 하여금 업무에 몰입하게 하고 성과를 이끌어내는 것이다.

③ 금전적인 보상은 비금전적인 보상보다 장기적으로 동기부여는 물론 소속감을 향상시킨다.

④ 효율적이고 강력한 동기부여를 위해서는 커뮤니케이션 능력을 가진 운영자가 존재해야 한다.

▶ 해설 : 단순히 금전적인 보상은 일시적인 효과를 거둘 수 있지만, 장기적으로는 오히려 자극만 심화시킬 뿐 구성원을 만족시킬 수 없으며 결코 좋지 않은 영향을 미친다.

40. 서비스 조직에 필요한 동기부여의 조건이라고 <u>보기 힘든 것은?</u>

① 명확한 책임과 권한위임

② 적절한 급여와 성과에 대한 보상

③ 몰입할 수 있는 분위기 및 환경

④ 긍정적이고 위계질서가 확실한 조직 문화

정답표

문항	1	2	3	4	5
정답	③	④	④	④	③
문항	6	7	8	9	10
정답	②	①	①	③	②
문항	11	12	13	14	15
정답	④	④	③	④	①
문항	16	17	18	19	20
정답	①	③	②	③	①
문항	21	22	23	24	25
정답	③	②	③	①	④
문항	26	27	28	29	30
정답	③	③	④	②	③
문항	31	32	33	34	35
정답	①	②	③	②	③
문항	36	37	38	39	40
정답	④	④	①	③	④

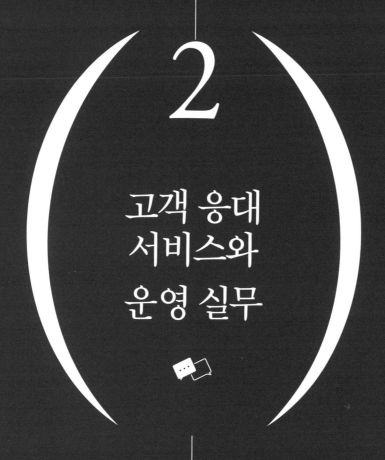

2

고객 응대
서비스와
운영 실무

고객 상담 서비스품질 | 고객채널 상담품질관리 및 실행 | 기타 고객채널의 응대 스킬 및 모니터링 |

상담품질 결과 분석 및 보고 | 고객응대를 위한 핵심 도구

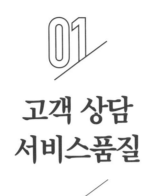

고객 상담 서비스품질

(1) 상담 서비스품질의 이해

(1) 상담 서비스품질의 정의

① 고객을 의미하는 'Customer'라는 단어는 관습이나 습관을 뜻하는 'Custom'에서 유래하였다.

② 채널이 다양해지면서 기존 콜센터를 통한 서비스 제공은 감소 추세에 있으며 지식이나 정보보다는 문제해결에 초점을 맞추고 있어 향후 서비스품질에 대한 재정의가 이루어질 필요가 있다.

③ 상담 서비스품질을 통해 고객을 만족시킴으로써 기업의 이미지에 긍정적인 영향을 미친다.

④ 상담 서비스품질은 고객만족의 선행변수로서 기능한다고 할 수 있다.

⑤ 상담 서비스품질의 정의는 고객 접점채널로서의 고객에게 제공되어야 할 전체적인 서비스 수준을 의미한다.

2) 상담품질관리의 정의

① 상담품질관리는 비대면 또는 대면 채널의 서비스 활동에 있어 중요한 역할을 수행하며 서비스품질의 표준화를 통한 대고객 서비스 향상을 실현해 낼 수 있는 총체적인

고객 응대 서비스와 운영 실무

커뮤니케이션 활동

② 사전적인 의미로 품질 보증이라고 할 수 있는데 직원의 전화통화 또는 다른 고객 채널을 통해 고객과의 대화를 관찰하거나 청취하는 일련의 행위를 의미

③ 고객과의 대화를 관찰하거나 청취하는 행위를 보통 '모니터링'이라고 하며 모니터링을 통해 고객에 대한 응대수준을 표준화하거나 고객응대 시 발생할 수 있는 문제들에 대해서 개선 및 보완하는 활동을 '상담품질관리'라고 함

④ 상담품질관리 활동을 통해 직원과 고객 사이에 통화 내용을 모니터링함으로써 표준화된 서비스를 제대로 이행하는지 여부를 점검하고 이에 대한 개선이나 보완, 유지 및 관리하는 활동

3) 4차 산업혁명 시대 상담품질관리 방향성

① 단순한 오류체크는 자동화(첫/끝인사, 복명복창, 플러스원 시행여부, QPI 시행횟수 등)

② 모니터링 본질에 가까운 개선과 보완 중심의 평가 및 관리
   - 문제해결역량 향상(공정하고 명확한 상담품질관리자의 경험이 중요)
   - 고객만족도 향상(우수상담 횟수, 고객응대 시 고객만족요소 등)
   - 생산성 향상(신규 가입, 교차 및 상향판매, 해지방어 등)
   - 프로세스 개선 및 보완

③ 단순한 평가중심이 아닌 개선 및 보완 지향적인 모니터링 관리(코칭 및 피드백 역량 강화)

④ 재인입 상담건, 불만상담 같은 부정적인 상담의 특징 및 공통점 분석을 통한 개선

⑤ 향후 모니터링 관리자의 경우 평가결과를 바탕으로 한 코칭능력이 중요한 역량으로 전환

⑥ 단순 평가만이 아닌 객관적인 평가결과를 토대로 상품과 서비스와 같은 전사 품질향상에 주목

4) 음성인식기술을 통한 상담품질관리

최근 음성인식기술을 통해 모든 상담 내용에 대한 조사가 가능해지고 있다. 음성인식기술을 통해 상담내용을 실시간으로 텍스트화함으로써 '귀'가 아닌 '눈'으로도 모니터링이 가능해져 상담품질관리활동이 효율성 및 생산성이 향상되고 있다.

① 기존 상담품질관리가 오상담, 오안내 및 응대 과정에서의 오류를 찾는 것에서 서비스 가치를 향상시키는 방향으로 진화

② 기존 모니터링은 전수조사가 불가능하고 평가에 많은 인력과 시간을 필요로 하는 비효율성이 존재하였으나 이러한 비효율이 음성인식기술을 통해 제거됨

③ 추출기준으로 평균상담시간, 접촉한 이유(서비스 코드 분류), 문맥 및 특정 키워드를 입력하면 해당 음성파일이 텍스트화되고 이를 분석함으로써 기존의 문제를 해결

④ 음성인식기술에 자연어 처리기술(Text mining)을 조합하면 눈으로 누락되기 쉬운 부분까지 처리가 가능해 효과적인 모니터링 가능

⑤ 진화한 상담품질관리시스템(Quality Management System)Àº 직원을 인식하여 자주 실수하거나 누락하는 내용 및 사용하지 않아야 할 단어나 문장을 미리 선정하여 응대할 수 있도록 해 줌

⑥ 텍스화된 음성파일 내용에 특정 키워드만 검색을 할 경우 사용빈도가 극도로 높거나 낮은 상담건을 찾아 평가 가능(말의 속도나 억양 등 음성연출 요소 등 추출하여 코칭 가능)

⑦ 고객불만과 관련된 단어나 문장 검색을 통해 해당 문제 상담 건만 재평가 가능

⑧ 코칭 및 피드백 대상콜에 대한 객관적인 데이터 확보(정확하고 체계적인 코칭 및 피드백 가능)

⑨ 음성인식 및 분석을 통해 모니터링해야 할 모든 콜들에 대한 분류 및 분석 가능

⑩ 전체적인 확인이 가능해 평가 세분화는 물론 평가의 공정성 확보 가능

5) 상담품질관리의 이점

상담품질관리를 함으로써 얻을 수 있는 이점들은 아래와 같으며 주체별로 다양한 이점을 가지고 있다. 이에 따라 고객경험관리채널로서 각광을 받고 있는 콜센터에서의 상담

고객 응대 서비스와 운영 실무

품질관리는 기업경영관점에서의 전략적 중요성이 증가하고 있다.

기업 측면	고객 측면
• 균일하고 표준화된 상담품질 유지 • 회사 브랜드 이미지 개선 및 충성도 확보 • 수익창출 및 고객 유지	• 표준화된 서비스 경험 • 신뢰 및 서비스 만족도 향상 • 불필요한 시간 및 비용 감소
관리자 측면	접점직원 측면
• 개별 접점직원 상담 시 장단점 파악 • 대고객 서비스 문제점 및 개선사항 파악 • 효과적인 코칭 및 피드백 가능	• 고객응대 자신감 • 오안내 및 오상담 감소(상담능력 개선) • 효율적이고 신속한 응대 가능

(2) 상담품질관리자가 갖추어야 할 역량

4차 산업혁명 시대 고객응대를 하는 직원들을 대상으로 교육과 훈련은 물론 코칭을 통해 상담역량을 상향평준화 하기 위해서는 관리자의 역량을 무엇보다 중요하다. 전문지식 (Knowledge), 기술(Skill), 태도(Attitude) 측면에서 상담품질관리자들이 갖추고 있어야 할 역량들은 아래와 같다.

1) 상담품질관리자가 갖추어야 할 역량

• 전문지식(Knowledge)
고객채널에서 상담품질을 관리하기 위해서 필요한 지식을 의미하며 아래 사항들이 이에 속한다.
① 고객에 대한 이해
② 업무 관련 기초 통계 및 분석 능력
③ 상담품질 향상을 위한 기획력
④ 다양한 모니터링 형태의 이해
⑤ 회사의 전략 및 목표 이해

⑥ 상담품질관리를 위한 시스템의 활용
⑦ 상담품질관련 상담 프로세스의 이해
⑧ 고객이나 고객채널 트렌드의 이해

• 기술(Skill)
상담품질관리 업무를 수행할 때 필요한 가장 기본이 되는 기술이나 역량을 의미한다.
① 상담품질 평가 및 코칭
② 교육 및 훈련
③ 상황에 맞는 스크립트 작성 능력
④ 평가 기법 활용 능력
⑤ 상담품질에 관한 리포팅 능력
⑥ 고객 응대 매뉴얼 작성 능력

• 태도(Attitude)
고객채널의 상담품질을 관리하기 위해 필요한 가장 기본이 되는 '자세' 및 '마음가짐' 또는 '행동양식'이라고 할 수 있다. 태도에는 성실성, 공정성, 객관성 및 책임감, 긍정적인 자세 등과 같은 다양한 태도가 있겠으나 가장 강조되어야 하는 것은 고객지향적인 마인드와 감성역량, 커뮤니케이션이다.

2) 상담품질관리자 선발 기준
상담품질관리자의 선발 기준은 일반적으로 역량의 핵심요소인 K·S·A(Knowledge, Skill, Attitude)을 근거로 마련하며 보통은 아래와 같은 선발기준과 자격요건을 갖춘 직원들을 주로 선발한다.
① 근속 기간 2년 이상으로 현장에서 고객 응대 경험이 있는 직원
② 일반적인 고객응대에 필요한 해당 직무 관련 이해가 우수한 직원
③ 기본적인 문서 작성 능력 및 커뮤니케이션 능력 보유자
④ CS마인드가 우수하고 긍정적이며 감정조절능력이 뛰어나고 낙관인인 성격을 보유자

⑤ 경력의 경우 주요 고객채널에서 QA 경력 2년 이상으로 유관 분야에 근무한 자

⑥ 관련 자격증 소지자(콜센터 QA관리사 자격증, CS관련 자격증 소지자)

3) 상담품질관리자 자격요건

① 업무 경력의 경우 2~3년 이상이면 적당

② 상담품질 평가 결과 우수하고 직원과의 커뮤니케이션이 우수한 직원

③ 정확한 평가능력 및 평가기법의 활용능력 보유자

④ 코칭 및 피드백 스킬 및 업무 수행에 필요한 전문지식 보유자

⑤ 상담품질관리 업무 수행에 필요한 기술이나 역량 보유자

⑥ 상담품질 향상 및 개선에 필요한 기초 통계 및 분석 능력 보유자

⑦ 고객지향적인 마인드, 책임감과 성실성, 커뮤니케이션 및 리더십 보유자

4) 상담품질관리 조직의 주요 업무

상담품질관리조직은 접점에서 근무하는 직원들의 고객만족을 위한 역량 향상은 물론 모니터링 활동을 통해 고객에게 전달되는 고객만족활동이나 서비스 역량이 제대로 이행되는지 여부를 확인하고 이를 개선 및 향상시킬 수 있는 요인들을 파악하고 분석하는 역할을 수행한다.

① 고객과의 응대업무 모니터링 및 평가

② 상담품질 향상 프로그램 개발

③ 모니터링을 통한 상담품질 업무 프로세스 개선

④ 상담품질 향상을 위한 동기부여 및 보상 마련

⑤ 접점직원의 서비스품질 기준 수립 및 서비스 표준화

고객채널 상담품질관리 및 실행

(1) 국내 주요 고객채널 현황

1) 고객채널 상담품질관리의 문제점

국내 고객채널 상담품질관리의 대표적인 문제점은 아래와 같다.

① 고객 상담품질관리 전략 및 목표의 부재

② 상담품질과는 관련 없는 너무 많은 평가항목들

③ 상황을 고려하지 않은 감점 위주의 평가제도

④ 교육 기회의 부재와 개인화된 피드백 및 코칭의 부족

⑤ 모호하고 객관성이 결여된 평가기준

⑥ 관리자의 불필요한 업무 가중 및 경력개발의 부재

⑦ 객관적인 사실과 통계분석을 근거한 것이 아닌 추측 기반의 상담품질관리

⑧ 개선 및 보완을 위한 평가가 아닌 평가를 위한 평가

⑨ 평가 불복 및 이의제기 프로세스 부재

⑩ 역량 및 전문성 부족과 인력 부족

2) 국내 주요 고객채널의 상담품질 향상방안

최근 주요 고객채널의 기존 상담품질 방식의 문제점을 인식하고 개선점을 찾으려는 노

력을 경주하고 있으며 제품이나 채널 관점이 아닌 고객 중심의 상담품질관리가 이루어져야 제대로 된 상담품질관리가 이루어질 수 있다.

① 상담품질 평가항목의 간소화 및 실시간 모니터링 평가 비중 확대

② 유연한 평가 및 긍정적 강화를 통한 상담품질 향상

③ 코칭 및 피드백을 진행할 수 있는 자원 확보 및 활용

④ 평가의 객관성 유지 및 평가 프로세스 개선

⑤ 상담품질 담당자의 전문성 확보를 위한 여건 마련

⑥ 서비스를 고착화시키는 평가항목을 배제하고 이의제기 프로세스의 간소화 및 투명성 강화

3) 상담품질관리 향상을 위한 실행 방안

① 상담업무지식 강화

▶ 학습 조직 활성화

▶ KMS의 주기적인 업데이트 및 활용

▶ 고객상담정보의 체계적 관리

▶ 업무숙지도 향상을 위한 주기적인 테스트(Quiz) 진행

▶ 자주 누락하거나 실수하는 항목의 집중적인 테스트 실시

② 적절한 피드백 및 1:1코칭 진행

▶ 관리자 또는 전문가에 의한 1:1코칭 및 Spot 코칭 활성화

▶ 'Fact'를 근거로 한 코칭 및 피드백 진행

▶ 입체감 있는 통계 자료 및 분석(개인 코칭 이력관리 카드 활용)

▶ 우수 및 부진사례 청취 및 리뷰 진행(Bad / Good call 청취)

▶ 토의 진행을 통해 취약부분에 대한 개선점 찾기

▶ 개인 상담품질 목표 관리(달성 목표 공유 및 지속적인 피드백 진행)

③ 상담품질관리자 및 강사에 의한 교육 강화

▶ 실무 및 사례 중심형 교육 및 계층별 교육 진행 강화

▶ 상담품질 실적 저조자, 고객불만 야기자 대상 보수교육 진행

▶ 부진자(신입)와 동석을 통한 1:1코칭

▶ 부진사유 점검 및 원포인트 레슨(One point lesson)

▶ 역할 분담을 통한 부진자 상담품질 개선

④ 스크립트의 지속적인 보완

▶ 긍정적인 고객경험을 위한 언어 선택 및 화법 개발

▶ 미사여구를 줄이고 신속·정확한 서비스를 위한 스크립트 개선

▶ 직원의 이용 편의성을 고려한 시각적 구조화

▶ 업무유형에 따른 핵심요소 반영(IN: 호응, 정보제공, 문제해결 / OUT: 고객반론 극복 등)

▶ 설득을 이끌어 낼 수 있음은 물론 논리를 이끌어 낼 수 있는 화법 반영

▶ 귀납이 아닌 연역적인 방식의 스크립트 내용 전개

⑤ 접점직원 유형별 모니터링 진행

▶ 직원 유형에 맞는 모니터링 전개(개선 및 보완을 위한 모니터링 활동 전개)

▶ 신입의 경우 집중 및 동료 모니터링, 미스터리 콜, 미스터리 쇼퍼, 역할연기, OJT 진행

▶ 실적 부진자(C-Player)의 경우 자가 모니터링, 미스터리 콜, 역할연기 진행

▶ 이벤트성 평가진행(테마평가)을 통해 특정 평가항목 점검 및 환기

▶ 정보제공능력과 문제해결능력, 고객 체감만족도 향상을 위한 모니터링 평가 항목 개선

⑥ 우수 사례 및 경험 공유

▶ 고객 불만 처리 우수 사례 공유

▶ 주기적인 조회 또는 미팅을 통한 상담 경향 및 핵심사항 공유

▶ 주기별 불만사례 공유를 통한 고객응대 시 필요한 경험 축적

▶ 조회 또는 석회시간 피드백 활용

4) 상담품질관리 실행 전략

상담품질은 접점 응대수준과 서비스 수준을 가늠해 볼 수 있는 평가수단이다. 따라서 고객에게 어떠한 차별화된 서비스를 제공하여 상담품질을 높일 것인지를 고민해야 한다. 이렇게 직원들의 역량이나 응대기술을 향상시켜 고객만족도를 높이는 방향으로 활용되어야 하기 때문에 상담품질관리 실행은 매우 중요한 요소이다.

① 상담품질에 대한 구체적이고 실현 가능한 목표 설정

② 상담품질 관련 핵심성과지표는 고객체감 만족도와 연계

③ 상담품질향상을 위한 시스템 및 체계 구축

④ 전문적인 상담품질관리자와 접점직원의 역량 강화

⑤ 지속적인 상담품질 프로세스 개선

(2) 고객 상담 서비스 모니터링

상담 서비스 모니터링에 있어 가장 중요한 것은 어떠한 목적을 달성하기 위해 모니터링하는 것인지를 수시로 확인하고 인식하는 것이다. 그래야 모니터링의 목적이 분명해지고 추구하고자 하는 목적에 맞게 모니터링 활동이 이루어질 수 있다.

1) 고객 상담 서비스 모니터링의 목적

① 고객채널 상담 서비스품질관리

② 효율성 또는 생산성 점검

③ 접점직원 평가(업적평가 및 역량평가 등)

④ 접점직원 교육 및 훈련

⑤ 고객의 불만요소 분석 및 개선

⑥ 스크립트 및 응대 매뉴얼 개선 및 보완

⑦ 고객 접점채널 전체의 업무과정 점검

2) 서비스 품질평가에 대한 기본적인 접근 방법

① 조직적인 관점에서의 서비스 품질평가

내부적인 관점이라고도 하며 고객에게 제공할 수 있는 최고의 서비스에 대해 정의하고 이에 대한 품질을 측정하는 것으로, 이는 보통 서비스품질의 속성을 점수화하고 비중을 조절함으로써 가능하다. 품질관리자에 의해 진행되는 간접 평가를 의미하며 고객 응대과정에서 서비스품질이 우수했는지 부족했는지를 모니터링하고 평가하는 것이라고 할 수 있다.

② 고객 관점에서의 서비스 품질평가

고객관점에서의 서비스 품질평가는 직접적으로 고객에게 서비스품질을 측정하는 것을 의미한다. 서비스품질을 측정하는 수단으로는 인터넷이나 메일 또는 자동 전화응답 조사시스템을 활용하여 일련의 질문을 던지고 고객의 솔직한 답변을 얻어 냄으로써 서비스품질을 평가하는 것이다. 고객관점은 고객 집적 평가(CSI: Customer Satisfaction Index, 고객만족도)라고 할 수 있다.

	조직적인 관점	고객관점
특징	내부적인 측면에서의 서비스 품질평가 간접적인 서비스품질 측정 및 평가	외부적인 측면에서의 서비스 품질평가 직접적인 서비스품질 측정 및 평가
평가방식	품질관리자에 의한 모니터링 - 실시간 모니터링, Call taping 청취 후 모니터링 평가표를 통해 평가진행	고객이 직접 평가에 참여 - FAX, e-mail, Web, CATS(IVR Script) 등을 통한 인터뷰, 전화조사, 서면조사, FGI 조사 활용

3) 상담품질 모니터링 수행 시 핵심포인트

① 모니터링은 조직의 업무개선 및 상담품질 개선 수단이지, 평가를 위한 평가수단이 아니다.

② 모니터링 행위가 목적이 되면 업무 및 상당품질 개선의 목적은 유명무실화된다.

③ 모니터링 시에는 무작위가 아닌 목적에 부응하는 건을 추출하여 모니터링한다.

④ 상담품질 평가는 친절에 초점을 둔 것이 아닌 신속·정확에 중심을 둔 평가여야 한다.

⑤ 정보제공능력이나 문제해결능력을 평가하는 방향으로 이루어져야 한다.

⑤ 모니터링을 통해 달성하고자 하는 목표가 무엇인지를 정확히 하고 그 목표를 이루기 위한 기준과 지표를 마련하고 평가해야 한다.

⑥ 접점직원평가에 국한한다면 상담품질관리자나 강사에게 일임하는 것이 바람직하나 업무과정의 개선을 위한 목적이라면 총괄관리자도 모니터링에 관여하여야 한다.

4) 모니터링 평가항목

① 고객채널 운영목표에 부합하는 평가지표 마련이 선행되어야 한다.

② 평가만을 위한 평가가 아닌 고객만족은 물론 직원의 스킬 향상 관점에서 평가항목은 물론 세부평가 기준이 마련되어야 한다.

③ 고객이 접촉하는 이유는 '정보와 지식을 제공받기 위해서'와 '문제해결을 위해서'인 만큼 평가항목도 이러한 목적에 부합하여 기준이 마련되어야 한다.

④ 고객채널의 업무적 특성을 고려한 핵심평가항목을 설정해야 하며 이러한 핵심평가항목에 대한 각각의 비중을 정하여 성과와 연동시킴으로써 고객채널 상담품질을 관리할 수 있어야 한다.

5) 모니터링 평가항목의 기본 구성

모니터링 평가항목은 고정적인 것이 아니라 상황이나 환경의 변화에 따라 변경되어야 하며 모니터링 목적에 부합하는 핵심적인 항목을 가지고 고객채널 상담품질을 평가하는 것이 자원의 낭비를 최소화하면서도 업무의 효율성을 확보할 수 있다.

평가항목은 10개를 넘지 않도록 고객채널에서 수행해야 할 핵심업무가 무엇인지를 생각해 보고 가장 핵심이 되는 평가항목을 선정하여 이를 모니터링 평가 시 반영한다.

평가항목	평가내역	세부평가기준
고객정보확인	고객정보확인 및 업데이트	– 고객 기본정보 확인 여부 – 고객정보 업데이트 여부
정보제공능력	고객이 원하는 정보 및 문의 사항에 대한 정보제공 여부	– 상품 및 서비스, 요금에 대한 정확한 안내 – 업무에 대한 사전 숙지여부(오안내, 오처리) – 자사 정책과 프로세스에 대한 명확한 이해
업무처리 능력	고객 니즈의 신속한 파악 & 문제해결능력(책임상담)	– 필요한 탐색질문 및 문의내용 핵심 파악 – 이관하지 않거나 고객요구사항에 따른 후행 작업 진행 여부/반론 극복 여부 등
	전산처리능력, 시스템활용도	– 업무에 필요한 전산처리(상담이력) – 상담코드정확도
수익창출	수익창출 활동 여부	– 교차 및 상향판매 여부, 해지방어 여부 등
체감만족도	– 기본예절/올바른 상담 여부 – 공감호응 등 응대태도 – 고객을 위한 쉬운 설명 – 기타	– 쉬운 용어 및 눈높이 상담이 이뤄졌는지 여부 – 자연스러운 상담이 이뤄졌는지 여부 – 경청 여부 및 정중함/신뢰감 있는 상담 여부 – 기타

6) 모니터링 평가표의 구성 및 특징

① 모니터링 평가표는 크게 인바운드와 아웃바운드로 구분하고 이러한 상담업무 유형의 구분에 따라 상담업무의 특징을 고려하여 평가항목을 구성한다.

② 모니터링 평가표는 고객채널 또는 기업의 상담품질 수준을 가늠할 수 있는 잣대이므로 고정적인 것이 아니라 상황이나 환경의 변화 또는 목적에 따라 변경할 수 있어야 한다.

③ 인바운드건 아웃바운드이건 업무적 특성을 고려한 핵심평가항목을 설정해야 하며 이러한 핵심평가항목에 대한 각각의 비중을 정하여 성과와 연동시킴으로써 고객채널 상담품질을 관리한다.

④ 직원의 역량에 따라 또는 고객의 기대수준 및 요구 등이 갈수록 까다로워진다거나 회사의 전략 및 고객채널의 목표에 따라 모니터링 평가항목의 구성은 변할 수 있다.

⑤ 고객채널마다 기준이 다르기는 하지만 보통 정보제공능력, 업무처리능력, 체감만족도를 주로 평가하는 것이 일반적이다.

⑥ 너무 많은 평가항목보다는 업무 목적에 부합하는 핵심적인 몇 가지 항목을 가지고 평가하는 것이 자원의 낭비를 최소화하면서도 업무의 효율성을 확보할 수 있다.

⑦ 평가 기준이 명확해야 하며 너무 주관적이어서 평가하기 곤란하거나 평가결과에 따라 직원들이 이의를 제기하기에 충분한 평가항목 및 기준은 피해야 한다.

7) 모니터링 평가표의 간소화를 위한 전제조건

① 상담품질관리 활동이 궁극으로 추구하고자 하는 목표를 달성하기 위해 필요한 목표 설정이 선행되어야 한다.

② 상담품질관리자는 단순히 평가작업만을 수행하는 것이 아니라 상담 건에 대한 포괄적인 이해를 바탕으로 개선, 보완해야 할 사항들을 찾아내고 분석해 낼 수 있는 역량을 갖추어야 한다.

③ 모니터링 평가표 및 평가기준에 근거해서 전체적으로 상담내용을 들어 보고, 평가를 위한 평가가 아닌 개선 및 보완을 위한 평가가 될 수 있도록 해야 한다.

④ 미시적인 관점에서 평가항목을 세분화하는 것이 아닌 전체적인 상담품질관리가 향상되거나 개선하기 위해 필요한 평가요소를 개선하기 위해 노력해야 한다.

⑤ 담당자들 간의 공감대 형성을 통해 모니터링 평가도 세분화보다는 포괄적인 평가가 이루질 수 있도록 해야 한다(잦은 오상담, 오안내의 원인이 되는 요소, 상담품질 목표를 저하시키는 요인들).

⑥ 세분화된 평가의 경우 모든 직원을 대상으로 할 것이 아니라 실적 부진자나 민원 유발자 등 특정 그룹에 국한해 코칭을 진행하기 위한 도구로서 평가항목을 세분화하는 것이 바람직하다.

8) 모니터링 평가표 작성 절차 및 각 단계별 주요 내용

모니터링 평가표를 만들기 전에 고려해야 하는 사항들은 아래 그림에서 보는 업무 유형 및 특성을 고려한 목표 및 가이드 라인을 설정하는 것이다.

절차	주요 내용
업무 유형 특성에 따른 목표 설정 및 지침 마련	– 업무 유형에 따라 'Fact' 중심의 현황 분석(관리포인트, 개선요소 등) – 분석을 통한 상담품질 방향성 설정 및 가이드라인 마련 – 조직 및 고객만족은 물론 접점직원 Skill 향상을 고려한 목표 설정
목표 및 가이드 라인에 맞는 평가항목 설정	– 가이드 라인에 따른 평가항목의 설정 – 주관적인 평가항목은 배제/객관적이고 측정 가능한 평가항목 설정 – 주요평가항목에 대한 세부평가항목 및 적절한 개수 설정
평가항목에 대한 배점/비중	– 평가항목에 대한 비중 및 세부평가항목에 대한 배점 설정 – 업무 특성을 고려하고 업무의 중요도, 난이도를 비중이나 배점에 반영
구체적인 평가기준 설정	– 평가항목에 대한 구체적인 평가기준 마련 – 구체적이며 누가 평가를 해도 동일한 평가가 나올 수 있는 기준 설정
평가항목에 대한 테스트와 수정·보완	– 평가항목 및 배점기준을 토대로 Pilot 테스트 진행 – 상담품질관리자들의 미팅을 통해 테스트 결과에 따른 리뷰 진행 – 리뷰 결과에 따른 개선 및 보완 진행
모니터링 평가표의 현장 적용	* 상담품질관리를 위한 평가적용 후에도 지속적인 점검 및 보완 필요 * 새로운 상품이나 서비스 또는 전략의 변화에 따라 이를 평가표에 반영

9) 모니터링 평가표 작성 시 고려사항

① 업무유형에 따라 'Fact'를 근거로 한 상담품질 현황 분석(관리포인트, 개선요소 등)

② 분석을 통한 상담품질 방향성 설정 및 가이드라인 마련

③ 조직 및 고객의 기대충족은 물론 접점직원 스킬 향상을 고려한 목표 설정

④ 가이드라인에 따른 평가항목의 설정

⑤ 주관적인 평가항목은 가급적 배제하고 객관적이고 측정 가능한 평가항목 설정

⑥ 주요 평가항목에 대한 세부평가항목 및 적절한 개수 설정

⑦ 평가항목에 대한 비중 및 세부항목에 대한 배점 설정

⑧ 업무의 특성을 고려하고 업무의 중요도, 난이도를 비중이나 배점 반영

⑨ 평가항목에 대한 구체적인 평가기준 마련

⑩ 모호하지 않고 구체적이며 누가 평가해도 동일한 평가가 나올 수 있는 기준 설정

10) 적정 모니터링 평가 건수 산정 시 고려 요소

모니터링 평가 건수는 고객채널이나 조직에서 요구하는 직원당 평가 건수를 근거로 하는데 이때는 합리적인 근거를 바탕으로 설정되어야 한다. 또한 상담 목표를 산정할 때는 가능한 변수들을 모두 반영하여 적정한 모니터링 평가 건수가 얼마가 되는지를 설정하여 목표에 반영하여야 한다.

아래는 고객채널에서 적정 모니터링 평가 건수를 산정할 때 고려해야 할 요소들이다.

① 평균 상담시간이나 접점직원 규모

② 해당 업종의 특성이나 업무의 종류 및 성격 또는 목적성

③ 상담품질 모니터링의 목적(해지방어, 교차/상향판매, 고객불만처리건수)

④ 가용할 수 있는 자원들(인원, 시스템 등)

⑤ 새롭게 도입된 프로세스

⑥ 직원의 숙련도 및 조직이 정한 목표에 도달하기 위해 필요한 평가항목

(3) 상담품질 평가 모니터링 프로세스

상담품질 모니터링 프로세스는 Plan－Do－See－Check의 과정을 거쳐 관리가 이루어진다. 업종 및 업무 형태에 따라 내용이나 구성상에 있어 약간 상이하나 모니터링 프로세스는 대체로 아래와 같은 절차를 가지고 모니터링 업무가 이루어진다.

1) Plan(모니터링 계획 수립과정)

① 모니터링 계획 수립은 모니터링 활동 시 필요한 방향성과 목적, 방법론을 구성하는 단계이다.

② 상담품질 모니터링을 진행하기 위해 필요한 계획들을 구체화하는 단계인데 목표수립 → 평가항목 선정 → 모니터링 방법 수립 → 모니터링 시행계획과 같은 절차를 거치

게 된다.

③ 계획수립 과정에서 가장 중요한 것은 달성 가능한 목표를 수립하는 것이고, 정량·정성적인 목표가 반드시 고객만족도와 연계되어야 한다.

④ 구체적인 실행계획에 대해 합의된 내용에 대해서 공유되어야 모니터링 활동 시 발생할 수 있는 위험(Risk)이나 문제를 최소화할 수 있다.

⑤ 계획수립 과정 시 포함되어야 할 사항은 시행방법, 시기, 시행횟수에 관한 가장 기본적인 사항부터 평가기준과 가중치 적용 여부, 대상자, 이벤트 및 프로모션 진행 시기, 방법 등에 대한 세부적인 사항에 이르기까지 전반적인 사항들에 대한 사전적인 점검이 이루어져야 한다.

2) Do(모니터링 진행)

① 검색기능을 활용하여 특정 시기, 특정 업무, 특정 접점직원의 통화 내용을 모니터링하거나 실시간 모니터링(현장 모니터링), 자가 모니터링 등 다양한 방법을 통해 모니터링을 진행한다.

② 모니터링 진행 시 유의할 점은 반드시 모니터링의 목적이 명확해야 하고 목적 달성을 위해 가장 적합한 방법이 무엇인지를 찾아 시행하여야 한다는 점이다.

③ 모니터링을 진행하는 과정에서 특이한 사항이나 문제가 될 수 있는 상담 건이 발생하면 즉시 상담을 멈추게 하고 적절한 조치를 취해야 한다.

④ 모니터링 시 발생한 문제나 특이사항은 일단 기록해 두고 추후 코칭 및 피드백 시 교육자료로 활용할 수 있도록 한다.

3) See(모니터링 평가)

① 모니터링 평가는 모니터링 계획수립 과정에서 설정된 평가 항목에 따라 평가하며 평가결과에 따라 개인별, 팀별로 분석·통계화하여 코칭 시 활용할 수 있도록 한다.

② 모니터링 평가결과를 바탕으로 이의 제기는 물론 평가의 객관성을 논의하는 미팅을 진행하여, 당사자들 간에 발생하는 인식의 차를 극복하는 기회로 활용하여야 한다.

③ 모니터링 계획 단계에서 평가에 대한 판단기준과 이견이 발생했을 때의 조정에 대한

기준 등이 명확해야 평가에 대한 단편적이고 소모적인 논쟁을 줄일 수 있다.

4) Check(피드백 및 코칭, 결과보고)

① 평가 결과를 통보하고 이에 대한 피드백과 코칭을 진행한다.

② 개인이나 팀별로 코칭 시행 후 코칭 내용을 가지고 통합 모니터링 회의를 개최한다.

③ 우수 모니터링 사례나 바람직하지 않은 사례를 공유한다.

④ 통합 모니터링 회의를 통해 고객채널 전반에 걸쳐 목표달성 여부를 점검한다.

⑤ 해당 월 활동사항을 리뷰하거나 차후에 진행될 모니터링 계획과 목표를 점검한다.

⑥ 통합 모니터링 회의는 정기적으로 개최하나 상담품질과 관련한 이슈 발생 시 즉각적으로 개최하여 상담품질관리 이슈를 해결하고 관련 이슈 확인을 통한 상담품질관리의 일관성을 유지한다.

⑦ 평가방법의 문제, 직원의 태도나 응대 시 필요한 정보 및 교육, 상담품질관리를 위한 시스템의 개선, 프로세스의 보완, 파트간 발생할 수 있는 협의사항, 주요 민원 현황 등 상담품질 향상을 방해하는 장애요소나 향상 요인들에 대한 논의 등 상담 품질향상을 위한 협의체 형태로 운영한다.

⑧ 통합 모니터링 회의에서 나온 사항들은 회의록을 작성하여 공유하도록 하며, 별도의 상담품질 보고서를 간결하게 정리하여 보고한다.

5) 상담품질 모니터링 유형

접점직원들의 상담품질 모니터링에 대한 부정적인 인식과 모니터링 진행을 통한 긍정적인 결과에 대한 갭(GAP)을 극복하고 직원의 상담을 방해하지 않고 고객과의 자연스러운 상담을 이끌어 내며 실제로 직원의 상담품질 향상에 직간접적인 도움을 줄 수 있는 가장 적합한 방법을 찾아 모니터링 활동이 진행되어야 한다.

• 녹취를 통한 모니터링(Monitoring by call taping)

① 접점에서 가장 흔히 사용되며, 녹취 서버에 저장된 다수의 상담콜 중 몇 개의 상담콜을 무작위로 샘플링하여 모니터링하는 방식이다.

② 장점

- 녹취된 콜을 대상으로 진행하여 타 방법에 비해 객관적이다.

- 청취 회수에 대한 제약이 없고 모니터링이 가능한 좌석이라면 어디서든 들을 수 있다.

- 상담품질관리자가 모니터링 평가를 할 때 시간에 대한 유연성을 확보할 수 있다

- 피드백이나 코칭(Coaching) 시 자세하고 세분화된 내용을 제공해 줄 수 있다.

- MP3파일 형태로도 제공이 가능해 휴대가 용이하고 저장이 간편하다.

③ 단점

- 접점직원들이 잘못 응대했을 경우 즉각적인 피드백이나 코칭을 진행하기가 어렵다.

- 원격 모니터링(Remote Monitoring / Silent Monitoring)

① 할입(Interrupt) 또는 감청(Monitoring)의 형태로 이루어지며, 관리자가 수시로 들을 수 있고 무작위 모니터링이 가능하여 녹취 모니터링과 함께 보편적으로 사용된다.

② 장점

- 고객과 직원이 통화하고 있는 상황에서 모니터링이 실시간으로 이루어져 녹취 모니터링에 비해 활용 방법이 다양하다.

- 미인지 상태에서의 모니터링이기 때문에 직원들의 평소 고객 응대 태도나 업무능력, 지식의 보유 정도를 쉽게 파악할 수 있다.

- 잘못된 응대나 안내, 또는 누락된 설명이나 지식 및 정보를 모니터링하고 이에 대한 즉각적인 조치나 피드백을 해 주는 데 유용하다.

③ 단점

- 직원들이 감시를 받는다는 느낌이 들면 고객응대 업무를 위축시키거나 수동적인 태도로 업무에 임하는 부작용을 낳을 수 있다.

- 동석 모니터링(Side by Side Monitoring, Kangaroo Monitoring)

① 실시간으로 현장에서 직접 이루어지는 모니터링 방법으로 현장에서 즉시 피드백이 가능하여 신입사원 업무 지원, 인큐베이팅 프로그램 운영 시나 업무 투입 초기에 많이 활용된다.

② 장점

- 직접적으로 접점직원 옆에 동석하여 잘못된 응대나 보완해야 할 사항들에 대해 즉각적이고 정확한 코칭 및 피드백이 이루어질 수 있다.
- 직원의 태도나 시스템 활용능력, 상담에 필요한 업무능력 등을 직접적으로 확인 가능하다.
- 잘못된 업무처리나 직원이 어려워하는 부분에 대해서는 즉각적인 개입을 통해 문제를 해결할 수 있다.

③ 단점

- 직원이 위축되어 부자연스럽고 인위적인 상담이 이루어질 수 있다.
- 직원이 좀 더 좋은 결과를 얻으려고 노력한 결과 평상시 평가결과보다 높게 나올 수 있다.
- 상담품질관리자의 투입 시간이나 비용이 많이 든다.

• 미스터리 콜 모니터링(Mystery call Monitoring)

① 고객을 가장하여 핵심사항이나 반드시 숙지하고 있어야 할 내용 및 직원의 응대 태도 등을 모니터링하는 방법이다.

② 장점

- 고객의 입장에서 응대 태도나 업무지식 및 고객상담 수준 등을 파악할 수 있다.
- 고객 서비스 수준 파악을 통해 개선요소를 도출하여 전화응대 서비스 수준을 향상시키고, 평가결과 코칭이나 교육을 통해 잘못된 부분을 개선하고 보완할 수 있다.

③ 단점

- 반복 시행으로 직원이 미스터리 콜이라는 사실을 알게 되면 정확한 평가가 어려우며 즉각적인 피드백을 진행하기 어렵다.

• 동료 모니터링(Peer Monitoring)

① 직원이 주체가 되어 동료의 상담 건을 직접 모니터링하고 모니터링 결과를 통해 피드백을 제공해 주는 방법이다.

② 장점

- 상담 품질에 대한 문제 의식은 물론 모니터링에 대한 공포심 및 반감을 줄일 수 있다.
- 쌍방향적이고 문제해결을 위해 자발적으로 학습하게 되어 효과가 크다.

③ 단점

- 상대 접점직원 선정이나 그룹핑이 잘못될 경우 효과가 감소될 우려가 있다.
- 목표를 분명히 하지 못하거나 진행 시 발생 문제에 대한 조정 실패로 모니터링 효과를 기대하기 어려울 수 있다.

- 자가 모니터링(Self Monitoring)

① 접점직원 자신이 직접 자신의 상담 건을 모니터링하는 방식으로 모니터링만이 아니라 평가까지 함으로써 상담품질관리자와 생기는 평가의 갭을 줄일 수 있는 방식이다.

② 장점

- 직원이 자신이 응대했던 상담 건에 대한 본인의 느낌과 실제로 진행되었던 상담에 대한 괴리 및 차이를 확인할 수 있다.
- 자신의 능력이나 태도 및 습관 등을 파악할 수 있으며 모니터링 및 평가를 통해 자신의 역량을 객관화할 수 있고 장단점 파악을 통해 스스로 개선해 나갈 수 있다.

③ 단점

- 신입 직원에게는 적절하지 않다.
- 관리자 또는 전문가의 적절한 피드백(Feedback)과 코칭이 진행되지 않으면 개선이 어렵다.

6) 기존 모니터링 방식의 문제점

① 정해진 건수만 평가하고 전수조사가 불가능

② 평가 및 모니터링에 인력과 시간 투입이 많음

③ 관리자 역량에 따른 주관적인 평가기준(공정하고 객관적인 평가 미흡)

④ 무작위 상담 건을 선정하여 상담품질 모니터링 평가 실시

⑤ 모니터링 시간이 길어 평가 건수가 적고 제한적인 평가가 이루어짐

⑥ 평가 건수가 증가하면 이는 상담품질관리자의 업무 부담 증가로 이어짐

⑦ 접점직원의 경우 소수의 임의 추출한 상담 건으로 평가를 받는 것에 대한 부당함과 불만 발생

⑧ 명확한 개선 및 보완을 피드백 결과 추출의 어려움(코칭 대상 상담 건은 대부분 묻힘)

⑨ 무의미하고 피상적인 평가 및 피드백의 순환 지속

⑩ 상담품질관리 전략 수립 및 실행의 어려움

7) 실시간 모니터링을 해야 하는 이유

① 평가를 위한 평가가 아닌 실시간으로 자주 실수하거나 누락하는 것을 파악할 수 있다.

② 단순 녹취에 의한 평가보다 평가시간이 짧아 업무 부담이 줄어든다.

③ 상담품질 모니터링 대상 건수가 늘어나 평가의 객관성이 확보된다.

④ 모니터링 평가를 하는 관리자의 집중력이 향상된다.

⑤ 평가가 현장에서 즉시 이루어져 문제점 파악이 용이하고 유연한 대처가 가능하다.

⑥ 즉시성이 있어 즉각적인 조치나 피드백이 빠르게 이루어진다.

⑦ 녹취 건 평가에 대한 부담을 줄여 준다.

⑧ 상담내용을 집중해서 들으므로 문제점 확인 및 분석과 개선 포인트가 실시간으로 이루어진다.

⑨ 모니터링 항목에 대한 실시간 분석 및 평가가 가능하다.

8) 실시간 모니터링 평가의 이해 및 현황

① 국내 고객채널은 실시간 모니터링 평가보다 녹취 또는 채널에서 확보된 상담 내용(채팅, 이메일, 미스터리 쇼퍼 등)에 의한 평가가 주를 이루고 있다.

② 실시간 모니터링 평가를 하지 않은 이유는 경험 부족이나 Skill 부족, 숙련 시간이 오래 걸리는 점 때문에 단순 상담내용 녹취에 의한 평가가 주를 이루고 있어 개선이 필요하다.

③ 실시간 모니터링(할입감청, 현장 모니터링)을 진행하고 있다고 하더라도 실제로 평가에 반영되지 않고 있는 경우가 많다.

④ 평가 기준이 명확하지 않고 주관적인 평가 요소가 많아 접점직원의 불만이 많고 무엇보다 개선에 초점이 맞추어진 것이 아니라 평가를 위한 수단이어서 이에 대한 개선이 필요하다.

⑤ 실시간 모니터링 평가는 실시간으로 고객과 직원이 통화하는 내용을 들으면서 평가하는 방식을 의미한다.

⑥ 실시간 모니터링 평가를 통해 직원이 자주 저지르는 실수나 누락하는 것들 또는 운영상 꼭 안내되어야 할 사항에 대한 점검하는 차원에서 활용하기도 한다.

⑦ 실시간 모니터링 평가 비중을 늘림으로 녹취콜 평가로 인한 비효율적인 업무를 줄여야 한다.

⑧ 실시간 모니터링 평가는 직원의 스킬을 향상시킬 목적으로 이루어져야 한다.

9) 실시간 모니터링 평가 시 고려사항

① 핵심평가 항목 위주로 하고 평가 항목은 될수록 줄이는 것이 좋다

② 핵심평가 항목은 정보제공능력과 문제해결 능력이 주를 이루는 것을 의미한다.

③ 실시간 모니터링을 통해 업무 프로세스 확인 및 주요 업무 및 핵심사항 이행 여부를 점검한다.

④ 기간을 정해 놓고 점차적으로 실시간 모니터링 평가 비중을 늘리는 것이 부작용을 최소화할 수 있다(부작용: 상담품질관리자의 역량이나 능력, 직원들의 평가에 대한 불만 등).

⑤ 실시간 모니터링 평가와 녹취에 의한 평가 비율은 6:4 정도가 적당

⑥ 녹취 상담 건에 의한 평가는 실적 부진자, 고객불만 야기자, 신입사원을 대상으로 풀코칭(Full Coaching) 진행 시 활용한다.

⑦ 실시간 모니터링 평가를 위해서 모니터링 평가항목을 최소화하거나 불필요한 항목을 제거한다.

⑧ 사전에 상담품질관리자들이 모여 공동평가를 진행하여 평가의 갭 발생을 최소화한다.

10) 실시간 모니터링 평가 스킬 향상을 위한 방법

① 상담 유형에 따른 다양한 상담콜을 많이 청취하여야 한다.

② 상담내용을 많이 청취하면 유형 파악은 물론 전체적인 상담의 흐름을 파악하는 데 유익하므로 수시로 듣는 연습을 시행한다.

③ 고객의 문의유형을 신속하게 파악하는 연습을 하여야 한다.

④ 상담 유형이 대부분 유사하기 때문에 유형을 파악하는 것은 일주일 정도면 충분히 가능하다.

⑤ 핵심평가 항목은 물론 배점기준이 머릿속에 자리 잡도록 한다.

⑤ 평가항목은 업무유형에 따라 다르지만 일반적으로 고객정보 확인, 고객 니즈 파악, 제대로 된 정보제공 여부[또는 문제해결 여부], 고객반론 극복, 플러스 원 시행 여부 등이 있다.

⑦ 상담 내용의 전체적인 흐름을 보고 평가하여야 한다(나무가 아닌 숲).

⑧ 평가하지 못한 건은 신경 쓰지 말고 과감하게 다음 항목으로 넘어간다.

⑨ 고객 응대 내용에 집중하고 전체의 흐름과 맥락을 이해하는 데 집중한다.

⑩ 혼자서 여러 유형의 상담 건을 들어 보고 실시간으로 평가 연습을 한다.

기타 고객채널의 응대 스킬
및 모니터링

(1) 기타 채널의 응대 스킬 및 모니터링 전략

다양한 고객의 니즈 변화에 따라 기업의 고객 채널운영 전략도 지속적으로 변화되고 있다. 늘 현실에만 머물러 있는 것이 아니라 더 높은 편의성과 접근성을 통해 서비스나 상품의 거래를 원하는 고객이 증가함에 따라 어떤 채널이 고객에게 좀 더 큰 가치를 제공하는지를 고민해야 한다. 그뿐만 아니라 다양해지는 채널만큼이나 이러한 채널을 이용하는 고객의 만족도를 높이기 위해서 각 채널별로 응대 스킬을 향상시킴은 물론 모니터링 평가를 통해 개선 및 보완해야 할 사항들을 점검하는 노력이 병행되어야 한다.

1) SNS, e-Mail 응대의 문제점
① SNS 및 e-mail 응대에 대한 모니터링활동 미흡
② e-mail의 경우 m존도가 높음
③ SNS 및 e-mail 응대기준 및 평가기준 미흡
④ 발송 전 정확성을 위한 사전체크(검토)에 대한 프로세스 부재
⑤ 감성 표현 및 적절한 표현에 대한 학습 부족
⑥ SNS 및 e-mail 응대에 대한 전문적인 교육 및 훈련의 부족

2) 이메일과 SNS 응대 개선 방향

① SNS 및 e-mail 응대에 대한 정기적인 모니터링 시행

② 자사에 맞는 SNS 및 e-mail 응대기준과 평가기준 마련

③ 품질과 효율성의 균형을 유지하는 전략 방향성 수립

④ 신속 · 정확한 정보제공 및 문제해결 중심의 응대품질

⑤ 작문솜씨가 아니라 고객의 의도에 맞는 적절한 화답

⑥ 모니터링 평가와 피드백/코칭에 따른 PDCA 운영 필요

⑦ 문의유형(단순 정보제공, 클레임 같은 문제해결) 구분 및 고객 자가해결 사이트 안내

⑧ 발송 전 체크 옵션(메일 보내기 전 마지막으로 확인) 기능 활용

⑨ 메일 발송 시 앙케이트(만족도 관련) URL 링크를 통한 고객만족도 평가 병행

⑩ 주기적인 고객 불만, 만족요소 파악(신속 · 정확한 정보제공 및 문제해결 여부, 기타 등) 및 개선

⑪ 고객문의 사항에 대한 답변 아래 해당 문의사항과 연관된 문의 내용과 답변 제공 (URL 제공)

3) 메일 응대 스킬 향상 전략

① 올바른 한국어 사용부터 비즈니스 메일 문장 쓰기 방법은 물론 의도 파악 및 공감, 정확한 답변 등 기본에 충실한 교육을 진행한다.

② 고객 문의에 의도를 명확히 파악하고 적절한 답변을 하였는지에 대한 모니터링 활동을 한다.

③ 모니터링의 주요 평가 항목은 '기본 e-mail 응대요소 준수 여부'(문법, 띄어쓰기, 맞춤법 등)과 '정확한 답변 여부'이다.

④ 자주 실수하거나 누락하기 쉬운 내용을 정리해서 학습하고 모니터링 빈도를 높이거나 피드백을 통한 개선활동을 병행한다.

⑤ 고객 요구사항에 따라 적절한 응대 및 표현(미사여구 사용금지, 연역적인 답변 등)이 이루어졌는지 여부를 확인하고 문제점 발견 시 개선 포인트와 함께 피드백을 진행한다.

⑦ 우수 e-mail 응대 사례(감사 메일, 평가 우수 메일 등)와 함께 구체적인 사유를 공유한다.

⑧ 응대 메일의 경우 FAQ 또는 지식관리시스템(KMS)에 있는 질문 카테고리를 활용하여 대응한다.

⑨ 상황 및 목적에 맞는 메일 템플릿을 구비하고 수시로 업데이트하여 활용한다.

⑩ 주기적인 테스트 시행 및 한국어 능력시험 응시를 독려한다.

⑪ 발송 전 자가 확인할 수 있는 프로그램을 공유한다(맞춤법 검사기, 띄어쓰기 등).

⑫ 사물존칭, 정중한 표현, 알기 쉬운 표현 및 금지된 이모티콘 사용 여부 등을 확인한다.

⑬ e-mail 응대 관련 필수 지침(Guide line) 마련 및 이행 여부를 수시로 점검한다.

4) 메일 발송 전 반드시 체크하여야 할 옵션들

① 제목 미입력 시 메일 발송불가 안내 팝업 생성

② 수신자 수가 설정값 이상일 때 개별발송 여부 팝업 생성

③ 메일에 특정 설정 단어가 있을 때 파일 첨부 여부 확인하는 옵션(첨부파일 누락 여부 확인)

④ 메일 보내기 전 마지막으로 확인하기 옵션

⑤ 시니그처 삽입 여부 확인(접촉센터 또는 부서와 이름 및 연락처 등)

5) e-mail 응대 품질개선 모니터링 프로세스

절차	주요 내용
과제설정 단계	- 개별 또는 전체 모니터링을 통한 문제점 파악 - 모니터링을 통해 얻은 개선 포인트 및 문제점을 과제화
분석을 위한 데이터 수집 및 모니터링 단계	- 대상이 되는 문의 내용이나 답변 내용에 대한 모니터링 실시 - 품질개선의 목표에 부합하는 평가지표 마련 - 내·외부 평가기준에 의거하여 개별 항목으로 모니터링 실시 * 외적 평가: 고객을 통한 평가활동으로 불만사항에 대한 원인을 분석하여 피드백이나 교육을 통해 개선 * 내적 평가: 랜덤 샘플링을 통해 정해진 평가지표를 가지고 메일을 모니터링하고 분석하여 개선방안 마련(피드백, 교육 실시) - 모니터링 및 분석을 통해 문제점 및 약점 파악

평가 및 효과측 정 단계	− 품질개선 목표와 부합하는 평가지표를 토대로 평가 및 효과 측정 − 신속 및 정확성, 응대 적절성, 기본 e−mail 응대요소 준수 여부 등 − 평가 및 효과측정 결과 Gap이 발생하는 원인 파악(주요 성과 지표)
개선활동 단계	− 과제 목록화(Action item) 및 개선 목표 설정 − 목록화 과제를 개선하기 위해 활동 진행 * 교육 및 훈련, 코칭 및 피드백, 프로세스 개선, 지침 수정 및 보완 등

6) 메일응대 품질을 위한 평가 기준

메일응대 품질을 위한 평가 기준은 고객채널 업무 유형에 따라 다르지만 일반적으로 아래와 같은 5가지 기준이 있다.

• 기본적인 매너 준수

① 질문내용에 대한 정확한 파악

② 이모티콘이나 통신어체 또는 장난스러운 어체 사용 금지

③ 일반적이지 않은 이상한 폰트 사용 금지(맑은 고딕이나 굴림체, 바탕체가 적당)

④ 첫인사, 끝인사 및 플러스 원에 대한 내용 반영

⑤ 너무 작거나 큰 글씨체 크기 금지(보통 10~11pt가 적당함)

⑥ 너무 늦지 않은 회신(메일 회신 기간 설정: 10시간 이내)

⑦ 늦은 회신일 경우 사과 및 양해표현

• 간결한 문장과 표현

① 미사여구 사용 금지(간단명료하게 요점이 명확하게 드러나도록 할 것)

② 핵심 위주의 간결한 표현과 쉬운 단어 및 문장 활용

③ 정보나 지식을 제공할 때는 귀납이 아닌 연역적인 표현 및 전개

④ 불필요한 단어 사용 및 중복 금지

• 공감표현

① 첫인사의 재진술에 대한 부연인사 포함하여 평가

② 항의 빈도에 따른 공감 표현의 수위 조정 및 사용

③ 적절한 공감 표현의 활용: 많이 놀라셨겠습니다, 도움 드리지 못해서 죄송합니다 등

④ 고객이 직접적으로 표현한 감정에 대해서는 반드시 상응하는 멘트 구사

• 신뢰감을 주는 응대

① 존중이나 정중함이 필수

② 고객의 입장을 배려(문제해결 또는 도움이 될 수 있음을 전달)

③ 기업 및 자신에 대한 명확한 정보 제공(발신인 이름과 소속, 직급 및 연락처 등)

④ 신뢰감을 주는 단어나 문장표현 사용

⑤ 보내는 메일 주소와 본문 내용의 일치(메일 제목의 주기적인 업데이트 필요)

⑥ 고객문의 및 요구사항에 대한 명확하고 적절한 답변 내용 반영

⑦ 띄어쓰기, 오타, 맞춤법, 문장 바꿈, 존칭 등 가장 기본이면서도 기초적인 실수 금지

• 업무능력

① 회답문의에 대한 적절성 및 정확성 여부(요점이 불명확한 경우 재문의 발생)

② 추가문의에 대한 안내(연관 질문에 대한 안내 → URL 링크 활용)

③ 긴 설명이 필요한 경우 이해를 쉽게 하기 위해 문단 구분 또는 하이라이트 기능 활용

④ 서비스 관련 지식이나 정보, 관련 정책 및 규정에 대한 이해를 바탕으로 절차 준수

⑤ 오상담, 오안내, 필수안내 사항 등에 대한 누락 여부

⑥ 고객문의에 대한 재진술 및 요약 확인 여부

⑦ 문의내용에 대한 적극적인 해결방법 및 대안 제시 여부

⑧ 고객 문의에 대한 원스톱 해결(One stop Resolution) 여부

7) e-mail 상담품질을 구성하는 핵심요소

e-mail 품질의 핵심은 고객이 보내온 글을 읽고 이를 정확히 이해한 후 고객이 원하는 것에 대한 답을 신속 · 정확하게 제공하거나 문제를 해결하는 것에 있다고 할 수 있다. 따라서 e-mail 상담품질을 구성하는 핵심요소는 읽고 쓰는 것이며, 읽는 것은 고객의 의

고객 응대 서비스와 운영 실무

도를 정확히 이해하는 것이고 쓰는 능력은 결국 답변할 수 있는 능력으로 이는 정확한 정보제공과 신속한 문제해결로 귀결된다.

- 고객중심적이며 정확하고 신속한 응대 자세(태도)
① 고객이 원하는 것에 대해 신속하고 정확한 답변을 제공(업무처리)
② 서비스 지식 및 관련 절차 및 규정에 대한 명확한 이해
③ e-Mail 응대 시 필요한 기본적인 매너 준수
④ 고객의 상황에 맞는 적절한 표현 및 공감 전달 능력

- 읽고 이해하는 능력(읽기)
① 고객의 진짜 의도를 읽어낼 수 있는 능력(니즈 파악)
② 쓰는 것보다 먼저 이해하는 능력이 중요
③ 이해가 부족할 경우 오상담, 오안내 발생 가능성이 높음(만족도 저하)
④ 직원의 논리적 사고와 고객에 대한 심정적인 이해가 중요

- 작성 능력(쓰기)
① 질문내용에 신속하게 대응하는 것이 중요
② 용도에 맞는 답변 작성(문제해결/정보제공)
③ 고객의 심정을 정확히 이해하고 글에 이러한 의도가 반영되게 하는 것이 중요
④ 고객 눈높이에 맞는 맞춤형 답변 제공
⑤ 이해하기 쉬운 문장 사용
⑥ 용도에 맞는 답변 작성(문제해결/정보제공)

- 템플릿
① e-mail 상담의 일정한 품질과 생산성 확보가 가능
② 효율성 확보 및 표준화되고 신뢰도가 높은 답변 가능
③ 일반적이고 정형화된 문의에 대한 신속·정확한 답변이 가능(패턴화된 질의에 대한

답변)

④ 고객 상황에 맞는 적절한 예문 사용

• 작성 지침 및 규칙(포맷 · 룰)

① 최소한의 품질과 통일성 담보 가능

② 오상담, 오안내 등에 대한 사전 예방 가능

③ e-mail 품질 평가 기준이나 피드백의 근거

④ 명확한 작성지침이나 규칙이 없을 경우 정확한 평가가 이루어지지 않음

(2) 기타 고객채널에서의 모니터링 평가

국내에는 다양한 고객채널이 있지만 비대면을 대표하는 콜센터와 직접 대면하는 채널이 주를 이루고 있다. 다만 고객 접촉의 특수성과 기술적인 한계로 인해 이메일이나 채팅 상담과 문자상담 활용의 비중이 제한적이었으나 최근 기술의 발전과 함께 고객 서비스 플랫폼의 확장 및 편의성과 편리성이 확대되면서 점차 증가하고 있는 실정이다. 그러나 이러한 변화와 더불어 콜센터와 이메일에 대한 모니터링과 평가기준은 비교적 정형화되어 있으나 채팅이나 문자의 경우 아직 정형화된 모니터링 빈도 및 평가기준이 마련되지 않은 상태로 운영되고 있다.

1) 문자 및 채팅 응대 모니터링 현황 및 평가항목 방향성

① 문자나 채팅에 대한 응대가 많지 않아 1명이 여러 명의 고객을 대상으로 상담을 진행한다.

② 신속함이 핵심이므로 템플릿이나 이미 마련된 FAQ를 중심으로 응대가 이루어지고 있다.

③ 채팅 상담서비스 기술의 발달로 인해 1:N 상담이 가능해 멀티태스킹 능력이 중요한 역량이다.

④ 아직 콜센터 모니터링 평가처럼 문자나 채팅의 경우 정형화된 평가항목이 없다.

⑤ 최근에는 챗봇의 등장으로 인해 이를 활용하여 자동화를 추진하는 기업이 늘어나고 있으며 하이브리드(직원+챗봇 병행) 형태의 채팅 서비스가 등장해 활용되고 있다.

⑥ 문자, 채팅 상담 시 중요도나 활용 빈도를 중심으로 평가 기준을 만드는 것이 바람직하다.

⑦ 중요한 것은 콜센터 모니터링 평가항목과 마찬가지로 지식·정보 제공능력과 문제해결능력이 핵심 평가항목이 되어야 한다.

⑧ 자주 실수하는 항목이나 내용에 대해서는 사전 체크할 수 있는 프로세스가 마련되어야 한다.

⑨ 사전에 문자 및 채팅 상담에 대한 작성 지침과 규칙이 마련되어야 한다.

⑩ 채팅이나 문자로 상담 시 '구어체'를 사용하는 것이 바람직하나 '이모티콘'이나 'ㅋㅋㅋ', 'ㅠㅠ', '^^;;'와 같은 기호 표현이나 인터넷 속어는 금한다(이모티콘을 허용하는 경우도 있음).

⑪ 모니터링 시 전체 항목을 체크하는 것은 비효율적이고 오히려 난이도나 중요도, 빈도를 고려하여 몇 개의 핵심항목을 체크하는 것이 바람직하다.

⑫ 모니터링 시 전체 항목을 체크하는 것은 상담 후 문제를 유발한 직원, 신입직원, 실적 부진자를 대상으로 진행하고 세부적인 결과를 바탕으로 피드백 및 교육·훈련을 통해 개선 및 보완하는 것이 바람직하다.

⑬ 오안내, 오상담 여부가 가장 중요한 요소이며 긍정적인 고객경험 제공을 위해 감성적인 멘트나 스크립트 개발이 병행되어야 한다.

2) 문자 응대 모니터링 빈도와 평가항목 기준

① 모니터링 건수는 표준화되어 있지 않으며 업체마다 평가하는 곳도 있으나 절대건수가 적어 평가하지 않는 곳도 있다.

② 모니터링 주기는 일 단위, 주 단위, 월 단위로 진행하고 있는 곳도 있으나 정기적으로 평가하는 곳은 많지 않다(문자 비중이 높지 않아 비효율적이고 평가항목이 없음).

③ 문자 관련 주요 평가항목

- 문체나 표현이 자연스러운지 여부

- 고객의 불만 또는 표현상의 문제를 야기시키는지 여부

- 고객이 요청하는 지식이나 정보가 정확하게 제공되는 여부

- 고객의 배려 및 호응과 제대로 된 정보에 대한 고객의 체감만족도

④ 평가에서 중요한 것은 고객의 만족도 여부이며 회신 받은 문자 건 중 만족건수를 체크하는 곳도 있다(응대건수 많은 직원이 유리함).

⑤ 문자 회신까지 목표 시간은 콜센터별로 각기 다르며 표준화가 이루어지지 않은 상태이다.

- 업종이나 업무의 특성에 따라 문자 접수 후 1시간 이내, 8시간 이내, 10시간 이내, 24시간 이내인 곳도 있으며 특정 기간 내에 응대율로 KPI로 정한 곳도 있다.

⑥ 문자 응대에 대한 주요 KPI

- 응대 문자에 대한 회신 중 '만족'이라고 답한 건

- 응답건수/응답률

- 기타 문의 발생률, 답신까지 소요 시간, 오상담건, 오안내건

- 문자 평가에 의한 상담품질 점수 등

3) 채팅 상담

① 예기치 못한 상황의 발생 및 1:N 방식으로 응대하므로 순발력이 뛰어나야 한다.

② 전화나 문자와는 다른 커뮤니케이션 방법이므로 고객 눈높이에 맞는 유연한 응대가 필수이다.

③ 전화 응대와는 달리 1:N 형태로 고객을 응대하므로 멀티태스킹 능력은 필수이다.

④ 언어표현 및 문장 작성능력이 뛰어나야 하고 정확한 타이핑이 중요하다.

⑤ 채팅상담 시 동시 응대가 가능한 최대 고객 수는 3명이며 최적 인원은 2명이 적정하다.[1]

---

1 해당 내용은 국내에는 참고할 만한 자료가 없으며 2013년 매트릿넷사가 발표한 적절한 채팅 동시 응대 기준은 2.74명이라는 조사결과를 바탕으로 함

⑥ 실제 선진국 사례를 보면 동시에 처리하는 고객이 3명인 경우 오히려 고객만족이 떨어지고 효율성이 저하되어 1인이 응대할 수 있는 최적 인원은 2명이 적정하다.

⑦ 업무의 특징이나 응대 내용의 성격, 인입되는 채팅상담 건수를 고려하여 직원을 배치하거나 유연한 업무조정 및 블렌딩(전화, 문자 등의 업무 병행)해야 한다.

⑧ 아직 국내에는 채팅 상담에 대한 표준화가 마련되어 있지 않으며 전화 응대처럼 1:1이 아닌 1:N응대라는 점을 고려하여 자사 상황에 맞는 성과지표와 평가항목을 마련해야 한다.

⑨ 채팅 상담도 빈도와 중요도에 따라 우선순위를 설정하고 잦은 경우 화면상의 잘 보이는 FAQ 상단에 위치하게 해서 신속한 응대를 할 수 있도록 한다.

⑩ 채팅 모니터링 샘플은 업무의 복잡성은 물론 발생빈도(오상담, 오안내)가 높은 건을 대상으로 하지만 응대 로그의 길이를 고려하여 설정하기도 한다.

상담품질 결과 분석 및 보고

(1) 상담품질 분석

1) 상담품질 분석

상담품질분석을 효과적으로 수행하기 위해 세 가지 분석에 대한 기초를 이해해야 한다.

① 정확한 측정과 측정 시 발생하는 측정오차

② 평가항목별 적정한 분석척도

③ 신뢰도와 타당도의 개념의 이해

2) 오차의 발생 원인

① 측정하고자 하는 측정개념을 잘못 이해하는 경우

② 상담품질 피평가자에 대한 성향을 잘못 파악하는 경우

③ 측정시점의 피평가자의 단기적인 변화

④ 측정 시 환경요인(최번기, 최빈기)

⑤ 모니터링 평가표에 항목이 모호한 경우

⑥ 측정방법의 문제(녹취 평가, 실시간 평가 등)

3) 분석 척도의 종류

측정을 위해 사용하는 측정도구를 '척도(Scale)'라고 하는데, 그 종류는 척도 내에 포함된 범주, 순위, 같은 간격, 절대 영점의 포함 여부에 따라 명목척도, 순위척도, 등간척도, 비율척도로 구분된다. 척도의 수준에 따라 척도를 이용한 측정결과의 유형이 정해진다. 명목척도로 얻어진 자료는 명목자료이며, 순위척도는 순위자료를, 등간척도는 등간자료를, 비율척도는 비율자료를 얻을 수 있다.

- 명목척도
① 측정체계가 단지 속성의 존재 유무만을 나타내는 척도
② 분류에만 의미가 있을 뿐, 수치의 양적인 의미는 없음
③ 가감승제(+, −, ×, /)를 할 수 없으며 빈도만을 구할 수 있음
④ 사용값: 최빈값(가장 빈도가 많은 측정 수치)
⑤ 예시: 주민등록번호 성별 구분(남 1번, 여 2번/근무팀/센터/학력/거주지)

- 순위척도
① 측정체계가 속성에 따른 대소관계를 나타내는 척도
② 수치의 크기가 속성의 양적 차이를 나타내지는 못함
③ 정보 수준이 낮아 분석 방법에 많은 한계가 존재
④ 사용값: 중앙값(가장 가운데 순위의 측정값)
⑤ 예시: 평가등급 상 1, 중 2, 하 3/만족도 측정(매우 불만족, 불만족, 보통, 만족, 매우 만족)

- 등간척도
① 속성에 따른 양적 차이를 나타내는 척도
② 척도점 간의 간격이 일정한 척도이며, 속성에 양적인 부분이 존재
③ 척도 값에 0을 부여하나 절대 영점은 아님
④ 많은 정보(간격, 차이정보) 등을 포함하고 있어 다양한 분석이 가능

⑤ 예시: 온도(섭씨, 화씨), 주가지수, 물가지수, 출산지수

- 비율척도
① 절대 영점이 존재하는 척도
② 척도 값이 0이 되는 절대 영점 존재
③ 가장 많은 정보(분류, 순위, 간격, 비율)를 측정하고 분석
④ 절대 영점을 가지고 있기 때문에 사칙연산이 가능
⑤ 예시: 키, 몸무게, 매출액, 비용, 광고비 등

4) 척도 유형별 분석 방법

척도유형	자료형태	포함된 정보	대표값/가능분석방법
명목척도	명목	확인, 분류, 존재유무, 집단분류	최빈값, 빈도분석
서열척도	서열	순서, 순위, 등급, 순위비교, 등급평가	중앙값, 우선순위, 품질등급
등간척도	등간	명목, 서열, 차이, 간격비교, 차이비교	산술평균, 표준편차, 모수통계분석
비율척도	비율	명목, 서열, 차이, 배수, 비율, 절대비교, 배율산정	절대온도, 매출액, 가격, 기하, 조화평균

5) 신뢰도와 타당도

같은 상담품질 평가표를 가지고 평가를 하더라도 예상하지 못한 오차가 발생하여 피평가자에게 재평가를 요구받는 경우가 있는데, 이때 신뢰도와 타당도에 대한 정확한 이해가 있다면 평가의 문제점을 손쉽게 파악할 수 있다.

- 신뢰도
① 신뢰도는 동일한 상담품질 평가표를 수회 반복했을 때 나타나는 측정값의 분포
② 안정성, 일관성, 예측가능성, 정확성 4가지가 포함되어야 함

③ 신뢰도를 개선하기 위해서는 측정도구의 모호성 제거

④ 측정항목이 많으면 신뢰도가 높아지나 20개 이내로 구성

• 신뢰도 측정 방법

방법	자료형태
재측정 신뢰도	① 동일한 측정도구를 이용 동일한 상황에서 동일한 대상에게 일정한 기간을 두고 반복 측정 ② 최초 측정치와 재측정치가 동일한지를 검증 ③ 측정 간 간격은 최소 2주 이상
반분신뢰도	① 동일한 개념에 대해 여러 개의 문항으로 측정하는 경우 ② 무작위로 측정문항을 두 집단으로 구분 ③ 측정치 간의 상관관계를 분석하여 신뢰도 측정
평가자 간 신뢰도	① 동일한 방법에 의한 측정을 다수의 측정자가 실시한 경우 ② 측정자들 간의 평가 일치도를 검증 ③ 일치도 = 일치된 문항 / 총 문항 수

• 타당도

① 측정하고자 하는 개념이나 속성을 정확히 측정했는지 여부

② 내적 타당도는 특정한 결과에 차이를 가져오는가, 가져오지 않는가 하는 데 초점

③ 외적 타당도는 연구의 일반화와 관련된 내용

④ 고객만족도 측정 시 고객만족도 평가점수가 타당도의 지표

⑤ 타당도가 높으면 신뢰도가 확보됨

⑤ 데이터 품질관리 모형 참조(데이터 품질 성숙모형)

⑥ 품질관리 요소는 크게 데이터 값, 데이터 구조, 데이터 관리 프로세스로 구분

(2) 주요 상담품질 분석 유형

구체적인 상담품질 분석 방법의 선택은 분석목적과 분석하고자 하는 데이터의 유형에 따라 적정한 분석 방법을 선택해야 하며 어떤 분석 도구를 사용할지를 결정하고 개략

적인 결과를 예측하여 분석 시 참고하는 것도 중요하다.

1) 빈도분석

① 데이터의 주요 정보 제공(예시/남녀비율, 문항별 점수분포 등)

② 수치와 비율로 표시

③ 데이터 특성을 프로 정확히 표현

④ 대표적인 분석 방법은 히스토그램, 도수분포표

⑤ 주요 히스토그램 형태 해석

• 히스토그램의 형태에 대한 해석

히스토그램 형태	형태명	해석
	일반형	분포가 중앙이 높고 좌우대칭을 이루며 안정적인 데이터의 분포를 나타내는 경우로 가장 많이 나타나는 분포의 형태
	이상 분포형	분포 중 소수의 데이터가 분포에서 이탈되어 나타나는 경우 평가자 또는 평가물의 문제로 예상하지 못한 데이터 정상분포와 떨어져 나타남
	이중 중앙형	분포 중 1개 이상의 정점이 나타나는 경우로 현재 분석하고 있는 데이터가 1개 이상의 집단이 층별로 나타나는 경우로 정점을 기분으로 분리하여 분석
	평지형	분포가 일정한 층으로 구분이 되어야 하는데 유사한 분포가 계속으로 이어지는 경우로 데이터 층별로 분화되지 못하고 데이터의 산포가 평균 이상인 경우로 데이터의 수정이 필요한 경우
	좌측 쏠림형	분포가 좌측으로 쏠림이 된 경우는 하위 그룹에 대한 데이터를 제외한 경우로 원인이 되는 데이터를 찾아 추가해야 함

고객 응대 서비스와 운영 실무

2) 기술통계분석

① 데이터의 효과적인 요약 수치 분석

② 자료의 표준화가 가능

③ 대표값, 산포도, 비대칭도 확인 가능

④ 분석값: 평균, 합, 표준편차, 분산, 범위, 최솟값, 최댓값, 평균오차, 첨도, 왜도

⑤ 기술통계분석 예시: 상담품질 설문지 분석

- 상담품질 설문지 분석

구분	문항수	평균	표준편차	왜도	섬도
CS만족도	6	0.9293	0.8142	0.8865	0.9921
상담과정품질	6	0.8858	0.7227	0.8048	0.1902
결과품질	9	0.9763	0.9114	0.9674	0.1901
상담환경품질	4	0.9332	0.7775	0.9046	0.5677
상담사 신뢰	4	0.9609	0.8601	0.9457	0.3851
기업신뢰	3	0.8866	0.6617	0.8321	−0.1833
센터이용의도	3	0.9023	0.7523	0.8347	−0.0444

3) 군집분석

① 자료의 거리측정치 차이를 가지고 구분

② 데이터의 유사성, 비유사성 정도 측정

③ 주요 분석 방법 : 계측, 비계측, 중복군집분석

④ 사전 분석작업으로 집단 구분 후 주요 분석진행

- 군집분석 절차

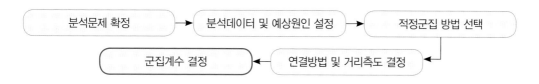

4) 교차분석

① 명목/서열척도인 자료만 분석 가능

② 결합분포를 나타내는 분할표 작성

③ 사용되는 변수는 10 미만이며 서열척도이어야 함

④ 대표적인 분석 방법은 카이 검정

5) 상관분석

① 데이터 간의 선형관계 확인

② 인과관계가 아닌 연관성 정도로 표현

③ 산점도, 상관계수로 나타냄

④ 대표적인 상관계수로는 피어슨, 스피어만계수

⑤ 산점도에 형태에 의한 쉬운 상관관계 이해

• 산점도에 의한 상관관계

산점도 형태	관계	관계의 이해
	양(+)	A 데이터 값이 증가하면 B 데이터도 증가하는 것으로 가장 기본적인 상관관계
	음(−)	A 데이터 값이 증가하면 B 데이터도 감소하는 것으로 특히 평가 시 용의관계의 평가항목은 제외하여 분석의 정확도 증대
	무상관	복수의 데이터 간의 상관관계가 없는 것으로 예를 들어 A팀의 QA 점수가 높으면 B도 높을 것이라는 가정하여 관계를 분석해 보니 관계 없음
	절대상관	복수의 데이터 간의 상관관계가 완벽하게 일치하는 데이터로 동일한 특성이 있는 데이터로 비교분석이 안 됨

고객 응대 서비스와 운영 실무

6) 요인분석

① 인자분석이라고도 함

② 분석대상인 데이터 간의 내재된 상호관련성을 이용하여 공통점을 찾음

③ 탐색적, 확인적 요인분석이 있음

④ 고유치(Eigen Value)가 1 이상인 것만 독립요인으로 선정

⑤ 심리학의 지능 테스트, 성격 테스트 시 많이 사용됨

• 요인분석으로 분석된 MBTI 16가지 성격유형

ISTJ 세상의 소금형	ISFJ 임금 뒷편의 권력형	INFJ 예언자형	INTJ 과학자형
ISTJ 백과사전형	ISFP 성인군자형	INFP 잔다르크형	INTP 아이디어 뱅크형
ESTP 수완좋은 활동가형	ESFP 사교적인 유형	ENFP 스파크형	ENTP 발명가형
ESTJ 사업가형	ESFJ 친선도모형	ENFJ 언변능숙형	ENTJ 지도자형

7) 회귀분석

① 데이터 간의 상호관련성 규명

② 영향을 주는 독립변수와 영향을 받는 종속변수로 구분

③ 회귀분석을 통해 회귀방정식 구성 가능

④ 세부 분석 방법에는 단순, 중, 다중 회귀분석이 있음

⑤ 회귀계수를 이용하여 변수 간의 상대적 영향력 비교

⑥ 종속변수의 미래 값 예측 가능

• 회귀분석 예시

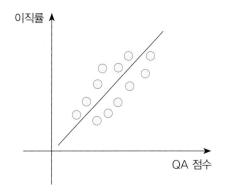

회귀방정식

이직률 = A+B(QA 점수)
* A = 상수, B = 회귀계수
QA 점수는 이직률에 영향 줌

그외 이직률에 영향을 주는 항목으로
나이, 학력, 주거지도 추가하여 이직
률과의 상호관련성을 분석해 보면 모
두 유의미한 관계가 있음

8) 시계열 분석

① 과거의 데이터로 미래를 예측

② 가까운 시점의 데이터가 더 영향을 미친다는 가정

③ 최소 2년 이상의 데이터로 분석

④ 추세변동, 순환변동, 계절변동, 불규칙변동 등을 파악해야 함

⑤ 주요 분석 방법: 추세분석, 평활법, 분해법, ARIMA 모형

• 시계열 분석 예시

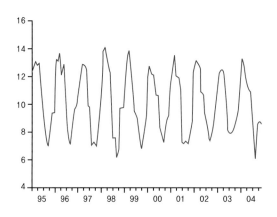

X센터의 10년간의 QA 점수를
분석해 보니 다음과 같은 그래
프가 나타남
계절변동이 있는 추세로 년별,
월별 계절지수 분석하여 이후
2~3년간 QA 점수 예측

고객 응대 서비스와 운영 실무

9) 연관성 분석

① 어떤 데이터 또는 분석항목과 관련성 분석(Apriori 알고리즘 사용)

② 장바구니분석(M.B.A : Market Basket Analysis)이라고도 함

③ "IF－Then" 구문으로 정보 제공

④ 온라인 쇼핑몰 추천시스템으로 널리 사용되고 있음

⑤ 지지도와 신뢰도라는 측정도구 사용

• 연관성 분석 예시

Rule No.	Conf. %	선행요인 Antecedent(a)	후행요인 Consequent(c)	Support(a)	Support(c)	Support(a ∪ c)	Lift Ratio
1	68.42	업무전달, 콜백안내 ⇒	정보탐색, 첫인사	19	32	13	2.672697
2	01.20	정보탐색, 회법응대 ⇒	콜백안내	10	41	13	2.477134
3	61.9	정확성 ⇒	정보탐색, 첫인사	21	32	13	2.418155
4	59.09	업무전달, 첫인사 ⇒	정보탐색, 콜백안내	22	31	13	2.382698
5	76.47	업무전달, 정보탐색, 첫인사 ⇒	콜백안내	17	41	13	2.33142
6	52	업무전달, 정보탐색 ⇒	정보탐색, 첫인사	25	28	13	2.321429
7	71.88	정보탐색, 첫인사 ⇒	콜백안내	32	11	23	2.191311

QA평가 결과 데이터를 연관성 분석 방법을 통해 평가항목간의 관련성 검증
연관성 분석을 통해 선행요인과 후행요인을 알 수 있어 QA평가 후 코칭 시 선행요인이 저하되는 상담사의 경우는 미리 후행요인을 감안하여 선제적인 코칭으로 전반적인 QA 점수가 향상됨

10) 상담품질 분석 프로세스

상담품질 분석 프로세스는 아래와 같이 5단계로 구성된다.

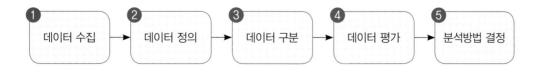

❶ 데이터 수집 → ❷ 데이터 정의 → ❸ 데이터 구분 → ❹ 데이터 평가 → ❺ 분석방법 결정

① 데이터 수집

내부/외부 데이터 수집(상담품질평가자료, VOC 자료, 녹취자료, SNS 등)

유사 데이터 수집(OPEN 데이터 중심)

결측값이 없는 자료를 중심으로 수집

시계열 분석 시행 시 최소 3년간의 데이터 준비

개인정보는 반드시 확인이 안 되게 조치 필요

② 데이터 정의

현재 문제에 대해 정의(상담품질점수 하락, 고객만족도 저하)

데이터 정의는 이해관계자들이 모두 합의하여 결정(데이터 관리자, IT 담당자 필수)

실무를 충분히 고려하여 선정

데이터 수요자를 명확히 설정(직원, 팀장, 센터장)

③ 데이터 구분

문제를 해결할 수 있는 단위로 세분화

목적별 데이터로 구분(해결방안을 미리 선정)

여러 관점으로 데이터 구분(고객, 성과관리, 매출 등)

데이터 중요도에 따라 우선순위 선정

④ 데이터 평가

기 평가 데이터를 참고

각각의 데이터를 비교/대조(2개 이상의 자료 활용)

데이터 관리자의 직관력을 이용하여 예비평가 실시

개략적인 결과를 추정(가설추정)

⑤ 분석 방법 결정

가장 쉽고 빠르게 할 수 있는 분석 방법 선택

1개 이상의 유사분석 결정하여 결과 비교

보고서 작성 방법을 고려한 분석

목표/실제를 비교하여 표현

결과는 간결하게 정리되어야 함

(3) 상담품질 평가 결과 활용 및 보고

1) 모니터링 결과 전달 시 유의사항

평가결과를 바탕으로 구체적인 개선 사항을 해당 직원과 관리자에게 전달하고, 우수 사례에 대한 인정과 보상프로그램을 마련하여 상담품질 향상에 기여할 수 있도록 유도하는 것이 바람직하다.

① 피드백은 일관된 전달 프로세스를 통해 이루어지도록 해야 한다.

② 개선해야 할 사항과 긍정적인 내용을 적절히 섞어서 지도한다.

③ 개선이 시급한 항목 2~3가지를 중점적으로 지도하는 것이 효과적이다.

④ 피드백은 개선이 가능한 행위여야 하며 직원의 개별 인성에 대한 언급은 피해야 한다.

⑤ 종료 전 논의된 개선사항을 달성할 구체적인 날짜(target date)를 정한다.

⑥ 별도의 교육이 필요할 경우 담당 관리자의 구체적인 지도 방안을 논의한다.

2) 상담품질 개선과제 체크리스트 및 이행점검 시 주의사항

상담품질 관련 현황 파악을 통해 모니터링 분석이 이루어지게 되면 운영상의 개선점을 도출하여 향상시킬 수 있으며 현황 자료를 면밀히 분석하다 보면 보다 구체적이고 명확한 개선과제들을 도출해 낼 수 있다.

① 도출된 개선과제들을 목록화(Checklist)하여 이를 지속적으로 실행에 옮겨야 한다.

② 목록화한 체크리스트에 대해서 지속적인 모니터링과 이행 여부 점검이 필수다.

③ 구체적이고 누구나 쉽게 개선과제를 이해할 수 있도록 설정한다.

④ 목록화할 때는 절대 추상적이고 개괄적인 것을 과제화하는 것은 피해야 한다.

⑤ 대부분 기준이나 목표가 불분명하면 해당 팀이나 담당자들이 실행하지 않을 가능성이 높다.

⑥ 예를 들어 강화, 고도화, 최소화, 활성화, 제고 등과 같은 추상적인 개선과제는 절대 도출하지 않도록 한다.

⑦ 개선을 위한 이행점검에는 반드시 구체적인 목표를 정량화하는 것이 필수이다.

⑧ 개선과제를 실행에 옮기는 날짜와 구체적인 주기 또는 회수, 시간 등을 정확히 설정한다.

⑨ 개선과제를 이행했는지 여부를 수시로 확인하고 점검한다.

⑩ 개선과제 이행 여부를 확인하고 이를 인사고과에 반영한다.

상담품질 개선 이행점검을 위한 체크리스트						
개선점	목표	개선과제 및 진행경과	주기/회수	시행 일자	시행완료	담당팀/담당자
고객반론 극복	00점 → 00점	부진자 대상 실시간 모니터링 회수 상황	5회 ▶10회	~	완료	QA/정성회
		최번기 시 부진자 대상 Role playing 진행	주 2회	~	진행중	업무파트 /박경남
해지방어 Skill 향상	00% → 00%	우수 상담원 콜 청취 및 Review 진행	주 3회	~	완료	
		부진자 대상 1:1 집중 코칭 진행	10분/인	~	완료	QA/유애경
		해지관련 유형별 스크립트 배포 및 교육	주 1회	~	완료	QA/윤지욱
교차/상향 판매 강화	00% → 00%	자가모니터링을 통한 개선점 찾기 진행	주 1회	~	진행중	해지방어 파트
		할입 감청을 통한 실시간 코칭 회수 상향	5회/일	~	진행중	QA/소한나
		상담 응대 강화기법 전파 교육	월 1회	~	완료	교육파트 /김정선
		코칭일지 활용을 통한 개별 코칭 진행	주 1회 10분	~	진행중	해당파트/PL

3) 상담품질 평가결과의 활용

고객채널에서 상담품질 결과로 나온 데이터는 다양하게 활용할 수 있으며 다음과 같은
분야에 활용될 수 있다.

활용분야	내용
상담품질 수준진단	현재 운영되고 있는 고객채널의 서비스 및 상담품질 수준을 진단 및 파악하는 통계자료로 활용
교육 및 훈련	직원들의 교육 및 훈련 자료로 활용(성과저조자, 고객불만 유발자와 같은 C-Player와 신입사원 등) 평가 결과에 따른 부진항목의 개선 및 보완 자료로 활용 가능
평가 및 보상	접점직원들의 평가 및 보상 수단으로 활용 상담품질 우수자들에게 대한 평가 및 보상 수단
채용 및 선발	누적된 자료 활용을 통해 직원들의 전반적인 특징(인구통계학적 분석 및 활용→채용 및 선발 시 참고자료로 활용
프로세스 개선	개선되어야 할 조직 내·외부 프로세스 점검 및 개선, 보완 시 활용 고객만족도 또는 생산성, 수익 관련 KPI 향상을 위한 프로세스 개선

4) 모니터링 평가 결과 인정·보상

① 우수한 직원과 팀을 인정하는 프로그램을 운영한다.

② 모니터링 평가 결과 보상은 상담품질 향상에 직간접적인 영향을 미치는 요소를 발굴
해서 이벤트와 프로모션 형태로 진행하는 것이 바람직하다.

③ 우수 직원에 대한 대표적인 인정 및 보상 프로그램은 상담품질 우수 인증서 또는 우
수 접점직원 모니터링 면제 및 보상이다(금전적인 요소와 비금전적인 요소 병행).

④ 우수 직원의 평가 결과는 반드시 구체적인 사유와 함께 공유한다.

⑤ 모니터링 평가 결과는 반드시 매트릭스 분석을 통해 구체적인 내용을 모든 직원들이
볼 수 있도록 공유한다.

⑥ 모니터링 평가(부족한 부분으로 지적된 지표나 항목 개선) 시 구체적으로 우수한 부
분에 대해 칭찬하고 보상한다.

5) 상담품질 모니터링 결과 분석 및 개선과제 도출

① 모니터링 보고서는 공식적인 문서로서 포괄적이며 객관적으로 작성되어야 한다.

② 필요에 따라 일간, 주간, 월간 또는 분기 단위로 보고가 이루어지기도 하는데, 보고 주체 또는 성격에 따라 보고의 형식이나 내용이 달라진다.

③ 결과보고 이전에 분석이 선행되어야 하며 상담품질 모니터링에 대한 현상 파악은 물론 개선안을 제시하여야 한다.

④ 상담품질 보고서 분석을 통해서 상담품질 향상을 위한 코칭은 물론 교육방안을 수립하고 담당 업무 프로세스 개선을 위한 기회들을 도출하여야 한다.

⑤ 보통 모니터링 결과를 통해 필요한 정보를 얻기 위해서는 주간 또는 월간 단위의 모니터링 결과, 계절적인 영향 및 이벤트적 요소들을 반영한 월별 트렌드, 근속기간별 모니터링 결과 점수 추이는 물론 업무유형별 팀에 대한 점수 및 특이사항과 상담의 유형 및 모니터링 항목별 추이, 교육진행 회수, 코칭 내역 등 다양한 현황자료가 필요하다.

⑥ 도출된 개선과제들을 목록화(Checklist)하여 이를 지속적으로 실행에 옮겨야 한다.

⑦ 개선과제를 목록화한 후 지속적인 모니터링과 이행 여부 점검이 필수적이다.

6) 상담품질 보고서 구성

월간 상담품질 보고서의 구성 및 주요 내용은 아래와 같다.

구성	내용
핵심요약(Executive Summary)	보고서 전반의 핵심을 요약 정리 – 상담품질 활동결과 및 향후 예정계획 – 특이사항 및 시사점 등 핵심을 간단명료하게 정리
당월 상담품질 활동결과 및 분석	– 종합 상담품질 평가결과, 평가항목별 진단결과 – 각 팀별 비교 및 전월 목표대비 비교 등 – 업무 부문별 점수 구간별 분석 – 분석결과를 통한 개선과제 이행점검 결과 – 코칭 진행결과(팀/개인별, 실적 부진자, 민원 유발자 대상) – 조직 주요 활동사항(프로모션, 스크립트, 모니터링 등) – 모니터링 개선을 위한 활동 Review(문제점 및 개선방안 등)
익월 상담품질 활동 계획	– 익월 상담품질 운영 계획(평가/코칭/주요 활동계획) – 상담품질 교육/코칭 관련 세부일정 및 기타 진행 예정업무 – 생산성/상담품질 목표 및 달성계획(프로모션 계획 포함)
기타 특이사항 및 제안사항	– 상담품질 활동 시 특이사항 또는 제안사항 정리 * 평가항목 및 평가기준 변경 등의 의사결정사항 * 타 부서와의 커뮤니케이션 및 요청사항 * 프로세스, 교육, 평가
별첨(Appendix)	– 직원별/팀별 모니터링 평가점수 – 교육/코칭 진행 결과 – 항목별 평가분석 결과 등

7) 상담품질 보고서 작성 시 고려사항

① 상담품질 보고서는 월간 단위로 작성되는 것이 일반적이다.

② 상담품질 보고서는 일반적으로 핵심사항을 요약해 놓은 장표를 시작으로 당월 상담품질 활동결과 및 분석, 익월 상담품질 활동계획, 기타 특이사항 및 제안사항, 첨부의 형태로 구성된다.

③ 당월 상담품질 활동결과 및 분석과 익월 상담품질 활동계획은 반드시 포함되어야 한다.

④ 당월 상담품질 활동결과 및 분석에서는 종합 상담품질 평가결과와 각 평가항목별 진단과 함께 모니터링 조직의 주요 활동사항을 포함하여 내용을 구성하여야 한다.

⑤ 추가적으로 모니터링 분석을 통해 도출된 상담품질 개선과제들에 대한 이행 여부 결과도 포함하면 보고서의 내용 및 구성 자체가 풍부해진다.

⑥ 익월 상담품질 활동계획에서는 생산성 및 상담품질 목표와 함께 달성계획이 포함되어야 한다.

⑦ 목표달성을 위해 시행되어야 하는 각 업무별 실행계획과 함께 필요한 자원들을 포함해야 한다.

8) 타사 모니터링 조사 결과보고서 구성

구성	내용
핵심요약	보고서 전반의 핵심 요약 정리
조사개요	– 조사 목적 및 방법 * 모니터링 건 표본 수 * 내부 자체 모니터링 조사/외부 용역을 통한 모니터링 조사 여부 * 모니터링 평가표 구성 및 평가항목과 비중(Weight) 조정 등 – 조사 대상 및 조사 기간
종합평가 결과	– 종합점수 결과 – 각 항목별 점수 비교 및 분석(업무능력/업무 요소별/세부항목별) – 동업 타사의 특징 및 차별성/벤치마킹 포인트
요약 및 결론	– 모니터링 결과 분석을 통한 이슈 및 시사점 – 현황 파악을 통한 개선요소 도출 * 평가표 변경 시 적용 검토 * 추진과제 선정
첨부(Appendix)	– 평가표 및 동업 타사 항목별 평가 사례 등 – 동업 타사 서비스 현황 및 질문 시나리오

9) 타사 모니터링의 특징

① 보통은 분기별 또는 반기별로 진행되는 것이 일반적이나 상황 및 목적에 따라 일간, 주간, 월간 단위로 이루어지는 경우도 있다.

② 경쟁사를 대상으로 하는 것이 대부분이지만 동종업계가 아닌 상담품질이 우수한 다

른 업종의 고객채널을 대상으로 모니터링을 하는 경우도 있다.

③ 동업 타사의 동향을 분석하고 이를 통해 상담품질 전략을 개선함은 물론 동업 타사의 응대 수준을 파악함으로써 상담품질에 대한 상향평준화를 목적으로 진행하기도 한다.

④ 타사 모니터링은 경쟁사와 동일한 목적을 가지고 진행하는데 벤치마킹 성격이 강하다.

⑤ 타사 모니터링의 경우 고객응대 수준 파악을 통해 정확한 자가진단 및 개선방안을 마련하여 자사 수준을 향상시키고자 하는 의도가 강하다.

⑥ 경쟁사 모니터링의 경우 상담품질관리조직에서 자체적으로 진행하는 경우도 있으나 외부 대행업체에 의뢰하는 경우도 있다.

⑦ 외부업체에 의뢰하는 경우 객관성 확보가 가능하고 내부에서 보지 못하는 자사 상담품질의 장단점 또는 문제점 분석을 통해 개선안 도출이 비교적 용이하다.

⑧ 타사 모니터링은 모니터링 활동을 통해 장단점과 문제점을 파악하고 이에 대한 내부 직원들의 수준을 향상시키기 위한 상담품질관리 활동의 일부라고 할 수 있다.

고객응대를 위한 핵심 도구

(1) 응대 스크립트

1) 스크립트의 정의

스크립트(Script)의 사전적 정의는 영화나 방송의 대본과 각본 따위의 방송 원고를 의미하며 라틴어로 'Script'는 '쓰다'라는 뜻으로 인지 심리학(Cognitive Psychology)에서는 어느 한 사건이 발생했을 때 일반적으로 일어나는 행동의 순서를 의미한다.

① 가장 기본적인 고객 커뮤니케이션 도구

② 고객 응대 시 기준이 되는 지침(Guideline)

③ 고객과의 응대 시 사전에 필요한 내용을 규격화 및 표준화

④ 서비스의 수준을 균일하게 유지

⑤ 지속적인 보완과 점검을 통해 고객만족과 기업의 사업 성과에 기여

2) 응대 스크립트의 목적

① 응대의 최종 목적이나 목표를 간과해 버리지 않기 위한 지침

② 응대에 대한 거부감 방지 및 무리 없는 고객 응대 흐름을 지도

③ 신입 직원들의 두려움 제거 및 자신감과 함께 업무 매너리즘 방지

④ 업무 순서의 명확화 및 표준화는 물론 신규 업무형태에 적응 용이

⑤ 주기적인 점검에 의해 개인의 업무 및 응대스킬 향상에 기여

⑥ 접점 운영의 균질성 및 직원 상담 능력의 일정 수준 유지

3) 국내 응대 스크립트의 문제점

① 응대 스크립트 개발에 대한 프로세스의 부재

② 주기적이고 지속적인 업데이트의 미흡

③ 이용의 편의성이나 활용도가 떨어지는 응대 스크립트의 구조

④ 응대 스크립트 개발 시 목적의 불분명함

⑤ 활용에 따른 성과 분석 및 개선에 대한 피드백 부재

⑥ 고객 응대에 부적절하게 사용되는 언어 표현(미사여구 또는 사물존칭 등) 및 어법

⑦ 연역적인 방법에 의한 응대가 아닌 귀납적인 방법에 의한 스크립트 작성

4) 스크립트 유형 및 주요 내용

응대 스크립트를 설계할 때는 현재 수행하고 있는 업무 및 상황적인 특성에 맞게 차별화된 응대 스크립트를 통해서 인바운드 및 아웃바운드 상담의 효과성을 제고하는 방향으로 작성되어야 한다.

• 인바운드 스크립트

① 고객이 직접 기업에 필요한 정보나 문제해결을 위해 접촉할 경우 이에 대한 체계적이고 효과적인 응대에 필요한 스크립트이다.

② 대표적으로 주문접수, 문의, 접수, 예약, 불만처리, 상향/교차판매, 다양한 정보제공 등이 있다.

③ 고객주도형의 업무 수행으로 인해 아웃바운드에 비해 상대적으로 수동적이다.

④ 정형화된 스크립트가 나오기 힘들며 다양한 형태의 스크립트가 존재한다.

⑤ 업무 수행에 필요한 지속적인 교육이나 지식관리시스템이 뒷받침되어야 한다.

- 인바운드 응대 스크립트의 특징

① 인바운드 스크립트는 보통 FAQ 형태로 작성하기도 하지만 의사결정 트리 형태와 병행한다.

② 업무 유형 분석을 통해 발생빈도나 복잡성이 높은 유형은 별도로 완성된 스크립트를 활용하거나 시스템화하는 것이 바람직하다.

③ 일반적이며 단순문의 내용은 FAQ 형태를 유지하는 것이 바람직하다.

④ 응대 스크립트를 활용하는 직원의 조회 편의성은 물론 활용적인 측면에서도 유리하다.

⑤ 업무가 복잡하고 빈번하게 발생하며 목적이 명확한(교차/상향 판매, 해지 방어, 가입 유도 등) 업무 진행 시 의사결정 트리(Decision tree) 형태의 스크립트가 적합하다.

- 아웃바운드 스크립트

① 기업이 목적하고 필요한 바를 얻어 내거나 다양한 고객 접촉채널을 통해 커뮤니케이션하기 위해 필요한 스크립트이다.

② 판매, 해지 방어, 시장조사, 교차 및 상향 판매 권유, 휴면고객 활성화, 해피콜 시행, 고객 유지 등의 활동에 활용한다.

③ 기업(직원)주도형의 업무 수행으로 인해 인바운드 업무보다 적극적이고 능동적이다.

④ 인바운드(Inbound)보다는 내용 구성상 자유롭고 변형된 스크립트의 허용이 가능하다.

- 아웃바운드 스크립트의 특징

① 업무 특성상 FAQ 형태보다는 의사결정 트리 형태의 스크립트 활용이 일반적이다.

② 명확한 의사 전달 및 업무의 효율성을 위해서 의사결정 트리 형태의 스크립트를 활용한다.

③ 긍정과 부정의 답변이 필요한 업무 유형의 특성상 의사결정 트리 구조가 가장 효율적이다.

④ 사용하는 단어나 어휘의 선택에 따라 결과(Output)가 달라질 수 있으므로 신중해야 한다.

⑤ 업무 유형별로 필요시 고객 반응에 따른 적절한 혜택 제공 및 반응 데이터 저장을 통해 업무 효과성 향상을 제고한다.

5) 스크립트의 구성 요소 및 주요 구성 내용

스크립트는 도입(Opening) – 본문(Body) – 마무리(Closing) 형태로 구성되며 업무 형태나 대상고객이 누구냐에 따라 구성이나 내용이 달라진다.

구분	인바운드 스크립트	아웃바운드 스크립트
도입 (Opening)	• 인사 및 자기 소개 　– 소속 및 본인 이름 　– 고객 본인 여부 확인 • 기본적인 고객 정보 확인 　– 이름, 주소, 전화번호 등	• 인사 및 자기 소개 　– 소속 및 본인 이름 • 고객 본인 여부 확인 　– 고객의 의사결정권자 여부 정확히 파악 • 상담 가능 및 시간 허용 여부 확인
본문 (Body)	• 문의 내용 파악을 위한 탐색 • 질문 진행(경청/반복 재확인) • 고객 문의에 따른 정보 제공 • 해결방안 제시 및 안내 　– 고객 상황에 맞는 응대 　– 고객 반론 극복 • 상황에 따른 추가 문의 및 기회 포착 • 접수 및 처리 내용 재확인	• 용건과 정보 전달 및 수집 　– 짧고 간단하게 설명 • 탐색 질문 　– 해당 목적에 따른 설명 및 제안 　– 정보제공 및 혜택 제공 • 고객 반론 극복 및 해결책 제시 　– 거절 극복, 권유 및 설득 　– 혜택 및 추가 정보 제공
마무리 (Closing)	• 통화 내용 확인 • 필요에 따라 응대 만족 여부 체크 • 추가 문의사항 확인(플러스 원) • 끝맺음 인사(소속 및 이름)	• 상담 내용 확인 • 지속적인 관심 및 유지 부탁 • 시간 허용에 대한 감사 • 끝맺음 인사(소속 및 이름)

6) 스크립트 작성 시 이용 편의성의 이해

스크립트에 있어 이용 편의성을 높인다는 것은 상담 시간을 절약하며 응대하는 직원의 피로도를 감소시키는 등 최종 사용자의 만족도를 향상시켜 운영상의 효율성을 증대하며 고객으로 하여금 체계적이고 신속(,) 정확한 응대가 이루어지게 함으로써 고객만족도를 높이는 것이다.

① 일반적으로 활자를 읽을 때의 시선을 살펴보면 좌에서 우로, 위에서 아래로 읽는다.

② 이는 대부분 사람들이 어려서부터 받아 온 교육 및 학습화의 결과이다.

④ 오른쪽보다는 왼쪽을, 아래쪽보다는 위쪽에 중요한 내용이나 핵심이 되는 내용을 배치하는 것이 바람직하다.

⑤ 스크립트를 작성할 때는 중요한 내용이나 핵심이 되는 사항은 시선이 오래 머물고 집중도가 상대적으로 높은 왼쪽과 위쪽에 배치한다.

7) 시각적 구조화에 근거한 스크립트의 구성 및 배치

① 스크립트의 이용 편의성을 위해 스크립트 작성 시 시각적으로 부분적 요소나 내용이 서로 연관되어 있어 통일된 느낌을 주어야 하는데, 이를 '시각적 구조화'라고 한다.

② 효율적이고 체계적인 응대 스크립트를 위해서 스크립트의 이용 편의성은 물론 탄력적인 대응이 가능하도록 설계되어야 한다.

③ 직원들의 이용 편의성을 위해 스크립트는 시각적 구조화를 고려하여 작성한다.

④ 시각적 구조화의 구성 요소는 핵심 지침 및 가이드 영역, 상담/응대 영역, 상담/응대 지원 영역 등 3가지 영역으로 구성된다.

⑤ 응대 목적의 명확화를 위해 스크립트 상단에 상담 시 주의 사항 및 필수 사항을 기재하고 스크립트 왼편에는 상담 진행을, 오른편에는 고객 응대 시 예상되는 질문에 대한 답변 및 혜택 등을 명시해 신속한 상담이 이루어질 수 있도록 해야 한다.

구성 영역	주요 내용
핵심 지침 및 가이드 영역	상담 목적의 명확화를 위한 핵심 내용을 포함하며 일관된 응대 흐름을 위한 가이드 및 지침 역할을 수행하는 영역
상담/응대 영역	고객과의 응대 흐름이나 절차 및 내용이 구체적으로 반영되는 영역이며 핵심 포인트 영역에서 제시한 가이드 및 지침에 해당하는 세부적인 내용이 포함되어 있는 영역
상담/응대 지원 영역	말 그대로 상담/응대 영역의 지원 및 부가적인 내용을 보완해 주는 영역으로 예기치 못한 질문, 고객 반론 제기 및 해당 상담 연관 질문에 대한 원활한 응대를 할 수 있도록 지원해 주는 영역

고객 응대 서비스와 운영 실무

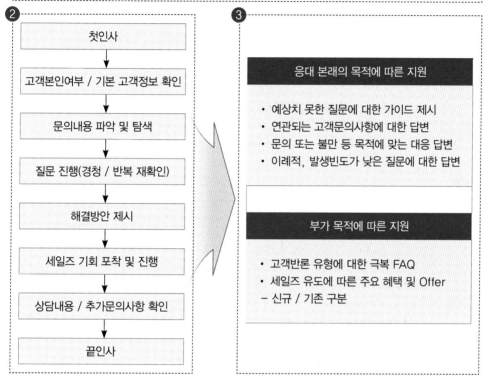

① 핵심 지침 및 가이드 영역, **②** 주요 상담 / 응대 영역, **③** 상담 / 응대지원영역

8) 스크립트 작성 방향성

스크립트를 작성할 때는 몇 가지 방향성과 원칙을 가지고 작성하여야만 스크립트에 대한 활용도는 물론 본래의 목적에 부합하는 결과물을 도출할 수 있다.

① 이용 편의성을 고려한 구조화된 스크립트 작성

② 응대에 필요한 정보와 영향력을 고려하여 작성

③ 간단명료하고 핵심 위주의 작성

④ 귀납이 아닌 연역적인 방식으로 스크립트 전개

⑤ 설득을 이끌어 낼 수 있음은 물론 논리적인 흐름의 전개

9) 스크립트 작성 절차

• 스크립트 작성 계획

① 스크립트 용도 및 목적(Information과 Influence)

② 스크립트 형태(인바운드/아웃바운드)에 따른 주제 선정

③ 활용부서 및 대상자

④ 기타 작성 계획에 포함되어야 할 내용

    – 스크립트를 통해 전달하려는 메시지

    – 스크립트 활용 대상 및 목적

    – 작성 시 유의 사항

    – 스크립트를 통한 기대효과

    – 스크립트에 포함되어야 할 핵심 내용

• 작성에 필요한 정보 수집

① 스크립트 용도에 알맞은 관련 정보 수집

② 제공되어야 할 정보 및 문제해결을 위한 대안

③ 내부 고객 정보 및 보고서나 각종 시스템 통해 산출된 데이터 활용

④ 관련 부서 및 전문직원 인터뷰

• 스크립트 개요 및 초안 작성

① 스크립트에 대한 개요

② 스크립트에 반영해야 할 핵심 내용(구성 및 내용)

③ 영역별 작성 순서 선정

④ 스크립트의 구조 또는 상관관계 고려

⑤ 육하원칙에 의거하고 핵심 메시지 위주로 작성

고객 응대 서비스와 운영 실무

- 스크립트 작성

① 초안에 근거하여 스크립트 작성

② 용도별 스크립트에 포함되어야 할 내용 반영

③ 주요 응대에 관한 화법 및 Soft skill 반영

④ 주요 내용 확인

- 개선, 보완 및 수정

① 주어진 용도나 목적에 맞게 작성되었는지 여부 검토

② 추가적으로 보완해야 할 내용 여부 검토 및 작업

③ 잘못 사용된 표현이나 오탈자 수정

④ 맞춤법 및 표현의 적절성

(2) 역할연기(Role playing)

1) 역할연기의 이해 및 활용범위

① 역할연기는 직원들이 각각 고객과 접점직원의 입장에서 연기를 해 봄으로써 상대방의 입장을 이해하고 실제 상황에서 원활한 커뮤니케이션을 이루기 위한 고도의 기법이다.

② 역할연기는 신입사원뿐만 아니라 기존 사원에게까지 활용되는 교육 도구로서 활용범위가 아주 넓다.

③ CS 측면과 제품 출시에 따른 가입 및 상품 안내, 해지방어 교육 및 훈련에도 활용 가능하다.

④ 민원을 유발하거나 민원을 사전에 예방하는 차원에서 이루어지는 역할연기까지 아주 다양하다.

⑤ 가상 고객과의 통화를 통해 업무 이해는 물론 실제로 반복 연습을 통해 실전감각을 익힌다.

⑥ 연습을 통해 발생할 수 있는 잘못된 부분을 사전에 개선 및 보완한다.

⑦ 업무 수행 시 자신감은 물론 응대에 적극성을 갖게 하는 등의 바람직한 결과를 낳는다.

⑧ 역할연기를 통해 직원의 태도 및 화법이 변화될 수 있으며, 특수 업무를 수행하는 직원들에게는 간접 경험을 함으로써 더욱 안정되고 세련된 업무를 수행할 수 있도록 도움을 준다.

2) 역할연기의 중요성

① 스크립트에 대한 구체적인 실행 역할의 도구

② 상황별 응대 개선을 위한 모방, 관찰, 피드백, 분석 및 개념화를 통한 입체적 학습

③ 고객의 입장에서 다양한 상황 연출 및 문제 해결을 위한 방안 제시

④ 대상 직원에 대한 제3자의 객관적인 피드백 결과 도출

⑤ 간접적인 경험을 함으로써 더욱 안정되고 세련된 업무 수행 가능

⑥ 고객 상황의 이해는 물론 반복 연습을 통한 안정적인 응대 가능

3) 역할연기의 장점

① 역할연기 연습 자체가 교육 효과를 내며 참여자 간의 유대 및 친근감 강화

② 가상 고객과의 응대 연습을 통해 업무를 이해시키고 반복 연습을 통해 실전감각 체득

③ 타인의 역할연기에 대한 관찰을 통해 아이디어나 영감을 얻을 수 있음

④ 고객 응대 시 잘못된 부분을 사전에 개선 및 보완할 수 있으며 자신감 및 적극성 함양

⑤ 실제 상황과 동일한 현장감 있는 교육이나 실습 가능

⑥ 간접적인 경험을 통해 안정적이고 세련된 업무 수행이 가능

⑦ 고객의 입장에서 다양한 상황 연출 및 문제해결을 위한 방안 제시

4) 역할연기의 단점

① 준비하는 데 시간이 걸리고 역할연기가 잘 이루어지지 않을 경우 오히려 역효과 발생

② 실제 상황이 아니므로 역할연기 참여자들이 장난을 치거나 집중력이 분산될 우려가 있음

③ 교육 효과의 정확한 평가 및 측정의 어려움

④ 사전 준비를 하는 데 있어 시간 소요 및 참가자들 간 역할에 따라 교육 효과의 차이 발생

5) 역할연기 프로세스

접점채널의 역할연기는 다양한 형태로 진행되지만 보통 아래와 같은 프로세스에 입각해서 진행됨

순서	주요 내용
준비	• R/P의 필요 상황 설명 • 상황설정 및 역할분담 • 유형별 스크립트 연습
시현	• 역할연기 시행 • 역할 교환 및 녹음, 녹화 • 역할연기 행동 관찰 기록
평가	• 역할연기 평가표에 항목별 체크 • 녹음, 녹화된 내용 리뷰 • 관찰 결과에 대한 평가 • 잘된 점, 부족한 점 개선 및 보완사항 발표 및 공유
피드백	• 평가에 대한 피드백 제공 • 스크립트 수정 및 반복 • 체화 시까지 지속적인 역할연기 반복 시행

6) 역할연기의 종류 및 특징

① 역할연기는 보통 그림자 역할연기, 그룹별 역할연기, 관찰 역할연기 등 3가지 종류가 있다.

② 그림자(가상) 역할연기는 직원이 거울을 보고 가상의 고객이 바로 앞에 있다고 생각하고 표정이나 동작, 미소 등을 봐 가면서 시행하는 1인 역할연기 방법이다.

③ 그룹 역할연기는 말 그대로 3인 이상의 사람들이 각각의 역할을 분담해 시행하는 방법으로 가장 기본적이며 자주 사용되는 방법이다.

④ 상황을 2개로 나누어 역할연기를 진행하며 상황을 비교해 가며 장단점을 파악할 수

있다.

⑤ 관찰 역할연기는 직원, 고객 역할을 각 1명씩 두고 관찰자를 2명 이상 선정해 이들로 하여금 상담 내용을 철저히 관찰하게끔 하는 역할연기 방식이다.

⑥ 관찰자는 직원이 고객의 니즈나 요구를 제대로 파악하고 있는지, 상황에 맞게 응대하고 있는지 등을 모니터링한다.

⑦ 이러한 관찰을 통해 잘한 점과 못한 점 그리고 개선이나 보완이 이루어져야 할 점들에 대해서 참석한 사람들에게 알려 주거나 결과를 공유하도록 하는 방법이다.

고객 응대 서비스와 운영 실무

01. 상담 서비스품질과 상담품질관리에 대한 설명으로 바르지 않은 것은?

① 상담 서비스품질은 고객만족의 후행변수로서 기능한다고 할 수 있다.

② 상담 서비스품질은 접점채널로서의 고객에게 제공되어야 할 전체적인 서비스 수준이다.

③ 서비스품질 표준화를 통한 서비스 향상을 실현할 수 있는 총체적인 커뮤니케이션 활동이다.

④ 상담품질관리 활동은 접점에서 고객에게 표준화된 서비스를 제대로 이행하는지 여부를 점검하고 이에 대한 개선이나 보완, 유지 및 관리하는 활동이다.

02. 4차 산업혁명시대 고객상담품질관리 방향성에 대한 설명으로 바르지 않은 것은?

① 꼼꼼한 오류 체크는 물론 모니터링 본질에 가까운 평가 중심의 관리가 이루어져야 함

② 단순한 평가중심이 아닌 개선 및 보완 지향적인 모니터링 관리

③ 재인입(재방문) 상담건, 불만상담 같은 부정적인 상담의 특징 및 공통점 분석을 통한 개선

④ 단순 평가만이 아닌 객관적인 평가 결과를 토대로 상품과 서비스 같은 전사 품질 향상에 주목

▶ 해설 : 모니터링의 본질은 평가보다는 개선 및 보완을 중심으로 이루어져야 하는 활동이다.

03. 상담품질관리의 이점 중 고객측면의 이점이라고 보기 어려운 하나는?

① 표준화된 서비스 경험

② 신뢰 및 서비스 만족도 향상

③ 불필요한 시간 및 비용 감소

④ 균일하고 표준화된 상담품질 유지

04. 상담품질관리 조직의 주요 업무라고 보기 어려운 것은?
① 고객과의 응대업무 모니터링 및 평가
② 상담품질 향상을 위한 시스템 개발 및 유지 보수관리
③ 모니터링을 통한 상담품질 업무 프로세스 개선
④ 접점직원의 서비스품질 기준 수립 및 서비스 표준화

05. 국내 고객채널 상담품질관리의 대표적인 문제점이 아닌 것은?
① 고객 상담품질관리 전략 및 목표의 부재
② 상황을 고려하지 않은 감점 위주의 평가제도
③ 평가를 위한 평가가 아닌 개선 및 보완 중심의 관리
④ 모호하고 객관성이 결여된 평가기준

▶ 해설 : 국내 고객채널 상담품질관리는 질보다는 양적 중심의 관리가 이루어지고 있으며 개선 및
보완보다는 평가를 위한 평가가 많이 이루어진다.

06. 국내 주요 고객채널의 상담품질 향상 방안에 대한 설명으로 틀린 것은?
① 평가의 유연성 확보를 통한 이의제기 프로세스 폐지
② 상담품질 평가항목 간소화 및 실시간 모니터링 평가 비중 확대
③ 코칭 및 피드백보다는 업무전환이나 패널티 중심의 평가 제도 확대
④ 주관적인 평가 유지 및 주요 평가 지표 수시 변경을 통한 적응력 향상

07. 상담품질관리 향상을 위한 실행 방안 중 스크립트 보완과 관련하여 **틀린** 설명은?

① 긍정적인 고객경험을 위한 언어 선택 및 화법 개발

② 미사여구를 줄이고 신속 · 정확한 서비스를 위한 스크립트 개선

③ 직원의 이용 편의성을 고려한 시각적 구조화

④ 연역이 아닌 귀납적인 방식의 스크립트 내용 전개

▶ 해설 : 신속 · 정확한 서비스를 선호하는 성향을 고려하였을 때 귀납이 아닌 연역적인 전개가 바람
직하다.

08. 고객 상담 서비스 모니터링의 목적이라고 보기 **어려운 것은?**

① 고객채널 상담 서비스품질관리

② 고객 상담을 위한 스크립트와 응대 매뉴얼 개선 및 보완

③ 접점직원 교육 및 훈련, 평가

④ 접점직원의 불만요소 분석 및 개선

09. 고객 관점에서의 서비스 품질평가 중 성격이 **다른 하나는?**

① FGI(Focused Group Interview) 조사

② 고객만족도조사(CSI)

③ 미스터리 콜 및 미스터리 쇼퍼

④ 전화 및 서면 인터뷰

▶ 해설 : 미스터리 콜 및 미스터리 쇼퍼는 조직적인 관점의 서비스 품질평가다.

10. 모니터링 평가표의 구성 및 특징에 대한 설명으로 바르지 않은 것은?

① 업무 목적에 부합하는 몇 가지 핵심 항목으로 평가하는 것이 자원의 낭비를 최소화하면서도 업무의 효율성을 확보할 수 있다.

② 모니터링 평가표는 고객채널 또는 기업의 상담품질 수준을 가늠할 수 있는 잣대이므로 가변적인 것이 아니라 고정적이어야 혼선을 줄일 수 있다.

③ 평가 기준이 명확해야 하며 너무 주관적이어서 평가하기 곤란하거나 평가 결과에 따라 직원들이 이의를 제기하기에 충분한 평가항목 및 기준은 피해야 한다.

④ 고객채널마다 기준이 다르기는 하지만 보통 정보제공능력, 업무처리능력, 체감만족도를 주로 평가하는 것이 일반적이다.

11. 모니터링 평가표 작성 절차를 바르게 나열한 것은?

> (ㄱ) 업무 유형 특성에 따른 목표 설정 및 지침 마련
> (ㄴ) 평가항목에 대한 배점/비중
> (ㄷ) 평가항목에 대한 테스트와 수정·보완
> (ㄹ) 모니터링 평가표의 현장 적용
> (ㅁ) 목표 및 가이드 라인에 맞는 평가항목 설정
> (ㅂ) 구체적인 평가기준 설정

① (ㄱ)-(ㅁ)-(ㄴ)-(ㅂ)-(ㄷ)-(ㄹ)

② (ㄱ)-(ㄴ)-(ㅁ)-(ㅂ)-(ㄷ)-(ㄹ)

③ (ㄱ)-(ㄴ)-(ㅁ)-(ㄷ)-(ㅂ)-(ㄹ)

④ (ㄱ)-(ㅁ)-(ㄴ)-(ㄷ)-(ㅂ)-(ㄹ)

12. 적정 모니터링 평가 건수 산정 시 고려요소로 <u>보기 힘든</u> 것은?

① 새롭게 도입된 프로세스나 기존 것에서 변경된 프로세스

② 해당 업종의 특성이나 업무의 종류 및 성격 또는 목적성

③ 상담직원의 유형 및 인구통계학적인 변수에 따른 특징

④ 직원의 숙련도 및 조직이 정한 목표에 도달하기 위해 필요한 평가항목

13. 아래에서 설명하고 있는 상담품질 모니터링 유형은 무엇인가?

- 청취 회수에 대한 제약이 없고 모니터링이 가능한 좌석이라면 어디서든 들을 수 있다.
- 시간에 대한 유연성 확보가 가능하고 세분화된 피드백을 제공해 줄 수 있다.
- MP3파일 형태로도 제공이 가능해 휴대가 용이하고 저장이 간편하다.

① 녹취를 통한 모니터링 방식

② 원격 모니터링 방식

③ 동석 모니터링 방식

④ 자가 모니터링 방식

14. 실시간 모니터링을 해야 하는 이유에 대한 설명으로 <u>바르지 않은</u> 것은?

① 실시간으로 평가하기에 자주 실수하거나 누락하는 것을 파악할 수 있다.

② 단순 녹취에 의한 평가보다 평가시간이 짧아 업무 부담이 줄어든다.

③ 상담품질 모니터링 대상 건수가 늘어나 평가의 객관성이 확보된다.

④ 즉시성이 있지만 즉각적인 조치나 피드백이 이루어지기 힘들다.

15. 실시간 모니터링 평가 시 고려사항으로 <u>바르지 않은 것은</u>?
① 사전에 상담품질관리자들이 모여 공동평가를 진행하여 평가의 갭 발생을 최소화한다.
② 핵심평가 항목은 정보제공능력과 문제해결능력이 주를 이루도록 한다.
③ 모니터링 평가항목을 늘리고 불필요한 항목을 제거한다.
④ 기간을 정하고 점차 실시간 모니터링 평가 비중을 늘리는 것이 부작용을 최소화할 수 있다.

▶ 해설 : 실시간 모니터링 평가를 위해서는 핵심 항목 위주로 모니터링 항목을 최소화해야 한다.

16. 국내 SNS, e-mail 응대의 문제점이라고 <u>할 수 없는 것</u>은 무엇인가?
① SNS 및 e-mail 응대에 대한 모니터링활동 미흡
② e-mail의 경우 생산성 지향의 템플릿 의존도가 낮음
③ SNS 및 e-mail 응대기준 및 평가기준 미흡
④ 발송 전 정확성을 위한 사전체크(검토)에 대한 프로세스 부재

▶ 해설 : e-mail 응대의 경우 효율성 및 생산성을 위해 템플릿 의존도가 높다.

17. 메일 응대 품질을 위한 평가 기준이라고 <u>보기 힘든 것</u>은?
① 이모티콘이나 통신어체 또는 구어체의 적절한 사용
② 핵심 위주의 간결한 표현과 쉬운 단어 및 문장 활용
③ 메일에 특정 설정 단어가 있을 때 파일 첨부 여부 확인하는 옵션 활용 여부

④ 시니그처 삽입 여부 확인(접촉한 센터 또는 부서와 이름 및 연락처 등)

▶ 해설 : 이모티콘이나 통신어체 또는 장난스러운 어체의 사용은 금지하며 이러한 용어를 사용하는 것은 신뢰감을 저하시키고 기본적인 매너를 망가뜨리는 요소로 작용한다.

18. 문자 및 채팅 응대 모니터링 현황 및 평가항목 방향성에 대한 설명으로 <u>바르지 않은</u> 것은?

① 문자나 채팅에 대한 응대가 많지 않아 1명이 여러 명의 고객을 대상으로 상담을 진행한다.

② 신속함이 핵심이므로 템플릿이나 이미 마련된 FAQ를 중심으로 응대가 이루어지고 있다.

③ 채팅 상담서비스 기술의 발달로 인해 1:N 상담이 가능해 멀티태스킹 능력이 중요한 역량이다.

④ 콜센터 모니터링 평가처럼 문자나 채팅의 경우 정형화된 평가항목이 마련되어 활용되고 있다.

19. 고객응대 도구로서의 문자 관련 주요 평가항목이라고 <u>보기 어려운</u> 것은?

① 고객정보를 통한 분석 능력 및 업무 프로세스의 이해 여부

② 고객의 불만 또는 표현상의 문제를 야기시키는지 여부

③ 고객이 요청하는 지식이나 정보가 정확하게 제공되는 여부

④ 고객의 배려 및 호응과 제대로 된 정보에 대한 고객의 체감만족도

20. 채팅 상담에 대한 설명으로 바르지 않은 것은?

① 예기치 못한 상황의 발생 및 1:N 방식으로 응대하므로 순발력이 뛰어나야 한다.

② 전화나 문자와는 다른 커뮤니케이션 방법이므로 고객 눈높이에 맞는 유연한 응대가 필수이다.

③ 전화 응대와는 달리 1:N 형태로 고객을 응대하므로 멀티 태스킹 능력은 필수이다.

④ 국내에는 채팅 상담에 대한 표준화가 마련되어 있으며 핵심이 되는 것은 정확한 타이핑이다.

▶ 해설 : 채팅상담에 대한 표준화는 마련되어 있지 않으며 멀티 태스킹 능력과 순발력 그리고 언어 표현 및 문장 작성능력이 뛰어나야 하고 정확한 타이핑이 중요한 요소이다.

21. 상담품질 분석을 할 때 오차의 발생 원인으로 바르지 않은 것은?

① 측정하고자 하는 측정개념을 잘못 이해하는 경우

② 상담품질 피평가자에 대한 성향을 잘못 파악하는 경우

③ 측정시점의 피평가자의 단기적인 변화

④ 모니터링 평가표에 항목이 많은 경우

▶ 해설 : 모니터링 평가표에 항목이 많은 것이 오차가 발생하는 원인이 되지는 않는다.

22. 아래에 설명하고 있는 것은 분석 척도의 유형 중 어느 척도에 해당하는 것인가?

- 속성에 따른 양적 차이를 나타내는 척도
- 척도점 간의 간격이 일정한 척도이며, 속성에 양적인 부분이 존재
- 척도 값에 0을 부여하나 절대 영점은 아님
- 많은 정보(간격, 차이정보) 등을 포함하고 있어 정하고 다양한 분석이 가능

- 예시: 온도(섭씨, 화씨), 주가지수, 물가지수, 출산지수

① 순위척도　　　　② 명목척도　　　　③ 등간척도　　　　④ 비율

23. 고객만족도를 측정할 때 타당도에 대한 설명으로 바르지 않은 것은?

① 측정하고자 하는 개념이나 속성을 정확히 측정 여부
② 내적 타당도는 특정한 결과에 차이를 가져오는가, 가져오지 않는가 하는 데 초점
③ 고객만족도 측정 시 고객만족도 평가점수가 타당도의 지표
④ 타당도가 높으면 신뢰도가 오히려 낮아짐

▶ 해설 : 신뢰도는 일관성 있게 측정되는 정도이며, 타당도는 측정하고자 하는 개념을 정확히 측정
하는 정도이므로 타당도가 높으면 신뢰도가 확보된다.

24. 모니터링 결과 전달 시 유의사항으로 바르지 않은 것은?

① 피드백은 일관된 전달 프로세스를 통해 이루어지도록 해야 한다.
② 개선해야 할 사항과 긍정적인 내용을 적절히 섞어서 지도한다.
③ 개선이 시급한 항목 2~3가지를 중점적으로 지도하는 것이 효과적이다.
④ 피드백은 개선이 가능한 행위여야 하며 직원의 개별 인성에 대한 적절한 언급이
바람직하다.

25. 아래 상담품질 설문지 분석은 어떤 분석 방법인가?

구분	문항수	평균	표준편차	왜도	첨도
CS만족도	6	0.9293	0.8142	0.8865	0.9921
상담과정품질	6	0.8858	0.7227	0.8048	0.1902
결과품질	9	0.9763	0.9114	0.9674	0.1901
상담환경품질	4	0.9332	0.7775	0.9046	0.5677
상담사 신뢰	4	0.9609	0.8601	0.9457	0.3851
기업신뢰	3	0.8866	0.6617	0.8321	−0.1833
센터이용의도	3	0.9023	0.7523	0.8347	−0.0444

① 기술통계분석　　② 상관분석　　③ 연관성분석　　④ 시계열분석

26. 상담품질 분석 프로세스가 알맞게 나열된 것은?

① 데이터 수집 – 데이터 정의 – 데이터 구분 – 데이터 평가 – 분석 방법 결정
② 데이터 정의 – 데이터 수집 – 데이터 구분 – 데이터 평가 – 분석 방법 결정
③ 데이터 정의 – 데이터 수집 – 데이터 평가 – 데이터 구분 – 분석 방법 결정
④ 데이터 수집 – 데이터 정의 – 데이터 평가 – 데이터 구분 – 분석 방법 결정

27. 모니터링 평가 결과 인정 · 보상에 대한 설명으로 바른 것은?

① 팀보다는 직원을 중심으로 우수함을 인정하는 프로그램을 운영한다.
② 모니터링 평가 결과 보상은 반드시 금전적인 요소만을 고려하여 진행하는 것이
바람직하다.

③ 평가 결과는 매트릭스 분석을 통해 구체적인 내용을 모든 직원들이 볼 수 있도록 공유한다.

④ 모니터링 평가 시 구체적으로 우수한 부분에 대해 칭찬하고 보상한다.

28. 상담품질 보고서 작성 시 고려사항에 대한 설명으로 바르지 않은 것은?

① 상담품질 보고서는 일간, 주간, 월간 단위로 작성되는 것이 일반적이다.

② 목표 달성을 위해 시행되어야 하는 각 업무별 실행계획과 함께 필요한 자원들을 포함해야 한다.

③ 당월 상담품질 활동결과 및 분석과 익월 상담품질 활동계획은 반드시 포함되어야 한다.

④ 익월 상담품질 활동계획에서는 생산성 및 상담품질 목표와 함께 달성계획이 포함 되어야 한다.

▶ 해설 : 상담품질 보고서는 일반적으로 월간 단위로 작성된다.

29. 타사 모니터링 활동의 특징이라고 보기 어려운 것은?

① 보통 분기, 반기별로 진행되나 상황 및 목적에 따라 일/주/월간 단위로 이루어지 는 경우도 있다.

② 경쟁사를 대상으로 하나 우수한 타 업종의 채널을 대상으로 모니터링을 하는 경 우도 있다.

③ 타사 모니터링은 경쟁사와 동일한 목적을 가지고 진행하는데 벤치마킹 성격이 강 하다.

④ 경쟁사 모니터링의 경우 객관성 및 보안문제로 인해 외부보다는 자체적으로 진행 한다.

30. 스크립트의 이용 편의성을 위해 스크립트 작성 시 시각적으로 부분적 요소나 내용이 서로 연관되어 있어 통일된 느낌을 주어야 하는데 이를 무엇이라고 하는가?

① 시각적 구조화

② 시각적 목록화

③ 스크립트의 명확화

④ 가시화된 레이아웃

31. 서비스 조직에서 스크립트의 중요성은 아무리 강조해도 지나치지 않다. 따라서 스크립트는 반드시 자산화를 위해 시스템화하는 것이 바람직하다. 그렇다면 스크립트를 시스템화해야 하는 이유로 옳지 않은 것은?

① 지식정보 관리 차원

② 관리의 용이성 및 업무처리의 효율성 향상

③ 사용자의 편의성 고려 차원

④ 스크립트 작성능력의 향상

32. 아웃바운드 스크립트의 특징이라고 보기 어려운 것은?

① 판매, 해지 방어, 시장조사, 휴면고객 활성화, 해피콜 시행 등의 활동에 활용한다.

② 기업(직원)주도형의 업무 수행으로 인해 적극적이고 능동적인 것이 특징이다.

③ 내용 구성상 자유롭고 변형된 스크립트의 허용이 가능하다

④ 고객주도형의 업무 수행으로 인해 수동적인 것이 특징이다.

▶ 해설 : 고객주도형의 업무 수행으로 인해 수동적인 것이 특징인 것은 인바운드 스크립트의 특징이다.

33. 시각적 구조화의 구성 요소가 <u>아닌 것은</u>?

① 핵심 지침 및 가이드 영역

② 응대 목록화 영역

③ 상담 및 응대 영역

④ 상담 및 응대 지원 영역

34. 이용 편의성을 고려한 응대 스크립트 작성에 대한 설명으로 <u>바르지 않은 것은</u>?

① 중요 내용 및 핵심사항은 시선 집중도가 상대적으로 높은 왼쪽 상단에 배치해야 한다.

② 오른쪽보다는 왼쪽을, 아래쪽보다는 위쪽에 중요한 내용이나 핵심이 되는 내용을 배치한다.

③ 핵심질문에 대한 답변과 연관된 지식/정보는 아래쪽에 배치해 탄력적 대응이 가능하도록 한다.

④ 사람들은 어려서부터 왼쪽에서 오른쪽으로, 위쪽에서 아래쪽으로 글읽기를 교육받아 왔기 때문에 응대 스크립트를 작성할 때도 이를 고려하여야 한다.

35. 역할연기의 단점이라고 보기 <u>어려운 것은</u>?

① 준비하는 데 시간이 걸리고 역할연기가 잘 이루어지지 않을 경우 오히려 역효과 발생

② 실제 상황이 아니므로 역할연기 참여자들이 장난을 치거나 집중력이 분산될 우려가 있음

③ 교육 효과의 정확한 평가 및 측정의 어려움

④ 실제 상황과 동일한 현장감 있는 교육이나 실습의 어려움

36. 아래에서 설명하고 있는 역할 연기의 유형은 무엇인가?

- 직원, 고객역할을 각 1명씩 두고 관찰자를 2명 이상 선정해 이들로 하여금 상담 내용을 철저히 관찰하게끔 하는 역할연기 방식
- 관찰자는 직원이 고객의 Needs나 요구를 제대로 파악하고 있는지, 상황에 맞게 응대하고 있는지 등을 모니터링
- 이러한 관찰을 통해 잘한 점과 못한 점 그리고 개선이나 보완이 이루어져야 할 점들에 대해서 참석한 사람들에게 알려주거나 결과를 공유하도록 하는 방법

① 그림자(가상) 역할연기
② 관찰 역할연기
③ 그룹 역할연기
④ 다중 역할연기

37. 역할연기 중 역할 교환 및 녹음, 녹화는 물론 역할연기 평가표에 항목별 체크를 하는 활동은 어느 절차에 해당하는 것인가?

① 역할연기 평가
② 역할연기 시현
③ 역할연기 피드백
④ 역할연기 평가

38. 역할연기의 중요성에 대한 설명으로 바르지 않은 것은?

① 대상 직원에 대한 제3자의 객관적인 피드백 결과 도출

② 간접적인 경험을 함으로써 더욱 안정되고 세련된 업무 수행 가능

③ 고객의 입장에서 다양한 상황 연출 및 문제 해결을 위한 방안 제시

④ 대상 직원에 대한 제3자의 주관적이고 개인적인 피드백 결과 도출

▶ 해설 : 대상 직원 입장에서는 3자의 피드백은 객관적일 수밖에 없다.

39. 아래에서 설명하고 있는 것은 스크립트 작성 절차 중 어느 절차에 해당하는 것인가?

- 스크립트에 대해 간결하게 추려낸 내용 작성
- 스크립트에 반영해야 할 핵심 내용(구성 및 내용)
- 영역별 작성 순서 선정
- 스크립트의 구조 또는 상관관계 고려
- 육하원칙에 의거하고 핵심 메시지 위주로 작성

① 작성에 필요한 정보 수집　　② 스크립트 개요 및 초안 작성

③ 스크립트 작성　　④ 스크립트 개선, 보완 및 수정

40. 상담품질 개선과제 체크리스트 및 이행 점검 시 주의사항에 대한 설명으로 바르지 않은 것은?

① 도출된 개선과제들을 목록화(Checklist)하여 이를 지속적으로 실행에 옮겨야 한다.

② 목록화한 체크리스트에 대해서 지속적인 모니터링과 이행 여부 점검이 필수다.

③ 개선을 위한 이행 점검에는 반드시 구체적인 목표를 정량화할 필요는 없다.

④ 목록화할 때는 절대 추상적이고 개괄적인 것을 과제화하는 것은 피해야 한다.

정답표

문항	1	2	3	4	5
정답	①	①	④	②	③
문항	6	7	8	9	10
정답	②	④	④	③	②
문항	11	12	13	14	15
정답	①	③	①	④	③
문항	16	17	18	19	20
정답	②	①	④	①	④
문항	21	22	23	24	25
정답	④	③	④	④	①
문항	26	27	28	29	30
정답	①	③	①	④	①
문항	31	32	33	34	35
정답	④	④	②	③	④
문항	36	37	38	39	40
정답	②	②	④	②	③

3

서비스
코칭
실무

서비스 코칭의 이해 | 서비스 코칭 프로세스 | 서비스 코칭 스킬 | 서비스 코칭 커뮤니케이션

서비스 코칭의
이해

서비스 현장에서 발생하는 교육 및 훈련, 성과관리, 이직 및 갈등관리와 같은 다양한 문제들을 실질적인 코칭을 통해 해결하는 것을 '서비스 코칭'이라고 한다. 서비스 코칭의 특성을 이용하여 서비스 현장에서 근무하는 직원들의 역량을 향상시키고 조직의 다양한 이슈들을 해결하는 데 목적이 있다. 서비스 코칭은 장기간에 걸쳐서 효과를 나타내는 코칭의 특성 때문에 형식과 프로세스에는 코칭을 활용하지만 성과나 목표를 달성하기 위한 방법으로는 티칭이나 컨설팅은 물론 멘토링을 활용하는 것이 특징이다.

(1) 서비스 코칭의 이해

서비스 접점에서 근무하는 직원들과 신뢰감 형성을 바탕으로 코칭에서 활용하는 프로세스와 스킬 그리고 커뮤니케이션 방법을 통해서 관리자의 코칭 역량을 향상시킨다. 그뿐만 아니라 서비스를 수행하는 직원들의 의욕관리는 물론 성과를 향상시키기 위해 필요한 행동과 태도에 효과적인 피드백을 제공함으로써 목적을 달성하는 것이 서비스 코칭의 목적이라고 할 수 있다.

서비스 코칭 실무

1) 서비스 코칭의 정의

① 서비스 접점직원 개인의 목표를 성취할 수 있도록 자신감과 의욕을 고취시키는 것

② 서비스 접점직원 개인이 가진 실력과 잠재력을 최대한 발휘할 수 있도록 돕는 일

③ 서비스 현장에서 바라는 목표를 향해 자발적인 행동을 하도록 이끄는 커뮤니케이션

④ 잠재적 욕구와 가능성 발견은 물론 스스로 알지 못했던 사실을 인지하도록 도와주는 행위

⑤ 스스로 목표를 설정하고 효과적으로 달성 및 성장하도록 지원하는 수평적인 인재 개발 기법

⑥ 경청, 질문, 피드백을 통해 스스로의 문제점에 대한 답을 찾아내 행동하도록 지원하는 방법

2) 일반적인 코칭의 특성

① 코칭은 관리자(코치)와 직원의 동등성(수평관계)에 기초한다.

② 결과보다는 과정을 중시하며 어떻게 상황을 인식하고 해결을 위해 노력하는지가 중요하다.

③ 문제를 해결해 나가는 과정에서 장애요소가 무엇인지를 파악하는 것도 중요하다.

④ 문제 해결과정에서 나타나는 공통된 패턴이 있는지 여부를 파악하는 것도 중요하다.

⑤ 코치의 개입과 질문, 반영을 통해 대상자의 인식 확대와 책임감을 향상시키는 것이 중요하다.

⑥ 이러한 코칭 과정을 통해 대상자는 자신이 무엇을 어떻게 하고 있는지 통찰하게 된다.

⑥ 통찰하는 과정에서 자신의 인식 확대는 물론 책임의식을 갖게 되면 변화가 시작된다.

⑥ 질문을 통해 스스로 답을 찾게 되고 목표하는 바를 달성한다.

⑥ 목표를 향해 나아가는 과정에서 개인의 깊은 성장을 이끌어 낸다.

⑦ 내면에 있는 강력한 내적 잠재력과 힘을 이끌어 내고 이를 발휘할 수 있도록 하는 과정이다.

3) 코칭과 멘토링, 컨설팅, 카운슬링, 티칭의 차이점

① 코칭은 관리자의 경험을 이용하여 상황을 진단하고 동시에 의견과 충고를 제공하는 측면에서 멘토링이나 컨설팅과는 구별된다.

② 코칭은 직원의 장점과 자원을 극대화할 수 있도록 창조하고 개발하는 것을 돕기 위해서 모든 지식과 경험을 활용한다.

③ 멘토링과 컨설팅은 그 분야의 전문가로서 지식을 전수하거나 완벽한 해결 방안 제시가 목표이며, 자신의 훌륭한 역량을 보여 주는 것이 매우 중요하다.

④ 멘토링은 전문성을 가진 사람, 그리고 그 분야에 있어서 이미 일정 성과를 내거나 성공한 경험을 가진 사람이 그렇지 않은 사람에게 가르쳐 주는 역할을 수행한다.

⑤ 코칭은 사람이 가지고 있는 잠재능력 개발에 중점을 두기 때문에 코칭을 성공적으로 하기 위해서는 자기 자신을 비우는 것이 중요하다는 점에서 차이점이 있다.

⑥ 코칭이 미래의 비전과 잠재력 개발을 통해 행동의 성숙에 집중하는 반면 카운슬링의 경우 상대방의 심리에 집중하면서 과거 상처 치유에 초점을 맞춰 진행한다.

⑦ 코칭이 사람들의 성장 및 변화와 삶의 모든 영역에 관심을 가지는 반면 멘토링의 경우 관리자의 지식이나 경험을 전달하고 충고와 함께 방향 및 의견을 제시하는 데 그친다.

⑧ 코칭은 구조화된 모델이나 방법론을 통해 결과를 낼 수 있도록 훈련을 받는 반면 멘토링의 경우 특별한 훈련을 받지 않는다.

⑨ 코칭이 사람들이 가진 능력을 발견하고 개발에 도움을 주는 반면 컨설팅의 경우 해당 전문가에 의한 상담, 자문을 통한 상황분석, 대안을 제시한다.

⑤ 코칭은 지혜를 통해 상대방의 역량을 이끌어 내는 데 초점을 맞추는 반면 티칭의 경우 지식이나 정보를 제공한다.

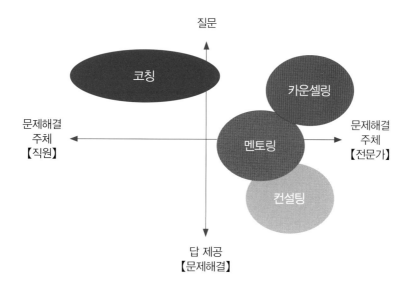

4) 효과적인 코칭을 위한 핵심요소(Critical Success Factor)

코칭을 통한 개선 및 변화를 효과적으로 이끌려면 반드시 필요한 요소들이 있다. 이는 코칭을 진행하는 과정에서 필수적으로 이행되어야 할 요소이기도 하며 이러한 활동 등을 통해서 목표 달성 및 개선을 위한 활동을 효과적으로 이행할 수 있도록 도와준다.

요소	주요 내용
관찰	• 주관적인 추측이나 추론은 금지 • 구체적이고 객관적인 말과 행동(행동사실)으로 표현 • 동작이나 행동 및 말투에 대한 섬세한 관찰 • 발생하는 빈도를 주기적으로 관찰하고 확인(모니터링) • 구체적인 결과와 연동하고 파급효과 및 영향력 분석 • 상대방의 입장에서 왜 그렇게 했는지 공감하고 이해하려는 노력 뒷받침
기록	• 의미 있는 정보를 기록해야 하며 이력관리카드 활용이 바람직함 • 감정개입은 절대 금물이며 추론이나 추측 없이 관찰한 내용을 기록함 • 기억의 한계를 극복하기 위한 보완하고 근거 없는 추론 방지 • 코치(관리자)의 개인적인 의견이나 판단이 아닌 객관적인 사실만 기록
피드백	• 적시에 적절하게 진행하는 것이 효과적임 • 구체적이고 객관적인 사실에 기초하여 진행함 • 피드백 시 이행 행동 중에서 좋았던 점과 개선해야 할 점을 함께 제시 • 성장과 발전을 위한 것이므로 긍정적인 의도를 담아 제공

일자	상황/업무	피드백 내용	피드백 필요사항	피드백 후 합의결과	실적변화		목표	달성율
					전월	코칭 후		
1회차 00.00	• 적극적인 클로징 부족 • 반론이 장황함 • 가입권유 의지 미흡	• 클로징 화법 제시 • 우수콜 청취 • 유형별 반론극복 제시	• 이행 여부에 대한 점검 필요(주 3회) • 트래킹 시행 필요	호응 부족부분의 경우 우수사원 및 외부 우수사례수집후 청취	00.0점	00.0점		
2회차 00.00	• 클로징 활용의 적극성 • 고객에 대한 공감부족 • 여전히 가입권유 미흡	• 상황에 맞는 동감표현 제시 • 유형별 반론극복 R/P, 분석 • 우수자 동석근무 (비교청취)	• 시행 내용에 대한 결과를 근거로 분석 및 트래킹 시행필요 • 결과와 관련한 지속적인 커뮤니케이션	유형별 반론극 R/P 후 반론 멘트 적극 활용해 보기로 함	00.0점	00.0점		

① 해당 직원의 상황에 대한 주요 내용을 기술한다.

② 주관적인 느낌이나 생각이 아닌 통계나 객관적인 사실에 근거하여 기술하거나 설명한다.

③ 합의하에 변화를 통한 구체적인 목표와 달성률을 기록한다.

④ 피드백 이후 합의한 내용에 대해서도 구체적으로 기술한다.

⑤ 피드백을 진행한 내용에 대해서 구체적으로 기술하고 이때 향후 피드백을 할 때 필요한 사항들도 함께 적어 놓으면 추가 피드백 시 도움이 된다.

필요사항에 반영해야 할 내용: 해당 직원에 조언해야 할 것이나 개선해야 할 제언 내용 기술

⑥ 피드백을 진행한 후 직원에게 초래한 결과 또는 상황에 대한 영향을 기술한다.

⑦ 피드백을 한 이후 행동에 대한 결과로 인해 실적의 변화가 있다면 별도로 기재한다.

⑧ 이력카드에 반영해야 할 내용 이외에 구체적인 통계 데이터나 트래킹을 통한 실적 추이는 첨부형태로 보관하는 것이 바람직하다.

• 직원 자가 목표관리 카드 예시

① 관리자가 작성하는 코칭 이력관리카드도 있지만, 개선이나 성과 관련한 목표를 달성

하기 위해서는 직원 스스로 자기 목표를 관리하는 도구를 활용하는 것이 필수적이다.

② 자가 목표에 대한 관리는 직원 스스로 하는 것이며 코칭이 필요한 점을 명확하게 파악해서 계획적으로 진행하는 것이 중요하다.

③ 직원 자가 목표관리에 반영되어야 할 영역은 직원 스스로 하는 것이 원칙이지만 면담을 통해 관리자가 해당 양식을 마련해서 작성하도록 하는 것도 한 가지 방법이다.

④ 자가 목표관리카드 작성 시 직원 스스로 우선순위를 정리하도록 하는 것이 바람직하다.

영역	상황(AS-IS)	목표(TO-BE)	달성방법	기간	주기/회수	결과(Output)	비고
자세 · 태도							
업무 역량 (지식, 기술, 습관)							
역할과 책임							
업무실적 (KPI)							
조직활동							

⑤ 업무 실적은 KPI를 근거로 목표 수치와 달성 방법 그리고 기간 등을 구체화할 수 있도록 한다.

⑥ 자가 목표관리를 위한 이행점검에는 반드시 구체적인 목표를 정량화하는 것이 필수이다.

⑦ 개선과제를 실행에 옮기는 날짜와 구체적인 주기 또는 회수, 시간 등을 정확히 설정한다.

⑨ 개선과제를 이행했는지 여부를 수시로 확인하고 점검해야 한다.

⑩ 직원의 자가 목표관리를 위한 카드라고 하지만 이를 통해 관리자가 코칭하고자 하는

영역이 무엇인지 파악하기 쉽다(직원 개개인이 생각하는 자신의 장점이나 개선하고
자 하는 점).

5) 서비스 조직에서의 올바른 코칭 방향성

① 지속적인 성과 관리 추구와 직원의 참여를 유도

② 서비스 업무의 특성을 고려한 역량 향상에 초점을 맞춰 코칭을 진행

③ 자사의 서비스 아이덴티티(Identity)에 맞는 목표 달성과 개선을 위한 코칭 능력 발휘

④ 목표 달성에 대한 노력과 성장을 칭찬하고 인정

⑤ 개인의 업무스타일과 강점의 개발

⑥ 직원의 내재된 잠재능력을 이끌어 내고 발휘하도록 하는 책임과 권한을 부여

6) 개인 및 조직에서의 코칭 기대효과

① 성과 향상

② 조직 내 팀워크의 향상

③ 강력한 조직 문화 구축

④ 업무 만족도 향상 및 몰입도 증가

⑤ 개인 및 조직 역량의 강화

⑥ 문제해결능력 향상

⑦ 인간관계의 개선 및 소속감 증가

7) 서비스 조직 코칭의 문제점

① 코칭을 훈련시키지 않고 직원들을 코칭하라고 요구(훈련의 부재 및 코칭능력 부족)

② 현재 서비스 조직 코칭이라는 것은 단편적인 지식과 정보를 제공하는 티칭 수준(.)

③ 직원이 바라는 목표달성 및 성장을 위해 필요한 지원 부족(시간 및 비용 등)

④ 코칭은 수평적인 관계 속에서 이루어짐에도 대부분 수직적인 관계로 이루어짐(.)

⑤ 관리자에 의한 일방적이고 지시적인 피드백과 커뮤니케이션이 주를 이룸

⑥ 동기부여 부족과 적절한 해결책을 찾기 어려움

⑦ 욕심 없고 스트레스 받아 가며 일하고 싶지 않은 직원의 태도(코칭에 관심 없음)

⑧ 성장과 목표 달성을 위한 시간이 필요함에도 불구하고 단편적이고 단기간 내의 성과 기대

⑨ 천편일률적인 코칭과 열정을 보이지 않는 직원의 태도

⑩ 공감대 형성 및 소통보다는 문제점 지적에 그치며 피드백을 통한 훈련 과정의 미흡

8) 코칭, 피드백의 역할

① 개인의 잠재적인 역량을 개발하여 업무능력을 향상시키고 이를 통해 고객을 만족시 킴으로써 수익 및 서비스에 대한 기업 이미지를 향상시킬 수 있도록 한다.

② 조직의 성과에 필요한 무형의 요소들인 직원의 충성도, 신뢰감 및 업무 만족도, 응대 에 대한 자신감, 팀워크, 서비스 특유의 조직 문화 등을 향상시키거나 강화시킨다.

③ 서비스 조직과 같은 대규모 인원이 근무하는 조직 내에서 서로 간의 커뮤니케이션 활 동의 도구로 활용된다.

9) 코칭의 3가지 철학

직원들을 대상으로 이루어지는 코칭뿐만 아니라 스태프를 대상으로 이루어지는 코칭에 서도 직원들이 가진 무한한 가능성에 대한 신뢰와 함께 문제에 대한 해결책은 직원 내부 에 있다는 점을 항상 인식하고 코칭해야 한다.

① 모든 사람에게 무한한 가능성이 있다.

② 그 사람에게 필요한 해답은 그 사람 내부에 있다.

③ 해답을 찾기 위해선 파트너가 필요하다.

10) 코칭 핵심 역량

공동의 발전과정으로 문제 해결뿐 아니라, 자신감, 용기, 의욕, 책임감을 고취시키는 동시에 지속적인 해결 과정으로 직원과 과업의 개선을 목표로 하는 코칭을 위해서는 아 래와 같은 핵심 역량을 갖추어야 한다.

① 목표 향상을 위한 전략적 사고

② 커뮤니케이션 능력

③ 감성역량

④ 문제해결 능력

⑤ 변화관리(거부 및 저항, 수용, 개선 등)

(2) 서비스 코칭 조건과 주요 지침

1) 효과적 코칭을 위한 전제조건

서비스 조직에서 효과적인 코칭이 이루어지기 위해서는 아래와 같은 3가지 조건이 전제되어야 한다.

• 직원과 관리자와의 상호 신뢰

① 서비스 조직에서 다양한 접촉을 통해 직원 간의 커뮤니케이션이 원활히 이루어져야 한다.

② 효과적인 코칭이 이루어지려면 직원들 간의 관계 개선이 선행되어야 한다.

③ 여초 조직에서 신뢰가 밑바탕 되지 않으면 직원들의 자발적인 행동을 도출해 내기 위해 필요한 코칭이 제대로 이루어질 수 없다.

④ 조직 구성원들과의 커뮤니케이션이 원활하고 조직이 활성화되어 있다면 코칭을 통해서 문제가 개선될 수 있다는 확신을 심어 줄 수 있다.

• 공감대 형성을 위한 분위기와 환경 조성

① 실질적이고 효과적인 피드백 및 해결책을 제시할 수 있다는 공감대가 형성되어야 한다.

② 코칭은 단기간에 효과가 나타나는 것이 아니기 때문에 코칭이 일상화될 수 있도록 해야 한다.

③ 코칭을 통해 반드시 문제점을 개선시킬 수 있다는 확신을 직원들에게 심어 줘야 한다.

④ 개인이 가진 능력이나 가능성을 최대한 발휘하게끔 하고 성과 향상을 위한 구체적인 행동 변화를 이끌어 내는 행위라는 공감대 형성이 중요하다.

⑤ 코칭을 통한 변화가 자연스럽게 구현될 수 있도록 물리적 • 정서적 환경을 마련해 주어야 한다.

⑥ 코칭을 통해 바람직한 결과가 도출되었다면 이러한 결과 및 사례를 반드시 직원들과 공유한다.

⑦ 코칭이 업무 효율화에 긍정적 영향을 미친다는 확신을 직원들에게 지속적으로 심어 줘야 한다.

• 커뮤니케이션 및 리더십이 뛰어난 관리자

① 코칭은 직원들에게 있어 역할모델이 되어야 하는 사람이 투입되어야 한다.

② 직원들에게도 모범이 되고 신뢰를 줄 수 있는 사람이 코치가 되어야 한다.

③ 코치는 직원들의 감정 관리는 물론 관계를 맺는 능력과 감성역량이 뛰어난 관리자여야 한다.

④ 업무역량은 기본이고 커뮤니케이션 능력이 뛰어난 사람이 코칭하는 것만으로도 직원들에게는 힘이 되고 열정을 불러일으킬 수 있다.

⑤ 직원들의 내재된 역량을 이끌어 내어 지속적인 성과를 창출할 수 있도록 도와주는 코치가 훌륭한 코치라고 할 수 있다.

2) 코칭을 진행하는 관리자가 갖추어야 할 자세

① 변화를 강요하지 않는다(리더의 행동 변화가 대상자의 행동에 영향을 미치게 하는 것이 중요).

② 감시가 아닌 신뢰를 바탕으로 직원의 잠재력을 끌어내는 데 초점을 맞춘다.

③ 생각과 표현(행동)을 일치시킨다.

④ 적극적으로 경청한다.

⑤ 코칭 대상자에 대한 충분한 이해와 존중이 중요하다.

⑥ 감정을 잘 다루어야 한다(긍정적인 감정이 좋은 관계 유지).

⑦ 해결책을 찾을 때까지 기다리고 지원하며 도움을 준다.

3) 코칭과 피드백 역량향상을 위한 지침

목표 달성을 위한 코칭을 위해서는 업무를 진행하는 과정에서 적절한 피드백과 함께 코칭을 병행하는 것이 바람직하다. 의사결정이 복잡하고 업무를 수행하는 과정에서 해야 할 일들이 갈수록 늘어나는 상황에서 직원들에게 피드백과 코칭은 관리자의 필수역량이라고 할 수 있다.

① 코칭과 피드백은 정신교육이 아니고 마구잡이식 지적이 아니라는 점을 인식해야 한다.

② 자신의 강점을 발휘할 수 있도록 하는 조건이나 환경을 갖추고 제대로 된 동기를 부여한다.

③ 피드백과 코칭이 목표가 되어서는 안 되고 오직 '잠재력'을 이끌어 내는 데 초점을 맞춰야 한다.

④ 직원이 일하는 방식이나 태도를 객관적인 입장에서 관찰한다(관찰 → 개선점 파악).

⑤ 피드백 시 돌려서 말하는 것이 아니라 직접적으로 말하거나 구체적으로 어떤 행동을 직접적으로 취할 것을 요청하는 직접적인 커뮤니케이션도 상황에 따라 필요하다(지시가 아닌 요청).

⑥ 객관적인 사실에 근거해 상대를 비난하거나 비판하지 않는 중립적인 언어를 사용해서 피드백한다.

예시 "매우 중요한 일인데 어떻게 해야 개선될 수 있을까요?"

⑦ 피드백을 할 경우 절대 상대방의 인격이나 성격을 대상으로 하는 것이 아니라 '태도와 행동'에 국한하여 시행해야 한다(개선 및 보완이 필요한 행동에 초점을 맞춰 시행).

⑧ 주관적인 의견이나 주장을 피력하는 자기중심적인 코칭이나 피드백이 되지 않도록 하기 위해 자신을 통제할 수 있어야 한다.

4) 체계적이고 효과적인 코칭을 위해 준비해야 할 것들

코칭을 시작하기 전에 먼저 준비해야 할 사항들이 있다. 다른 것은 모르지만 적어도 코칭을 진행할 때 반드시 해야 할 질문 또는 코칭의 목적을 분명히 하기 위해 필요한 준비

서비스 코칭 실무

를 해야 한다. 예를 들어 어떤 주제로 코칭을 할 것인지, 무엇을 인지하게 할 것인지, 구체적인 달성 목표는 무엇인지를 정리해서 준비하여야 한다. 아래는 코칭을 하기 전 준비해야 할 것은 무엇인지를 정리한 것이다.

① 코칭 주제는 무엇인가?

   예시　성과 향상, 고객 클레임 처리, 의욕저하, 다른 동료와의 갈등 등

② 대상 직원에 대한 정보

   예시　주요 수행 업무, 성격과 역량, 장점이나 구체적인 실적, 코칭 이력관리카드나
          기타 인사자료 참고

③ 코칭을 진행하는 과정에서 필요한 키워드(질문)

   - 친밀감 및 신뢰 형성

   예시　개인 관심사, 업무 자세, 동료와의 관계 등

   - 현황에 대한 파악 및 확인

   예시　성과, 클레임, 의욕, 갈등 등 주제와 관련한 대상 직원의 생각

   - 목표 설정

   예시　현황을 근거로 향후 도달 방법이나 어떤 것을 중점적으로 목표로 삼을 것인지
          여부

   - 달성 방법에 대한 구체적인 결정 및 확인

   예시　달성하기에 어떤 방법을 생각하고 있는지, 구체적으로 어떻게 할 것인지

   - 구체적인 행동 계획 마련 및 작성

   예시　구체적인 시행 시기, 소요 시간 및 시기, 도움을 요청할 대상, 요청사항 등

④ 코칭 이후 행동을 확실히 하기 위해 확인해야 할 것들

　예시　실행상황에 대한 보고, 주요 체크사항에 대한 보고, 체크한 결과 이후 활동

⑤ 구체적인 행동 이후 성과 확인 사항

　예시　성과, 클레임, 의욕, 갈등에 대한 변화 정도, 확인 스킬 활용 등 확인 [과거와 현재(AS-IS) 또는 향후 가능성(TO-BE)을 확인]

⑥ 코칭을 통해 대상 직원이 인식하길 바라는 사항

　예시　기대를 받고 있다는 사실, 자기 자신의 현황이나 개선해야 할 사항이 있다는 사실, 구체적인 달성 목표와 달성 방법, 구체적인 행동 계획

(3) 서비스 조직에서의 코칭 유형

서비스 조직처럼 다양한 인원이 모여 일하는 곳에서 이루어지는 코칭은 코칭의 참여자 수와 목적에 따라 그룹, 팀, 개별 코칭으로 구분하는 것이 일반적이다. 그룹 코칭의 경우 개인이 각각 코칭의 목표를 가지고 있으며 코칭 참가자들이 질문과 경청 등 역동적 참여를 통해 개인의 목표를 달성하도록 돕는 반면, 팀 코칭의 경우 팀의 특정한 목적을 달성하기 위해 직원들이 어떻게 협력하고 노력해야 하는지를 코칭하는 것으로 구분한다.

1) 서비스 조직 코칭 유형

서비스 조직에서 흔히 이루어지는 코칭의 유형은 대상에 따라 개별 코칭과 팀 코칭 그리고 그룹 코칭으로 나뉜다. 각 코칭에 대한 주요 특징은 아래와 같다.

구분	주요 특징
개별 코칭	• 1:1 • 코치의 경험이나 지식에 의존 • 다양한 종류의 코칭 방법 존재 • 코치와 친밀감 형성 • 집중적이고 세분화된 코칭 가능 • 개인화된 코칭 및 피드백 가능 • 코치와 1:1 코칭이기 때문에 비교적 여유가 있음
팀 코칭	• 1:N • 태스크 포스팀(TFT)과 같은 성격 • 특정 목적을 달성하기 위해 진행하는 코칭 • 대상자들이 정기적으로 일정 기간 동안 코칭 진행 • 대상자 간 갈등 상황이 발생할 수 있음 • 팀 성격이어서 유기적인 성향이 강함
그룹 코칭	• 1:N • 다양한 사례 및 경험 공유를 통한 시너지 발생 • 개별 코칭보다는 코칭 방법이 제한됨 • 대상자들 간의 유대감 강화 및 역동적 참여를 통한 목표 달성을 도움 • 일반적이고 기본적인 코칭이 주를 이룸 • 상대적으로 개인화된 코칭에는 한계가 있음 • 인원이 많아 일정 부분 통제가 필요(업무로 인한 불참)

개별 코칭은 관리자와의 1:1 관계에서 이루어지는 코칭을 의미하며 유형별로 다양한 코칭이 존재한다.

2) 개별 코칭의 특징

① 듣기, 말하기를 포함한 코칭 스킬과 직원이 신뢰할 수 있는 능력을 보유한 코치나 슈퍼바이저가 진행한다.

② 다양한 방식의 코칭이 존재하며 집중적이고 세분화된 코칭이 가능해 주로 신입사원이나 실적 부진자, 민원 유발자, 기존 직원의 역량을 향상시키는 데 활용한다.

③ 신입사원의 경우 신입사원의 업무 이해를 돕고 적응기간을 단축시키는 데 도움을 준다.

④ 실적 부진자의 경우 개인 특성에 맞는 스킬을 찾아내 코칭함으로써 실적 향상을 도울 수 있다.

⑤ 민원을 유발한 직원들을 대상으로 민원 유발 원인을 파악하고 재발되지 않도록 도울

수 있다.

⑥ 가장 크게 비중을 차지하는 것이 바로 기존 직원의 능력 향상을 위해 직원의 개별 상황을 고려해 코칭을 진행하는 것이다.

3) 프로세스 코칭(Process Coaching)

① 일정한 형식을 유지하면서 진행되는 방식으로 코칭자가 사전에 코칭 대상과 시기, 내용을 선정해 실시하는 코칭이다.

② 코칭자가 사전에 내용을 숙지하고 계획하에 진행되어 다른 형태의 코칭에 비해서 정교하고 세심하게 이루어질 수 있다.

③ 코칭 절차에 따라 이루어지므로 체계적인 진행을 통해 직원의 집중력을 높일 수 있다는 장점이 있다.

④ 해당 직원이 이해하기 쉽도록 비교 분석한 자료를 활용하면 좋은 효과를 발휘할 수 있다.

⑤ 응대능력은 물론 생산성 향상 및 특정 부분에 코칭이 필요한 경우에 실시하며 트래킹(Tracking)기법을 통해 효과를 배가시킬 수 있다.

4) 스팟 코칭(Spot coaching)

① 정해진 형식 없이 가장 자연스러운 수시로 짧은 시간 안에 이루어지는 코칭으로 간단한 식사나 티타임을 통해 이루어지는 경우도 있다.

② 아주 짧은 시간 내에 직원의 주의를 집중시켜 적극적이고 긍정적인 참여를 통해 성취를 북돋우는 코칭 방법이다.

③ 비형식적인 전개로 심적 부담감이나 거부감이 적고 직원과의 친근감을 형성시킬 수 있다.

④ 효과는 프로세스 코칭보다 떨어질 수 있으나 짧은 시간 안에 많은 직원을 접촉할 수 있다.

서비스 코칭 실무

5) 미니코칭

① 짧은 시간에 할입 및 감청을 통해 실시간으로 이루어진다.

② 업무 중심적인 코칭에 주로 활용하며 잘못된 사항이나 지적 사항을 칭찬과 함께 전달한다.

③ 아주 짧은 코칭 기술서를 작성해 코칭하는 것을 '미니'라는 말을 붙여 사용한다.

④ 구체적인 근거와 자료를 바탕으로 이루어지며 개선 및 보완해야 할 사항이 명확하다.

⑤ 간단한 메모지나 메신저, 대면접촉을 통해 이루어진다.

⑥ 직원의 의견이나 질문, 기타 행위에 대해 구체적이고 짧게, 메일이나 공개적인 팀 미팅을 통해서 이루어지기도 한다.

6) 그룹 코칭의 특징

서비스 조직에서 이루어지는 그룹 코칭은 조직 전체의 문제를 개선시키거나 팀의 목표를 달성하기 위해서 시행되는 코칭이라고 할 수 있다. 개인 코칭과는 달리 1:1로 이루어지는 코칭이 아니라 1:N의 형태를 유지하면서 이루어진다.

① 공통된 목표를 가지고 코칭을 진행하기 때문에 직원 간의 유대감 및 타 직원과의 협력을 통해 시너지효과(Synergy effect)가 발휘될 수 있다.

② 직원 간의 코칭을 통한 상호작용과 건설적인 비교 및 커뮤니케이션을 통한 업무 능력의 향상을 도모할 수 있다.

③ KPI 설정 시 직원 전체의 이해를 돕고 상황을 공유하고자 하는 경우 활용한다.

④ 신규로 수행해야 하는 업무에 대한 지식과 처리 기준 등을 전달할 때 활용한다.

⑤ 업무능력을 향상시키는 데 필요한 직접적인 스킬과 타인의 경험 공유에 활용한다.

⑥ 코칭을 진행하면서 다양한 상호 실습이 가능하다.

⑦ 다른 사람의 행동, 생각, 언어를 관찰함으로써 자신을 반추할 수 있는 기회를 마련할 수 있다.

7) 구조화된 그룹 코칭

① 코칭 시 진행해야 하는 모듈과 내용이 사전에 정해져 있음

② 짧은 기간에 진행하는 집체 교육을 장기간 형태로 전환

③ 진정한 의미의 그룹 코칭이라고 하기에는 한계가 있음

④ 교육에 개인의 코칭 목표를 추가하여 진행하기도 함

⑤ 교육 내용과 개인의 코칭 목표를 일치시키기 사실상 어려움

8) 반구조화된 그룹 코칭

① 그룹 코칭을 진행할 때 주요 코칭 주제는 있으나 세부적인 내용은 사전에 구성되지 않음

② 내용은 사전에 정해져 있지 않으나 진행 과정에서 교육이 진행될 가능성이 많음

③ 개인의 목표에 초점을 맞출 경우 사전에 설정된 내용의 의미가 퇴색될 가능성 있음

④ 참가자들에게 필요한 부분을 적절히 알려 줄 수 있다는 장점

⑤ 참가자들의 개별 목표와 코칭과의 연계성이 없을 경우 목표 달성이 어려움

9) 비구조화된 그룹 코칭

① 코칭 주제와 주요 내용이 사전에 구성되지 않음

② 참가자들의 코칭 목표에 따라 코칭 주체와 내용을 설정하고 진행함

③ 흔히 말하는 진정한 의미의 그룹 코칭이라고 할 수 있음

④ 참가자들의 상호 다양성과 활동성이 핵심

10) 서비스 조직에서 그룹 코칭 진행 시 주의사항

주의사항	발생할 수 있는 문제점
적정가능 규모의 산출	• 참여자 수에 따라 분위기나 행동, 태도가 달라지므로 유의 • 너무 적거나 많을 경우 주의가 산만해지고 집중력이 저하되거나 의도와 달리 엄숙한 분위기로 진행될 우려 • 적을 경우: 집중력은 높으나 무거운 분위기 / 침묵으로 일관 • 많을 경우: 집중력 저하, 주의 산만, 코칭 방향성 상실 등

코칭의 시기와 시간의 조절	• 업무시간 및 상황을 고려해 일정과 시간을 조절 • 과도한 업무 시간이나 특정 요일을 피해서 진행 • 코칭 시간은 휴식 시간을 포함해 2시간을 넘지 않는 것이 효과적 • 주기는 상황에 따라 다르나 보통 1주 또는 2주마다 한 번씩 실시 • 코칭 결과 및 변화를 점검하면서 다음 코칭을 대비하기 위함
코칭 진행의 일관성 유지	• 코칭 전 코칭 목적, 취지 또는 목표를 구체적이고 명확하게 설명 • 다양한 의견과 내용이 원래 의도하였던 목표나 취지에 부합할 수 있도록 진행자는 각별히 주의할 것 • 코칭 내용이 다른 방향으로 전개되면 분위기를 깨지 않는 범위 내에서 통제하고 자연스럽게 코칭이 이어질 수 있도록 진행
간결하고 핵심적인 내용구성	• 사전 리허설을 통해 시간을 효율적으로 배분하는 것이 중요 • 핵심사항에 대해 간결하고 쉽게 이해할 수 있도록 진행 • 정해진 시간 내에 많은 내용을 전달하려고 하면 역효과 발생 • 코칭의 방향과 성격 및 목적을 담아낼 수 있는 내용과 주제를 통해 집중력이나 의욕을 향상시켜야 한다는 점을 항상 인지할 것
지속적인 피드백	• 코칭을 받은 해당 직원들이 제대로 실천하고 있는지 관찰할 것 • 지속적인 격려와 지지 • 다양한 기회를 제공함으로써 실천력을 높일 수 있도록 함 • 구체적이고 객관적인 자료를 토대로 피드백 진행

서비스 코칭
프로세스

서비스 조직에서 제대로 코칭이 이루어지지 않는 이유는 다양하지만, 주된 원인은 제대로 된 절차나 수행과정도 없이 무조건적으로 성과를 올리기 위한 단기적인 코칭에 주력하고 있기 때문이다. 코칭은 분명 문제를 해결하기 위해 현상 뒤에 숨은 원인이나 이유 등을 발견하고 이를 제거함으로써 결과값을 만드는 과정임에도 불구하고, 개인이 갖춘 잠재능력을 이끌어 내기보다는 단기적인 성과를 올리기 위해 급급한 것이 현실이다.

(1) 서비스 코칭 프로세스

코칭과 관련하여 추구하는 목적 및 유형 그리고 대상에 따라 다양한 모델이 존재하고 있으나 서비스 코칭 프로세스는 아래와 같이 코칭 프로세스에 직원들이 실행하고 있는 과정에서 지속적인 팔로우업(Follow up)을 진행하는 모델이 바람직하다.

절차	주요 내용

신뢰 친밀감 형성	• 코칭은 상호 신뢰와 친밀감 형성이 전제되어야 함
	• 직원이 믿고 의지할 수 있는 편안한 상태나 상황 유지 목적
	• 직원에 대한 관심표명, 배려, 공감, 인정의 자세(Rapport 형성)
	• 코칭 프레즌스[1] (Coaching Presence)
	  – 직원을 반갑게 맞이해 주거나 적절한 관심 가져 주기
	  – "요즘 잘 지내고 있나요?", "기분이 좋아 보이는데 무슨 일 있나요?"
	  – "표정이 밝아서 참 좋네요. 무슨 일이 있었는지 말해 줄래요?"

목표 설정 및 확인	• 구체적으로 달성하고자 하는 목표에 대해서 묻기
	• 목표가 분명하게 드러나도록 '목표지향적'이어야 함
	• 추상적인 목표가 아닌 SMART[2]에 입각한 구체적인 목표 설정
	• 최종목표와 실행목표를 구분하여 설정(확인)
	  – "코칭을 통해서 얻고 싶은 것이 무엇인지 말씀해 주세요."
	  – "말한 것 중에 가장 중요한 것은 무엇인가요?"
	  – "후처리 시간을 줄이기 위해 어떤 부분을 개선하면 좋을까요?"

현실 점검 및 파악	• 현 상황을 객관적으로 다양한 관점에서 검토
	• 코칭 주제와 관련한 자신의 문제점 파악 및 반성과 성찰
	• 목표 달성과 관련한 변화를 위한 객관적인 점검 단계
	  – "이렇게 해당 문제가 지속적으로 반복되는 이유는 무엇일까요?"
	  – "이러한 문제를 개선시키기 위해 어떤 노력을 해 보셨나요?"
	  – "상황에 대해서 좀 더 자세히 설명해 주시겠습니까?"

대안 모색 및 수립	• 목표하는 바와 현 상황의 갭(Gap)을 줄이기 위한 대안 마련
	• 목표에 도달 가능하고 실현 가능한 대안 마련이 중요
	• 중요한 것은 관리자 입장에서는 절대 대안을 제시하지 않는 것
	• 직원이 대안을 제시하지 못하는 경우 예시 형태로 대안제시는 가능
	  – "현 상황을 극복하기 위해서 가장 먼저 무엇을 하면 좋을까요?"
	  – "개선을 위해서 '하지 말아야 할 것'과 '해야 할 것'은 무엇인가요?"

실행계획 구체화
및 의지확인
	• 목표를 수행하는 과정에서 변화방해요소 극복
	• 대안을 실행하기 위한 변화행동 수립과 책임감 및 실천의지 확인
	• 대안 실행을 위한 구체적인 내용, 시기, 방법을 구체적으로 설정
	• 실행계획 구체화, 접점직원말로 정리하고 책무설정 및 후원환경 조성
	  – "어떤 도움을 주면 더 잘 실행할 수 있을까요?"
	  – "어떻게 하기로 했는지 구체적인 계획을 정리해서 말씀해 주세요."
	  – "실제로 어떤 활동을 할 것인지 구체적으로 설명해 주시겠습니까?"

---

1 코칭에서 가장 중요한 코치의 자세나 마음가짐.

2 일반적인 목표 설정 규칙으로 구체적이고(Specific), 측정가능하며(Measurable), 행동지향적이고(Action-oriented), 실현가능하며(Realistic), 시기가 정해진(Time-bounded) 목표를 의미한다.

사후 지도 (Follow up)	• 이행 결과를 객관적으로 분석하고 사후관리 이행 안내 및 모니터링 • 합의한 내용에 대한 이행 절차 및 이행 과정에서 발생되는 문제점 점검 • 수행개선 과정 검토 일정에 대해 동의 및 확신 심어 주기 • 수행하기로 한 것을 잘 지키고 있는지 확인 및 적절한 반응 보이기 　－ "수립된 목표를 꼼꼼하게 수행하고 있는 점을 높이 평가합니다." 　－ "수행개선 활동 중 가장 어려웠던 점은 무엇인가요?" 　－ "저는 ○○○ 씨가 목표를 충분히 이행하실 수 있을 것이라 확신합니다." 　－ "이행과정 중에 어려운 점이 있다면 언제든지 말씀해 주세요."

(2) PDSC에 따른 코칭 서비스 품질 개선을 위한 프로세스

다음은 PDSC 코칭 프로세스를 도식화한 것이다. 서비스 품질 개선 PDSC 코칭 프로세스는 조직마다 코칭을 시행하기 위한 구성항목이나 절차가 약간씩 다를 수는 있지만 결국 코칭이 지향하는 목표나 목적이 같기 때문에 각각의 서비스 조직의 상황에 맞게 구축하면 된다.

1) 계획수립 단계(Plan)

① 서비스 품질 개선을 위한 코칭의 목적이나 목표를 설정하고 실행지침 및 실행에 대한 구체적인 계획을 수립한다.

② 사전에 서비스 품질 개선과 관련한 사례수집 및 현황파악을 통해 나온 결과와 사실들은 목표를 구체적으로 설정한다.

③ 서비스 품질 개선을 위한 사례수집이나 현황파악은 직원들과의 인터뷰나 설문조사 및 만족도 조사와 같은 내부적인 자료와 진행했던 코칭이나 교육 결과를 활용한다.

④ 코칭 이력관리 카드를 통해 직원의 장단점 파악은 물론 정확한 데이터로 상황이나 사실을 파악한 후 코칭을 하면 훨씬 효과적이다.

⑤ 코칭 수행에 필요한 지침이나 실행계획을 준비하는 부분에서는 어떤 직원과 팀을 대상으로 할 것인지를 정한다.

⑥ 사전에 대상자를 정하고 대상자에게 맞는 코칭 방법론으로 어떤 것을 적용할 것인지

를 결정하며 구체적인 기간과 스케줄을 조정한다.

⑦ 교육 및 훈련과 연동할 경우 연간 교육계획 수립 시 서비스 품질 개선 코칭을 포함시키도록 한다.

⑧ 교육을 단독으로 진행할 때보다 교육 및 훈련을 코칭과 연계했을 때 효과가 향상될 수 있다.

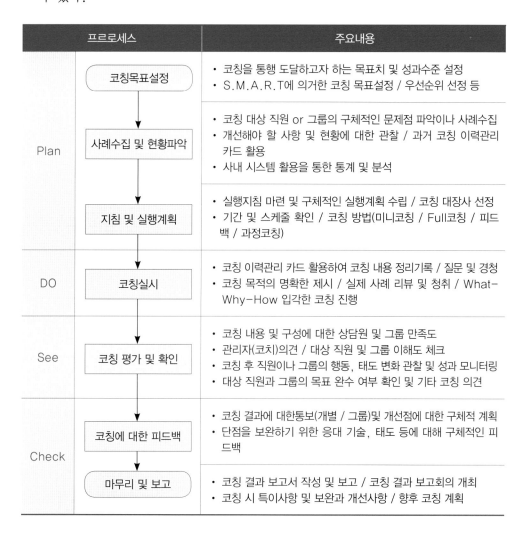

프로세스		주요내용
Plan	코칭목표설정	• 코칭을 통행 도달하고자 하는 목표치 및 성과수준 설정 • S.M.A.R.T에 의거한 코칭 목표설정 / 우선순위 선정 등
	사례수집 및 현황파악	• 코칭 대상 직원 or 그룹의 구체적인 문제점 파악이나 사례수집 • 개선해야 할 사항 및 현황에 대한 관찰 / 과거 코칭 이력관리 카드 활용 • 사내 시스템 활용을 통한 통계 및 분석
	지침 및 실행계획	• 실행지침 마련 및 구체적인 실행계획 수립 / 코칭 대장사 선정 • 기간 및 스케줄 확인 / 코칭 방법(미니코칭 / Full코칭 / 피드백 / 과정코칭)
DO	코칭실시	• 코칭 이력관리 카드 활용하여 코칭 내용 정리기록 / 질문 및 경청 • 코칭 목적의 명확한 제시 / 실제 사례 리뷰 및 청취 / What-Why-How 입각한 코칭 진행
See	코칭 평가 및 확인	• 코칭 내용 및 구성에 대한 상담원 및 그룹 만족도 • 관리자(코치)의견 / 대상 직원 및 그룹 이해도 체크 • 코칭 후 직원이나 그룹의 행동, 태도 변화 관찰 및 성과 모니터링 • 대상 직원과 그룹의 목표 완수 여부 확인 및 기타 코칭 의견
Check	코칭에 대한 피드백	• 코칭 결과에 대한통보(개별 / 그룹)및 개선점에 대한 구체적 계획 • 단점을 보완하기 위한 응대 기술, 태도 등에 대해 구체적인 피드백
	마무리 및 보고	• 코칭 결과 보고서 작성 및 보고 / 코칭 결과 보고회의 개최 • 코칭 시 특이사항 및 보완과 개선사항 / 향후 코칭 계획

2) 코칭 진행 단계(Do)

① 코칭의 이유나 목적을 분명히 제시하고, 설명은 구체적이고 간결하게 What－Why－

How에 입각해서 진행한다.

② 핵심 위주로 이야기하고 제대로 이해하는지 또는 잘 따라오는지를 확인해 가면서 진행한다.

③ 개선되어야 할 몇 가지 사항만을 선정하고 집중함으로써 효과를 높일 수 있다.

④ 코칭을 진행할 때는 대상자 개개인의 특성을 고려한 개인화된 맞춤교육 형태여야 한다.

⑤ 쌍방향적인 커뮤니케이션이어야 하며 스스로 문제해결을 할 수 있도록 도와주어야 한다.

⑤ 질문을 병행한 적극적인 경청이 부재할 경우 실패할 확률이 높고 불만만 야기할 수 있다.

⑥ 특이 사항이나 내용을 코칭이력관리 카드에 기록해 향후 코칭에 활용할 수 있도록 한다.

3) 평가 및 확인 단계(See)

① 코칭 진행 후 관리자와 대상 직원들에게 개선과 반성을 할 수 있는 시간과 기회를 제공한다.

② 평가는 목표 달성 여부와 코칭 시 발생한 이슈들을 개선하고 보완하기 위해 실시한다.

③ 이력관리 카드를 통해 장단점 파악 및 결과보고서의 다양한 의견 및 아이디어를 수렴한다.

④ 코칭 진행 후 이행 여부는 물론 대상자들의 태도나 행동의 변화가 있었는지 여부를 확인한다.

⑤ 평가 및 확인을 통해 목표나 수준에 도달했는지를 점검하고 확인한다.

⑥ 일회성이 아닌 지속적인 모니터링을 통해 대상자들의 개선 정도를 확인해야 한다.

⑦ 부가적인 코칭 및 교육이 필요한 대상자들에 대해서는 지속적인 모니터링을 통해 개선을 이룰 수 있도록 도와주어야 한다.

4) 피드백 및 마무리 단계(Check)

① 피드백 및 마무리 단계는 코칭에 대한 결과를 최종적으로 통보하고 개선점에 대한 구체적인 실행계획을 세워 피드백을 주는 단계이다.

② 평가 피드백은 자신의 자기계발 및 조직 목표에 대한 합의를 이끌어 내는 수단이 된다.

③ 최종 피드백 단계에서는 중요 내용을 요약정리해서 해당 직원이나 팀에 알려 주어야 한다.

④ 마무리 단계에서의 피드백은 모니터링 내용과 성과에 기초해 구체적인 개선 및 보완해야 할 내용을 전달한다.

⑤ 피드백은 구체적이고 관찰 가능한 사실에 입각해서 진행해야 한다.

⑦ 상호 공격과 방어 형태로 이루어지는 부정적인 피드백보다는 도움을 주고받았다는 느낌이 드는 긍정적인 피드백이 될 수 있어야 한다.

⑥ 피드백 실시 후 코칭 관련 최종 결과를 문서로 작성하고 보고하는데 정식적인 절차나 회의를 거쳐 진행하는 것이 좋다.

⑦ 회의에서는 코칭부터 평가 및 확인, 피드백에 이르기까지 각 단계별 대상자들의 반응과 태도는 물론 장단점, 특이사항, 보완 및 개선된 점과 향후 보완 및 개선되어야 할 점, 향후 진행되어야 할 코칭 계획 등에 대해 상호 간에 공유가 이루어져야 한다.

⑧ 회의를 통해 나온 다양한 의견과 아이디어를 통해 코칭 계획을 재수립할 때 반영한다.

(3) 상담품질 코칭 진행 프로세스

코칭 진행 시간은 20~30분을 기본으로 하나 코칭을 진행하는 내용에 따라 유동적이며, 면대면 코칭을 기본으로 접점직원의 특성, 근속기간 등에 따라 내용 및 진행 방법이 달라질 수 있다.

① 코칭 전체 시간은 30분 이내에서 진행함

② 상담내용 청취 및 개선점을 찾는 단계에서는 우수 사례와 그렇지 않은 사례를 2개씩 확인 후 표준 답변만 재확인시킴

③ 개선안의 동의 단계에서 개선항목은 1~2개로 정하는 것이 바람직함

코칭 절차	주요 내용
인사/친밀감 형성	• 원활한 코칭 진행을 위한 공감대 형성(공통점 찾기, 고충 공유) • 신뢰감과 친근한 이미지를 전달해야 하는 단계 • 친밀감을 형성하는 시간이 길어지는 경우 사담으로 이어질 수 있으므로 5분을 넘기지 않는 것이 바람직함
상담내용 청취 및 개선점 찾기	• 사전에 준비한 상담내용을 청취하며 개선점을 찾을 수 있도록 유도 • 직원의 수준이나 코칭 내용에 따라 평가한 내용을 리뷰하거나 상담내용을 같이 청취함 • 필요에 따라 부분적으로 반복 청취하거나, 사례 내용(Good, Bad) 청취
해결안 모색	• 청취 후 소감 듣기 • 직원이 느끼는 응대 수준, 개선점이 발생되는 사유 등을 확인 • 합의된 개선점에 대하여 스스로 해결책을 찾을 수 있도록 유도
개선안에 대한 동의	• 직원이 도출한 개선 방법이 미흡할 경우 구체적인 방법을 제언 • 목표 의식 부여를 위하여 개선 항목을 정하고, 개선 의지 약속 받음
마무리	• 개선 의지를 격려하고, 직원에게 사후 관리를 약속하며 마무리

서비스 코칭 실무

서비스 코칭 스킬

(1) 코칭 스킬의 이해

코칭은 단순히 개개인의 성장 및 발전을 뛰어넘어 팀과 조직의 경쟁력을 높이고 조직에 활력을 불어넣는 데 큰 역할을 담당한다. 코칭의 효과를 더욱 극대화하기 위해서는 체계적인 코칭 스킬이 있어야 가능한데, 이러한 이유 때문에 요즘 모든 기업이나 조직의 화두는 코칭 스킬에 있다고 해도 과언이 아니다.

1) 코칭 스킬의 정의

① 코칭 진행 시 효과를 극대화하기 위해 필요한 기술로 '의사소통기술'이라고도 한다.
② 코칭을 효과적으로 진행하기 위해서는 직원들과의 커뮤니케이션이 바탕이 되어야 한다.
③ 커뮤니케이션을 바탕으로 하지 않는 코칭 스킬은 통제와 지도를 통한 관리만이 존재할 뿐이다.
④ 커뮤니케이션을 통해 직원과의 긍정적이고 발전적인 상호관계를 유지해야 한다.
⑤ 코칭 스킬을 통해 성과관리와 서비스 조직 전략이나 목표 등 중요한 사항에 대한 의사결정을 할 수 있다.
⑥ 코칭 스킬을 통해 개인적인 성장이나 발전을 위한 경력개발 및 고객을 만족시킬 수

있는 능력개발 등 다양한 분야에 활용할 수 있다.

2) 핵심적 코칭 스킬
서로 다른 언어적 커뮤니케이션과 비언어적인 커뮤니케이션을 동시에 적절히 사용함으로써 코칭 스킬을 극대화할 수 있는데, 코칭에 있어 가장 핵심이 되는 스킬은 아래와 같이 3가지라고 할 수 있다.
① 경청
② 질문
③ 피드백

(2) 경청 스킬

코칭을 할 때 중요한 것은 주의집중과 함께 경청하는 것이다. 이를 통해 대상자(직원) 스스로 내면의 사고과정을 성찰할 수 있도록 돕는다.

1) 경청을 위한 주의집중
주의집중은 대상자의 이야기에 최대한 집중하기 위해 행위적으로 주목하는 것을 의미하며 여기서 행위적으로 주목한다는 것은 대상자와의 커뮤니케이션을 의미한다. 행위적으로 주목하는 행위는 아래와 같다.
① 호응 및 공감하는 자세
② 눈 마주침(Eye contact)
③ 고개를 끄덕이는 행위
④ 음성이나 얼굴 표정 또는 제스처
⑤ 다양한 미소 및 웃음
⑥ 몸 전체를 상대방에게 돌리기

2) 경청 및 주의집중을 방해하는 요소

① 코칭 중 잡념이나 딴생각

② 미리 다음 질문이나 과정을 생각하는 행위

③ 대상자(직원)에 대해 느끼는 코치(관리자)의 다양한 감정이나 경험의 오버랩

④ 육체적으로 피곤한 상황(과로, 피곤함, 소진상태 등)

⑤ 감정적 또는 심리적으로 불안정한 상태

⑤ 과정상 명확한 목표와 우선순위가 불명확한 계획

⑥ 주의 산만한 환경이나 조건

⑦ 상대방에 대한 평가를 내 기준으로 판단함

3) 적극적인 경청 스킬(Active listening skill)

① 경청은 마음을 여는 열쇠 역할을 하므로 직원들이 하는 말들을 단순히 한 귀로 듣고 한 귀로 흘려버리는 게 아니라 적극적인 경청 자세가 필요하다.

② 경청을 하기 위해 가장 중요한 것은 자세와 태도라고 할 수 있다.

③ 직원과 관리자는 코칭 시 상호 간의 말에 귀 기울여야 한다.

④ 직원과 관리자 상호 간에 말을 경청하고 있다는 것을 보여 주어야 하는데, 이러한 상호 간의 경청을 통해 올바른 코칭이 이루어질 수 있다.

⑤ 실습-점검 및 확인-피드백으로 이어지는 사이클을 지속적으로 반복함으로써 경청에 대한 내면화를 통해서 경청능력을 향상시킬 수 있다.

4) 성공적인 경청을 위한 주의사항

① 접점직원 입장에서 이해하기

② 코칭 내용과 방향을 일관되게 유지하기

③ 언어적인 반응과 비언어적인 반응을 적극 활용하기

④ 직원의 반응에 대해 행간의 의미를 읽기

⑤ 간결한 요약, 반영, 바꾸어 말하기 등을 활용하기

5) 공감을 위한 3가지 요소

공감 요소	주요 내용
관심표명	• 언어적 표현을 통한 대화에 관심이 있음을 표명 • 비언어적(태도)으로도 상대와의 대화에 관심이 있다는 것을 표현 가능 　　예) 메모, 상체를 당겨 앉음, 눈 마주침, 적절한 맞장구, 고개 끄덕임 등의 행동
반복	• 상대방의 이야기를 잘 듣고 있으며 이해하고 있다는 것을 보여 주는 방법 • 단순히 들은 바를 그대로 반복하는 것이 아니라 아래와 같은 반응을 보여 줌 　반복: 들은 내용을 반복하여 확인 　바꾸어 말하기: 들은 내용을 다른 방식으로 표현 　요약: 들은 내용을 요약·압축하여 핵심만 전달(표현) 　반영: 상대방의 감정이나 느낌에 해당하는 부분을 표현하여 대화에 반영
감정 이입	• 상대의 감정이나 느낌을 추측하면서 이해하려고 노력하는 단계 • 추측과 함께 코치가 추측한 상대방의 감정을 말로 표현하여 확인 • 대상자가 말한 내용 외에도 감정을 이해하고 있다는 것을 표현

6) 경청의 유형

경청에는 대표적으로 아래와 같이 4가지 유형이 있으며 각각의 특징을 가지고 있다.

경청 유형	주요 내용
배우자 경청	• 대충대충, 건성건성 듣는 경청, 단순한 듣기(Hearing)에 불과함 • 경청 중 가장 낮은 단계의 경청 • 상대방에게 집중하지 않을 때 자주 발생 • 상대의 의도나 생각을 파악하기 어려움 　예) "팀장님, 요새 너무 힘들어 죽겠어요." 　　 "야! 너만 힘드냐? 난 죽을 것 같다야!"
수동적 경청	• 상대에게 주의를 기울이거나 공감해 주지 않음 • 단순히 상대방이 말하도록 놓아두는 경청법 • 말을 가로막지 않는다는 면에서는 자유로움 • 상대방의 말에 집중하지 못하고 산만한 분위기 조성 　예) "팀장님, 요새 너무 힘들어 죽겠어요." 　　 "어! 그래. 그러면 휴가를 좀 쓰지 그래?"
적극적 경청	• 상대방에게 주의를 집중하고 공감을 해 줌 • 상대방과 언어적으로 또는 비언어적으로 충분히 공감하고 호응해 주는 경청 • 상대방은 존중을 받는 느낌 　예) "팀장님, 요새 너무 힘들어 죽겠어요." 　　 "아! 그래? 요새 정말 힘들었나 보네. 하기야 좀 힘들긴 했지."

맥락적 경청	• 상대방이 말하지 않은 내용까지 듣는 경청
	• 말이 아닌 어떤 맥락에서 이러한 행동과 말이 나온 것인지 생각함
	• 상대방의 숨겨진 의도나 욕구까지 파악하는 경청 기술
	• 상대방의 의도 · 감정 · 배경까지 헤아리면서 듣는 경청법
	• 상대방에게 긍정적인 영향력을 발휘
	  예) "팀장님, 요새 너무 힘들어 죽겠어요."
	    "정말 많이 힘들었지? 요새 일이 많아서 야근을 밥 먹듯이 하는 걸
	    보니 안됐더라고…. 오늘은 일찍 들어가서 쉬어. 그리고 ○○○ 씨가
	    맡은 민원 업무와 관련해서 팀에서 함께 고민해 보자고."

7) 공감적 경청의 특징

① 공감적 경청은 상대방의 상황이나 말을 이해하려는 의도를 가지고 경청하는 것이다.

② 공감적 경청은 '나'를 중심으로 하는 것이 아니라 '상대방'의 관점에서 사물을 보는 경청이다.

③ 공감적 경청은 상대방의 말을 경청할 때 귀로 듣는 것이 아닌 눈과 가슴으로 듣는 것이다.

【 적극적 경청의 단계 및 주요 내용 】

단계	주요 내용
준비 단계	• 시간 및 장소를 고려 • 경청을 방해하는 요소 제거 • 사례수집 및 현황파악(코칭 이력 관리 카드 및 관련 자료) • 편견 및 선입관 제거 • 상호 기본적인 이해
경청 및 반응 단계	• 접점직원 관점의 경청 • 이해하고 있다는 것을 보여 줌(언어적/비언어적 반응 활용) • 듣고 이해하고 기억함(필요한 경우 메모) • 접점직원 말의 이면에 집중
마무리 단계	• 경청을 통해 나온 내용을 명료화(예: 내용 이해를 위해 명료화) • 직원의 사고, 감정, 이해 반영 • 경청을 통해 나온 직원의 이견이나 생각을 요약(Summary) • 격려나 칭찬, 인정(Recognition)

④ 공감적 경청 시 경청하고 있음을 확인시켜 반응으로 보통 언어적 반응과 비언어적 반응이 있다.

⑤ 언어적 반응은 표현하는 경청에 대한 반응이고 비언어적인 반응은 언어를 제외한 표정이나 제스처, 눈맞춤, 시선, 몸짓, 태도 등을 통한 경청에 대한 반응으로 이러한 언어적/비언어적 반응을 통해 경청이 효과적으로 이루어질 수 있다.

8) 공감적 경청 시 고려사항

① 공감적 경청은 코칭이나 대화 도중 들은 내용을 다시 한 번 확인함으로써 관리자가 직원의 말을 제대로 이해하고 있음을 보여 주는 경청이다.

② 가급적 거리를 적당히 유지하고 직원을 배려한 표정과 어조를 갖추어 경청에 임해야 한다.

③ 상대방과 눈을 맞추고 고개를 끄덕이는 반응은 직원으로 하여금 관리자가 자신의 말을 경청하고 있으며, 자신을 존중하고 신뢰하고 있다는 느낌을 받게 할 수 있다.

④ 공감적 경청에 대한 기본적인 자세를 토대로 상대방의 말에 대해서 표정이나 간단한 맞장구를 쳐 주면서 진행한다.

> 예시 적극적인 느낌이 들도록 하는 경청어를 사용하는 것인데 "아, 그랬군요.", "정말 힘드셨겠군요.", "아! 맞아요.", "저런! 그래서 어떻게 되었는데요?", "정말! 그래요.", "정말 기쁘셨겠군요.", "그런 일이 있었군요.", "걱정이 많으셨겠군요." 등의 표현을 해 주는 것이다. 다만 공격적인 표현인 "왜요?", "그래서요.", "뭘 어쨌다고요.", "그래서 결론이 뭡니까?"라는 표현이나 질문은 삼간다.

⑤ 공감적 경청을 통해 직원과의 거리가 어느 정도 좁혀졌다면 좀 더 적극적인 표현을 통해 직원의 마음을 열 수 있다.

> 예시 "그럴 때 기분이 어땠어요?", "좀 더 자세히 듣고 싶은데요.", "어떻게 하면 도움이 될 수 있을까요?", "내가 듣기에는 ~다는 얘기인데."라는 표현을 통해 좀 더 구체적이고 명확한 답변을 이끌어 낼 수 있다.

⑥ 직원이 말하는데 중간에 미리 예단해 결론을 단정짓는 행위는 금물이며, 말하는 도중 절대로 중간에 끼어들거나 말을 자르지 않고 끝까지 경청하는 자세가 중요하다.

⑦ 공감적 경청은 시간도 많이 소요될 뿐 아니라 많은 인내를 필요로 하는 경청이기 때문에 시간에 쫓겨서 부실하거나 성의도 없는 경청이 이루어지느니 차라리 하지 않는 것이 낫다.

⑧ 경청을 할 때 발생하는 잘못된 습관이나 태도들을 신속하게 개선해야 한다. 예를 들면, 말하는 직원의 의견이나 설명에 대해 무시하거나 닦달하는 태도, 맞장구는 쳐 주면서 듣는 체만 하는 태도, 전체적으로 집중하지 못하고 일부분만 듣는 태도, 장난스럽고 일관되지 못하며 중구난방 식의 태도 등이 대표적이다.

⑨ 직원들 입장에서는 경청에 대한 관리자의 태도를 금새 눈치챌 수 있으며, 자신의 말이 존중 받지 못한다는 느낌을 받으면 제대로 코칭이 이루어지지 않는다.

⑩ 직원에 대한 경청은 말 그대로 '옳다, 그르다'를 판단해 주는 것이 아닌 직원의 입장에서서 공감해 주는 것만으로도 큰 효과를 볼 수 있다.

9) 맥락적 경청법

상대방의 행동이나 말이 나오게 된 의도, 감정, 배경 등을 헤아리면서도 듣는 경청을 '맥락적 경청'이라고 하는데 아래와 같은 방법을 통해 맥락적 경청을 극대화할 수 있다.

① 먼저 온전히 상대방에게 집중하는 것이 필요하다.

② 상대방의 말에 경청하면서 적절하게 질문을 한다.

③ 대화 도중 자신이 이해한 것을 제대로 이해했는지 여부를 요약하여 확인한다.

④ 미리 예단하여 판단하지 않아야 한다.

⑤ 상대방의 말을 충분히 듣고 난 뒤 반응한다.

10) 공감을 방해하는 장애 요소들

공감의 의미는 타인이 경험하고 있는 것을 존중하는 마음으로 이해하는 것이라고 정의할 수 있으며 이와 같은 이유로 인해 코칭을 진행하는 과정에서 중요한 것은 상대방에 대한 공감과 호응이라고 할 수 있다. 이렇게 중요한 공감을 방해하는 요소들을 정리하자면 아래와 같다. 서비스 조직에서 코칭을 진행할 때 머리로 상대방을 이해하려고 한다면 결국 공감을 방해하고 있는 것이며 공감이 없는 경청이라는 것은 진정한 경청이라고 할 수 없다.

대표적으로 공감을 방해하는 요소들은 아래와 같으며 가급적 지양해야 한다. 사실 아래
와 같은 행위나 표현은 공감이라고 생각하기 쉽지만 공감이라고 할 수 없다.

장애 요소	주요 표현
충고 및 조언하기	"내 생각에 당신은 ~게 말하는 것이 좋을 것 같아요."
분석/설명/진단하기	"당신의 성격이 좀 예민해서 그럴 수도 있어요."
한술 더 뜨기	"그건 아무 일도 아니야. 나는 그것보다 더 심한 일도 있었어요."
위로하기	"최선을 다했으니 그건 당신이 잘못한 것이 아닙니다."
바로잡기	"그건 당신이 잘못 생각하고 있는 겁니다."
다른 얘기 꺼내기	"그 말 들으니 생각나는 게 있는데, 할 말이 있는데요…."
동정하기	"정말 안 됐다. 참 딱하기도 해라. 정말 이를 어쩌냐?"
조사 및 취조하기	"언제부터 그랬나요?", "그 전에는 무슨 일이 있었던 거예요?"
평가 및 교육하기	"좋은 경험했다고 생각해", "너무 약해 빠진 거 아냐? 이 험난한 세상 정말 어떻게 살려고 그래?"

11) 경청 시 유의해야 할 태도와 부작용

부적절하게 경청하는 태도에 따라 상대방은 부정적인 반응을 내보일 가능성이 높으며
이러한 반응은 최악의 경우 대화를 차단하고 코칭이 제대로 이루어지지 않는 결과를 초
래한다.

잘못된 경청 태도	상대방의 반응
꼬치꼬치 캐물을 경우 – 상대방에게 추가적인 정보 요구	• 추궁 또는 비판으로 받아들여 감정표현 중단 • 상대의 호기심에 대한 거부감 및 적대감(분노, 짜증)
문제해결·정답을 제공하려는 경우 –해결방안 제시	• 문제해결을 코치에게 넘기려는 의존적인 태도 • 감정적으로 거부당했다는 느낌
감정적/지지적 태도를 보이는 경우 – 격려, 위안, 공감을 하려는 시도	• 의존적인 태도 • 반대로 동정을 받는 것에 대한 거부감 및 혐오

해석 및 관찰하려는 경우	• 공감 및 이해를 받지 못했다는 느낌 • 코치 관점이 더 중요하다는 인식을 고정시킴 • 분노 및 저항 유발 가능성 • 코칭을 받으려는 의욕을 상실
가치 판단 및 평가하려는 경우 – 도덕적 판단, 규범적 충고	• 대상자 스스로 잘못했다고 생각하는 고민 유발 • 열등감 및 죄책감 유발 가능성 • 강한 반감 및 표출 등

12) 공감적 반응

어떤 문제가 발생했을 때 상대는 받아들일 준비도 되어 있지 않은 상황에서 충고를 한다거나 비난이나 질책, 비판을 한다면 반감을 가질 확률이 높다. 이러한 반감으로 인해 아예 의사소통을 거부하는 경우까지 발생해 문제 해결을 더 어렵게 한다. 이럴 때 사용하는 것이 공감적 반응이다.

① 공감적 반응은 상대방의 생각과 감정을 잘 파악하고 자신의 말로 재진술하는 것이다.

② 공감적 반응은 말하는 사람이 이해와 존중감을 느낄 수 있도록 말하며 반응하는 것이다.

③ 공감적 반응의 핵심은 상대방의 생각과 감정을 잘 이해하려는 태도라고 할 수 있다.

④ 상대방이 말하는 것 중 '기분'과 '바람'에 주목하여 반응하는 것이다.

⑤ 상대방의 말을 듣고 동일한 말을 사용해서 공감을 하면 상대 입장에서는 자신의 말을 이해한다고 생각하는데 이것도 공감적 반응이라고 할 수 있다.

13) 맞장구 유형

직원과 코칭을 진행할 때 맞장구는 중요한 역할을 한다. 직원의 말을 잘 듣고 있다는 공감이기도 하지만 적절히 호응함으로써 배려한다는 느낌을 전달해서 코칭에 집중할 수 있도록 하기 때문이다. 맞장구는 말 그대로 직원과 코칭을 진행할 때 호감을 얻을 수 있는 가장 기본적이면서 중요한 커뮤니케이션 기법이다. 맞장구의 핵심은 상대방의 이야기에 귀 기울이는 것이라고 할 수 있으며 맞장구의 유형은 아래와 같다.

① 상대방의 말에 대한 단순한 맞장구① 상대방의 말에 대한 단순한 맞장구

예시 "그래요?", "저런.", "그렇군요.", "그렇습니까?", "맞아요."

② 공감 및 동의하는 맞장구

예시 "역시!", "정말 그렇겠네요.", "아! 충분히 그럴 수 있다고 생각해요.", "맞아요. 저라도 그랬을 겁니다.", "그러게요, 많이 속상했겠네요.", "맞아요. 바로 그거예요."

③ 상대방의 말을 요약 또는 정리하는 맞장구

예시 "그러니까 [상대방의 말이나 의도]라는 말씀이시죠?", "○○○씨가 말한 것은 ~라는 것이지요?"

④ 재촉 또는 적극적인 맞장구

예시 "그래요! 그래서 어떻게 되었나요?", "와! 정말입니까?", "와우! 그래요? 정말 대단하네요."

⑤ 비언어적 커뮤니케이션을 통한 맞장구

예시 고개를 끄덕이거나 눈 마주침, 기타 제스처나 얼굴 표정, 동작, 태도 등

14) 맞장구 치는 법

① 맞장구는 무의식적으로 대화를 원하는 방향으로 이끌어 내는 데 효과적이다.

② 맞장구를 치는 타이밍을 맞추어야 한다.

③ 맞장구를 칠 때는 확실하게 그리고 짧으면서도 감정을 실어야 한다.

④ 맞장구를 치는 시기도 중요하지만 끝내는 시기도 중요하다.

⑤ 맞장구는 과도하지 않게 그리고 상대가 한창 흥에 겨울 때는 잠시 멈추는 것이 바람직하다.

⑥ 자신이 의도하는 내용에 동조할 경우 또는 긍정적인 답변을 얻어 내야 할 경우 맞장구를 친다.

15) 공감하는 태도를 보이며 적극적으로 대화하는 방법

① 해당 직원의 말을 끊지 않고 끝까지 듣는다.

② 비언어적 커뮤니케이션을 병행한다(고개를 끄덕임, 잦은 눈 마주침 등).

③ 상황에 맞는 맞장구를 쳐 준다.

　예시 "저런!", "정말?", "그래?" 등의 표현 사용

④ 상황에 맞게 적절한 질문을 한다.

　예시 "그래서 당시 ○○○ 씨는 어떻게 했나요?", "그래요? 그래서 어떻게 되었나요?"

⑤ 해당 직원의 말이나 행동의 의도 또는 감정을 파악하고 상황을 이해하는 표현을 한다.

　예시 "[구체적인 사유나 상황] 때문에 많이 힘들었겠군요."

(3) 질문 스킬

코칭에서 질문은 해답을 제시해 주는 것보다는 질문을 통해 대상 직원의 통찰력과 행위에 대한 인식을 기반으로 해결책을 찾아보는 과정이라고 할 수 있다.

1) 질문 스킬에 대한 이해

① 질문은 상대방으로 하여금 자신의 문제에 대해 생각하게 하고 이를 통해 해결 방법을 찾게 해줌으로써 문제해결능력을 향상시켜 주는 코칭 스킬이다.

② 경청이 '마음을 여는' 기술이라고 한다면 질문은 '생각을 여는' 기술이라고 할 수 있다.

③ 질문은 궁극적으로 업무성과를 최대한 끌어 올리기 위해 활용되는 스킬이다.

④ 질문을 지속적으로 던짐으로써 스스로가 문제를 해결할 수 있도록 도와주어야 한다.

⑤ 단편적인 지식이나 정보 제공 또는 일방적인 코칭은 직원에게 일시적인 문제를 해결해 줄 수는 있을지언정 궁극적인 해결책은 제시해 주지 못한다.

⑥ 단순 해결책 제시가 아닌 원인과 그 원인을 제거하기 위해 어떤 해결책이 필요한지를 접점직원 입장에서 고민하고 이를 스스로 해결할 수 있도록 도와주어야 한다.

⑦ 코칭의 목적은 본래 문제에 대한 해결책을 제시하는 것이 아닌 그 해결책을 발견하도록 지원하고 격려하는 방식을 취해야 한다.

⑧ 질문을 통한 코칭 방식은 직원들에게 다양한 질문을 던짐으로써 직접 문제를 해결할 수 있도록 지원과 협조를 해 주는 방식으로 일반적인 코칭 방식보다 훨씬 효과적이다.

【 일방적인 교육 및 코칭 vs 질문을 통한 코칭 방식 】

일방적인 교육 및 코칭 방식(단방향 커뮤니케이션)	질문을 통한 코칭 방식(쌍방향 커뮤니케이션)
해결책제시 직원1　직원2　직원3	해결책제시 직원1　직원2　직원3
• 붕어빵과 같은 천편일률적인 해결책 제시 • 획일적인 해결책 제시 및 상황대처능력 떨어짐 • WHAT에 집중 • 관리자 또는 코치 중심	• 해결방법에 대한 스펙트럼 다양화 • 다양한 해결책 제시 및 상황대처능력 높음 • WHO에 집중 • 직원 중심

2) 코칭 시 질문 유형

코칭에서 이루어지는 질문의 유형은 아래와 같다.

유형	내용
열린 질문	• '예' 또는 '아니오'로 답변할 수 없는 질문(↔폐쇄적인 질문) • 일반적으로 코칭에서 가장 많이 사용되는 질문의 유형 • 사고를 확대시키고 코칭에 적극적인 참여를 유도함 • "왜"가 아닌 '어떻게'에 대한 질문을 통해 깊은 대화가 가능 • "어떻게"를 활용한 질문은 직원이 방어적인 태도를 취하지 않음 • 부가적인 질문을 동반하고 문제 해결 지향적인 질문임 　예) "어떤 주제를 가지고 얘기를 하고 싶은가요?" 　　　　그 일은 어떻게 진행되고 있나요?"
미래 지향적인 질문	• 시간이나 시기를 중심으로 던지는 질문(↔과거 지향적인 질문) • 미래형 단어 표현을 주로 사용 • 잠재 능력 및 가능성에 초점을 맞춤 　예) "향후 어떤 계획을 가지고 있는지 말해 주실래요?" 　　　"○○○씨의 2개월 후의 모습은 어떻게 되었으면 좋을까요?"

긍정적인 질문	• 긍정적인 의미의 언어 및 단어를 사용하는 질문(↔부정적인 질문) • 직원의 의식과 생각에 실제로 영향을 미치는 정도가 큼 • 직원의 생각을 존중해주는 느낌을 주어 신뢰감 형성에 도움을 줌 • 새로운 가능성과 대안을 모색하는 데 효과적임 예) "이번 기회를 통해 ○○○ 씨가 배운 점이 있다면 무엇인가요?" "그렇게 할 수 있었던 특별한 비결이 있으면 알려 주세요?"
구체적인 질문	• 코치의 상황에 대한 객관적이고 구체적인 정보를 얻기 위한 질문 • 'What-Why-How-Where-When'에 입각하여 다양하게 질문 유도 • 현실 인식에 대한 계량적 사고를 유도해 좀 더 문제를 정확하게 규명하는 데 도움을 주는 질문 • 기존 질문에 대한 반응을 근거로 한 단계 심도 있게 하는 질문 • 말 그대로 대상 직원의 생각이나 태도를 좀 더 구체적으로 들어보거나 인식하도록 하기 위한 질문 • 생각을 많이 하게 해 대화를 통해 신뢰감이 형성됨 예) "[○○○○]한 이유를 구체적으로 설명해 보세요?" "구체적으로 어떻게 목표를 설정했는지 말씀해 주세요." "언제 그런 생각(감정)이 들었나요? 그리고 어떤 느낌이었나요?"
방향 전환 질문 (or 가정 질문)	• 생각이나 사고의 전환을 통해 폭넓게 생각하게 만드는 질문 • 보통 생각이나 행동에 대한 아이디어 유도 • 코칭이 진전 없이 답보상태를 유지할 때 새로운 화제를 통해 생각의 전환을 유도하기 위한 질문 • 생각을 많이 하게 해 대화를 통해 신뢰감이 형성됨 예) "만약 지원과 시간을 보장해 준다면 어떻게 하고 싶어요?" "만일 입장 바꿔서 ○○○ 씨의 입장이라면 어떨 것 같아요?"

3) 질문 시의 고려사항

① 직원에게 질문 시 너무 고압적인 자세나 태도를 유지하고 있지는 않은지 확인해야 한다.

② 질문을 통해 능력 및 가능성을 끄집어내는 것이 목적이므로 미리 예단해 결론을 유도 하는 식의 질문은 피한다.

③ 머릿속에 잡념이나 선입견 및 고정관념이 들어차 있으면 제대로 된 질문이 이루어질 수 없다.

④ 질문을 던진 후 질문에 답할 시간을 주어야 하는데 시간이 촉박하다고 '요점만 말하세

요. 시간이 많지 않아요'라고 하거나 질문하면서 시간을 핑계로 답변을 제시하는 등
의 태도는 옳지 않다.

⑤ 관리자들은 반드시 해결책을 제시해 주어야 한다는 강박관념에서 벗어나 여유를 가
지고 직원의 무의식 속에 있는 능력이나 가능성을 끄집어내기 위해 노력한다.

4) 질문 스킬 활용 시 주요지침

① 길게 말하는 습관을 버린다.

② 대상자가 스스로 해결책을 찾는 데 도움이 되는 질문을 한다.

③ 동일한 질문을 반복하지 않는다.

④ 자주 묻는 질문의 경우 항목을 만들어 암기해서 활용한다.

⑤ 폐쇄형 질문과 개방형 질문을 적절한 시기 및 상황에 맞게 활용한다.

⑥ 연습을 통해 질문 스킬을 향상시킨다.

⑦ 코치의 개인적인 주관이나 판단기준이 반영된 질문은 하지 않는다(중립적인 질문
활용).

⑧ 질문하는 과정에 자신의 자아가 상대방에게 투영되지 않도록 한다.

(4) 피드백 스킬

1) 피드백 스킬의 이해

피드백이라는 단어는 현장에서 가장 많이 쓰이는 말이 되었으며, 직원의 역량이 곧 현장
의 역량으로 인식됨에 따라 피드백은 코칭과 더불어 인재 개발의 핵심으로 부상하고 있
다. 현장에서 이루어지는 질문이나 경청은 어떤 명확한 답변을 주기보다는 직원 스스로
가 상황이나 문제를 인식하고 해결할 수 있도록 도와주는 기술이다. 피드백은 좀 더 나
아가 질문과 경청으로 축적된 여러 가지 정보나 관찰을 통해 직원의 태도, 행위 및 행동
에 대해 평가하거나 판단할 수 있으며, 이를 통해 직원들이 질적·양적으로 성장하는 데

도움을 주는 기술이라고 할 수 있다.

2) 피드백 스킬의 특징

① 피드백은 질문이나 경청과 달리 보다 구체적으로 실천을 유도하는 기술이다.

② 피드백을 통해 업무의 진행속도가 빨라짐은 물론 역량이나 효율성을 향상시킬 수 있다.

③ 피드백 스킬은 직원들로 하여금 그들의 행동을 열게 하는 기술인데, 피드백의 역할은 있는 사실(Fact)을 근거로 하기 때문에 말 그대로 구체적이고 명확한 커뮤니케이션이라고 할 수 있다.

④ 흔히 '피드백이 곧 커뮤니케이션이고 커뮤니케이션이 곧 피드백'이라는 말과 다를 바 없는데, 이는 서비스 조직이 커뮤니케이션 중심의 조직이기 때문이다.

⑤ 피드백은 커뮤니케이션을 통해 상호 간의 대화 내용을 확인시키는 도구로 활용될 수 있다.

⑥ 업무수행 결과나 진행 상황에 따라 발생할 수 있는 잘못된 오류나 상태를 발견해 보완 및 교정해 주는 역할을 수행하기 때문에 피드백은 빠를수록 좋다.

⑦ 피드백이 신속하고 시의적절하게 진행되면 업무상의 과실이나 상태를 최소화할 수 있고, 예기치 못한 상황이 발생하더라도 신속하게 대응할 수 있게 해 준다.

⑧ 피드백은 코칭이나 조직 내 커뮤니케이션에 있어서도 가장 중요한 도구로 활용된다.

3) 효과적인 피드백 진행 시 주의사항

① 피드백은 자주 주고받으며 빠를수록 좋다.

② 피드백이 자주 그리고 빠르게 진행될수록 예상치 못한 행동들을 미연에 방지하거나 과실들을 최소화할 수 있다.

③ 정기적이고 지속적인 피드백을 통해 긍정적인 행동을 유도함으로써 예상치 못한 행동이나 업무태도, 습관 등을 개선시키는 효과를 거둘 수 있다.

④ 시의적절하게 피드백을 제공한다. 피드백도 시기가 있어서 한참 지난 일이나 결과에 대해서 이유를 묻는 것은 피드백이 아니라 질책이나 다름없다.

⑤ 구체적이고 사실(Fact)에 입각한 피드백을 제공한다.

⑥ 피드백은 구체적으로 진행되어야 하며 시간, 장소, 대상 접점직원 등이 구체적이어야 한다.

⑦ 구체적이지 않은 피드백은 혼란을 겪을 위험이 높으며 이렇게 되면 피드백의 효과가 없다.

⑧ 격려와 칭찬 및 인정을 동반해야 한다. 피드백은 잘못된 점에 대해서만 국한해 시행하는 것이 아니라 잘한 점에 대해서는 반드시 칭찬과 인정, 격려를 해 주어야 한다.

⑨ 피드백은 해결 지향적(Solution-oriented)이어야 한다. 이는 관리자가 직원에게 해결책을 제시해 주는 것이 아닌 문제를 해결할 수 있도록 지원하는 것을 의미한다.

⑩ 피드백은 구체적인 행동이나 태도를 지적하고 이를 개선하거나 보완하게끔 도와주는 활동이다.

⑪ 행동이나 태도에 대해 지적 또는 칭찬, 인정, 격려를 통해 개선점이나 보완할 점을 제시한다.

4) 피드백 유형

피드백의 종류와 그에 대한 세분화된 내용들이 존재하지만 피드백의 주요 목적인 강화 －처벌－개선의 목적에 충실하게 부합하는 3가지 피드백으로도 충분한 효과를 누릴 수 있다. 피드백은 상황 또는 대상에 따라 다르게 진행해야 하는데 어느 한 가지 피드백만을 고집해서 활용하는 것이 아니라 3가지 피드백을 각 상황 및 대상에 맞게 활용해야 효과가 크다.

유형	주요 내용
긍정적 피드백 (Positive Feedback)	• 장점과 잘한 점에 대해 칭찬 및 격려와 인정을 해 주는 피드백 • 행동을 유발시키거나 강화시킴(Reinforcement) • 자신감을 강화시키고 성취감을 느낄 수 있게 하며 역량을 향상시킴 • 더 높은 목표부여를 통한 도전의식을 자극

부정적 피드백 (Negative Feedback)	• 잘못과 실수에 대해 구체적인 설명과 반응이 없는 피드백(무반응) • 행동 및 결과에 대한 징계 및 처벌(Punishment) • 자신감 및 역량 저하 요인으로 작용 • 대상자는 민감하게 반응(갈등, 증오)
발전적 피드백 (Progressive Feedback)	• 구체적으로 행위 또는 행동을 지적하고 개선방향을 제시하는 피드백 • 결과에 대한 질책보다는 실패 원인을 분석해 개선시킴(Improvement) • 미래 지향적인 피드백이며 대상자와의 합의를 이끌어 내야 함 • 상호 간의 믿음과 신뢰가 바탕이 되어야 대상자가 오해하지 않음

5) 피드백 유형별 활용

① 긍정적인 피드백은 피드백 진행에 있어서 효과적인 커뮤니케이션 도구로 활용되고 있다.

② 발전적인 피드백과 질책 또는 비난의 개념도 정확히 구분해서 진행해야 한다.

③ 발전적인 피드백은 직원의 구체적인 행동을 지적하고 객관적인 상황이나 근거 제시를 통해 알맞은 피드백을 제공함으로써 개선방향을 제시해야 한다.

④ 객관적인 정황이나 근거를 제시하지 않는 것은 피드백이라기보다는 질책이나 비난에 가깝다.

⑤ 질책과 비난은 직원과의 갈등과 대립을 초래해 고객 응대에 대한 자신감 상실은 물론 역량을 감소시킬 수 있음을 인식한다.

6) 긍정적 피드백의 단점

① 무조건적인 긍정과 낙관적인 자세로 일관하는 피드백의 경우 다양한 문제 유발

② 무조건적인 긍정 피드백은 문제의 본질과 결정을 무시하는 상황으로 발전할 수 있음

③ 칭찬과 인정을 주로 하는 긍정 피드백이 오히려 독으로 작용하는 경우도 많음

④ 과도한 칭찬이나 인정이 오히려 심리적 압박은 물론 개선 및 성장에 장애물이 될 수 있음

⑤ 긍정적인 피드백이 오히려 역으로 도전적인 과제를 포기하는 경향을 보이는 경우도 발생함

7) 발전적인 피드백을 위한 단계별 포인트

행동－영향－바람직한 결과의 단계를 거쳐 피드백을 진행하면 효과적이다.

Action (행동)

- 직원이 어떤 특정분야에 업무를 충실히 수행하고 있는지 여부
- 주체는 직원이 아닌 수행하고 있는 업무에 대한 태도나 행동

Impact (영향)

- 직원이 행동이 미치는 영향이나 결과
- 개선 목적의 지적이나 피드백 수렴 후 직원의 행동에 미치는 영향

Desired Outcome (바람직한 결과)

- 직원이 일을 효율적으로 처리하기 위한 방법
- 향후 전개될 바람직한 결과를 위한 구체적인 행동에 대한 논의

8) 부정적 피드백의 활용

① 부정적인 피드백이 무조건 나쁜 것이 아닌 순기능도 있다는 사실에 주목

② 부정적인 태도와 감정이 현실적이고 냉철하게 바라보게 해 올바른 판단할 수 있도록 유도

③ 무조건인 질책과 비난이 아닌 대안 있는 건설적인 질책은 오히려 긍정적인 결과 초래

④ 경력이나 근속기간이 오래되어 숙련된 직원을 대상으로 적극적으로 활용하는 것이 바람직함

⑤ '인격'을 공격하는 것이 아니라 '행동'에 대해서 지적하는 것임을 인식할 것

⑥ 장점은 인정하되 개선해야 할 사항에 대해서는 최대한 구체적이고 자세한 설명이 필요

⑦ 잘못이나 실수를 질책하거나 야단치는 것이 아닌 바람직한 행동을 유도하기 위한 것이라는 점을 인식할 것

⑧ 직원들의 비판적인 직언이나 의견을 수용하고 독려하는 분위기를 조성하는 것이 중요

⑨ 최악의 상황을 가정해서 이를 극복하기 위한 실천의지를 제고하는 방향으로 피드백 제공

⑩ 부정적 피드백이 효과를 발휘하려면 긍정과 부정의 균형을 맞추는 것이 중요하며 결과는 긍정적으로 수용하되 과정은 비판적인 관점에서 접근(사실에 기반한 문제점 파악 및 현실 인식 중요)

9) 질책을 할 때 주의할 점

피드백을 진행할 때 좋은 말만 할 수는 없다. 직원을 지도하면서 잘못된 일이나 개선이 필요한 부분에 대해서는 비난이 아닌 질책이 필요하다. 감정이 실린 비난은 직원의 감정을 자극하여 오히려 피드백의 효과를 떨어뜨리기 때문이다. 비난이 아닌 질책을 통해 문제점을 지적하고 개선하는 데 초점을 맞추는 것이 바람직하다.

① 상대방의 인격을 낮추고 상처를 주는 추상적인 단어나 표현을 통해 지양하고 객관적인 근거나 사실에 기인해 지적한다.

② '항상', '늘', '언제나', '자주'와 같은 말은 부분이 아닌 전체로 확대해 상대방을 자극하고 반발하게 하므로 사용을 자제한다(빈도부사 사용 금지).

③ 피드백 시 대부분의 갈등이나 불만은 내용보다는 표현에서 발생하는 경우가 많다.

> **예시** 이번에 실적이 왜 이래요? 정신이 있는 거예요, 없는 거예요? 지난번 피드백 할 때에도 몇 번 얘기를 했잖아요. 그렇게 알아듣게 설명하고 조언을 했으면 좀 개선이라도 되어야 할 거 아니에요! 아니, 신입사원보다 못하면 어떻게 하냐고요. 이런 게 한두 번입니까? 도대체가 기본이 안 되어 있어!

④ 질책을 할 때는 상대방의 감정이나 인격을 비하하는 폭력적인 대화가 아닌 비폭력 대화를 활용한다.

⑥ 화나거나 질책을 할 때 'I-Message' 또는 '나-표현법'과 같은 중립적인 단어나 표현을 활용한다.

⑦ 'I-Message' 또는 '나-표현법'은 감정을 억제하는 것이 아니라 표출하되 화자 중심으로 감정을 표현하라는 것이 핵심이다.

> **예시** 당신은 왜 그 모양입니까? ○○○씨! 정말 해도 해도 너무 하는 것 아닙니까?
> [YOU-Message]
> → ○○○ 씨! 몇 차례 말씀 드렸음에도 불구하고 개선되지 않아 내 입장이 곤란

하군요. [I–Message]

⑧ 질책을 할 때는 '칭찬(장점)–질책–칭찬(격려)' 형식 샌드위치 방식으로 진행하되 직원의 성격이나 의욕이나 역량을 판단해서 질책하는 방법을 달리하는 것이 바람직하다.

- 개선의 노력이나 반성을 하지 않는 직원 → 단호하게 질책함
- 역량이 부족한 직원 → 조언하듯 질책함

10) 효과적인 피드백을 위한 점검

일방적이지 않고 단순히 질책하는 수준 정도의 피드백이 되지 않도록 하기 위해서 반드시 이행되어야 할 프로세스와 조건들이 있다.

① 먼저 피드백 주제를 명확히 하여야 한다.

② 단순한 지적이 아닌 칭찬 병행, 개선점 공유를 통해 이행 활동에 대한 확신을 심어 주어야 한다.

③ 피드백이 이루어지기 위한 환경이나 분위기를 조성한다(말, 어조, 분위기, 근무시간, 환경 등).

④ 일방적인 것이 아닌 상호 의견을 주고받는 형식을 취한다(동의 여부, 대안, 고려할 사항 등).

⑤ 피드백 후 구체적이고 명확한 이행 계획을 세워야 한다(실행시기, 실행확인, 이행기준 등).

(5) 확인 스킬

직원에게 피드백을 하는 과정이 코칭에서 중요한 요소이나 피드백만큼이나 중요한 것이 바로 '확인 스킬'이다. 확인 스킬이라는 것은 코칭을 하는 과정에서 중요한 사항들을 확인하기 위한 기술이라고 정의할 수 있는데, 확인한다는 것은 직원이 가지고 있는 역량이나 의지 또는 가능성을 확인한다는 뜻으로 이해하면 되겠다.

1) 확인 스킬의 이해

① 확인 스킬은 보통 과거와 현재(AS-IS) 또는 향후 가능성(TO-BE)을 확인하는 기술이다.

② 직원 스스로 자신의 상황이나 처한 현실을 인정하기 어려운 상황에 직면해 있을 때 외부로부터의 확인 절차가 필요한데 이때 필요한 스킬이 바로 확인 스킬이다.

③ 표면적인 행위나 모습과는 다르게 사람의 마음속으로는 자신의 가능성이나 잠재력을 믿지 못하는 사람들에게 유효한 스킬이다.

④ 확인 스킬의 핵심은 코칭 대상인 상대방에 대한 신뢰이므로 코칭의 원칙 중에 하나인 대상자의 가능성을 믿는 일부터 시작해야 한다.

⑤ 확인 스킬은 상대방의 가능성을 확실하게 인정하기 위한 기술이라고도 할 수 있다.

2) 향후 가능성(TO-BE) 확인

① 향후 가능성이라는 미래라고 할 수 있으며 코칭을 통한 목적지라고 할 수 있다.

② 지금 당장의 목표가 아닌 향후 달성해야 할 목표나 비전이라고 할 수 있다.

③ 향후 가능성 확인은 위에서 아래로(Top down)의 방식이 아니라 아래서 위로(Bottom up)의 방식이 바람직하다.

④ 실제 서비스 조직에서 근무하다 보면 자신도 모르게 업무에 함몰되는 경우가 많아 목표를 간과하거나 잊는 경우가 많기 때문에 상기시킬 필요가 있다.

⑤ 사소한 실수나 실패로 인해 해당 목표를 이루기 위한 의지나 자신감을 상실하는 경우도 있기 때문에 이때는 격려와 함께 확인이 필요하다.

⑥ 격려라는 것은 단순히 격려에 그치는 것이 아니라 해당 목표가 얼마나 중요한지 그리고 성취감은 어떤 것인지에 대한 지지 활동으로 격려 이상의 의미를 갖는다.

⑦ 향후 가능성 확인은 보통 질문 스킬을 활용해서 직원 스스로 해당 목표를 생각해 낼 수 있도록 유도하는 것이 바람직하다.

⑧ 목표 달성에 대한 직원의 가능성을 확실하게 인정하려는 믿음과 신뢰가 있어야만 효과를 낼 수 있다.

3) 현재 상황 확인

① 현재 확인이란 직원이 처해 있는 현 상황을 확인하는 행위라고 할 수 있다.

② 끊임없이 밀려드는 콜을 소화하다 보면 자신이 스스로 만든 목표에 대한 감각이나 인식이 무뎌지는 경우가 많은데 이때 확인이 필요하다.

예시 지난번에 얘기했던 목표는 어느 정도 달성했다고 생각하나요? [진척도]

③ 무거운 분위기가 아닌 가볍게 확인하는 정도로 대하면 부담을 느끼지 않고 자신이 처한 상황을 객관적으로 파악할 수 있다.

④ 시각적인 이미지 활용 및 객관적인 사실에 입각하여 현 상태를 확인해 주면 효과는 배가된다.

⑤ 자신이 목표하는 바에 문제가 발생해 헤매는 경우 자신의 상황을 재점검하고 목표를 재확인시켜 주는 것만으로도 큰 도움이 될 수 있다.

4) 과거의 경험 확인

① 과거의 이력이나 경험을 확인하는 행위라고 할 수 있다.

② 보통 직원관리를 하는 과정에서 활용하는 코칭관리카드나 개인 이력관리카드가 있으면 도움이 된다.

③ 과거의 경험에 대한 확인은 보통 해당 직원이 걸어온 발자취라고 할 수 있는데 성과나 대인관계, 또는 직원과 같이 경험한 사건이나 추억 등 다양한 자원을 활용할 수 있다.

④ 좌절이나 목표달성에 대한 두려움이 있을 경우 과거의 성공담이나 우수 사례를 확인시켜 줌으로써 그러한 두려움이나 좌절을 극복하게 할 수 있다.

⑤ 직원 스스로 자신의 가능성이나 능력을 발휘할 경우 긍정적인 결과도 나올 수 있으므로 과거의 경험을 확인시키는 것만으로도 효과를 발휘할 수 있다.

⑥ 해당 직원과 라포르(Rapport)가 형성되지 않았거나 성공 사례가 없다면 적절하게 질문 스킬을 활용하는 것이 바람직하다.

예시 "○○○ 씨, 일하면서 언제 가장 성취감이나 뿌듯함을 느꼈나요?"

"○○○ 씨, 우리 조직에서 일하면서 가장 성과가 좋았던 시절을 떠올려 보세요?"

⑦ 과거 경험의 확인은 과거에 머무르게 하는 것이 아니라 가능성을 확인시켜 목표를 향

해 전진할 수 있도록 지원하는 활동이나 수단이다.

(6) 지식이나 정보 또는 스킬 전달 방법

코칭의 전제는 모든 코칭 대상자가 무한한 가능성을 가진 존재이고 그 사람에게 필요한 해답은 모두 그 사람 내부에 있는 것이라고 하지만 서비스 조직에서 코칭을 진행하다 보면 시간상의 제약으로 인해 직접 정보나 지식은 물론 관련 스킬을 전달해야 하는 경우도 있다. 이렇게 직접적으로 스킬이나 정보 또는 지식을 전달할 때 쓰는 방법은 각각 아래 설명과 같다.

1) 지식이나 정보 전달

업무를 제대로 수행하기 위해서는 업무 수행에 필요한 지식이나 정보를 습득해야 한다. 당연하지 만 업무 수행에 필요한 지식이나 정보를 습득하지 못하면 본인뿐만 아니라 서비스 조직 전체의 수준도 낮아지는 원인을 제공하게 되므로 이에 대한 중요성은 아무리 강조해도 지나치지 않다.

① 가장 중요한 것은 필요한 정보나 지식을 전달받고 싶은 의지나 생각이 들도록 하는 것이다.

② 지식이나 정보를 습득했을 때 얻을 수 있는 기대효과를 인지시키거나 스킬 습득의 당위성 및 필요성 설명 또는 직원의 장점이나 격려를 통해 기술 습득의 의지를 키운다.

③ 상대 직원의 지식이나 정보에 대한 알고 있는 정도를 파악한다.

④ 이해 정도를 확인해 가면서 설명하되 전체를 설명하고 세부 사항을 설명한다.

⑤ 이해하기 쉽게 설명하고 주의할 점이나 기타 명확하지 않은 부분에 대해서는 질문하게 한다.

⑥ 중간중간에 시행착오를 겪은 자신의 경험을 공유하여 실패를 되풀이하지 않게 한다.

⑦ 지식이나 정보 전달 후 이에 대한 테스트를 통해 기억하게 하고 이를 활용할 수 있도록 한다.

⑧ 지식이나 정보를 공유하고 활용할 수 있는 시스템이나 프로그램을 현장에 적용함은 물론 습득된 지식이나 정보를 제대로 활용하고 있는지 모니터링을 진행한다.

2) 스킬 전달 방법

업무에 필요한 스킬을 전달하는 데에는 오감을 이용하는 방법이 좋은데 가장 기본이 되는 것은 상대 직원에 대한 칭찬이 밑바탕이 되어야 한다는 점이다. 스킬을 전달하는 방법은 아래와 같다.

① 먼저 대상 직원의 상황이나 해당 업무 수행능력에 대해서 파악 및 확인한다.

② 지식과 정보를 전달하는 방법과 같이 전달받고 싶은 의지나 생각이 들도록 한다.

③ 주요 절차나 순서를 설명하면서 왜 그렇게 해야 하는지를 설명한다(매뉴얼, 기타 업무수행 시 사용하는 시스템 및 도구 활용).

④ 실제 수행했던 업무자료를 가지고 설명하거나 직접 시범을 보인다.

⑤ 설명하는 과정은 지루하고 길 수 있으나 인내심을 가지고 이해하기 쉽게 설명한다.

⑥ 설명 후에는 반드시 직접 수행하도록 하거나 수행 결과에 대해서 스스로 고칠 점은 없는지 리뷰를 하도록 한다(잘한 점에 대해서는 칭찬과 격려).

⑦ 설명 및 직접 수행하는 과정에서 생기는 궁금증을 질문할 시간을 준다.

⑧ 고객 응대 시 스크립트를 직접 작성하거나 역할연기를 통해 실전 능력을 키우도록 하는 것이 바람직하다.

⑨ 스킬 전달 후 본인이 직접적으로 수행한 업무를 요약·설명할 수 있도록 한다.

⑩ 스킬을 전달하고 난 뒤 익숙해지기 위해서는 시간이 소요되므로 지속적으로 관찰한다.

⑪ 스킬을 지속적으로 관찰하고 개선시키기 위해서는 트래킹을 통해 개선 및 습득의 추이를 충분히 관찰한다.

⑫ 향상된 모습이 보이면 서서히 관찰이나 스킬 관련 지도 및 훈련을 줄여 나간다.

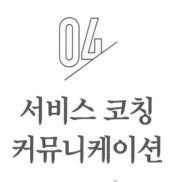

서비스 코칭
커뮤니케이션

(1) 코칭 커뮤니케이션 기술

서비스 조직은 다수가 모여서 일하는 곳인 만큼 다양한 갈등요소가 상존하는 곳이고 그와 함께 다양한 이슈가 발생하는 곳이기도 하다. 특히 여초 현상이 두드러지는 조직의 특성상 개인의 특성을 고려한 코칭은 물론 커뮤니케이션하기가 쉽지 않은 곳이기도 하다. 그뿐만 아니라 다양한 유형의 직원과 이들의 가지는 다양한 욕구가 첨예하게 대립하고 관리자와 직원 간의 갈등, 부서 간의 갈등이 발생하는 곳이기도 하다. 그럼에도 불구하고 이러한 상황 속에서 고객만족은 물론 수익창출과 같은 성과를 내야 하는 조직이기도 하다. 따라서 서비스 조직에서의 커뮤니케이션은 아무리 중요하다고 해도 과언이 아니다. 특히 코칭에서 커뮤니케이션의 중요성은 아무리 강조해도 지나치지가 않다.

1) 코칭과 커뮤니케이션
① 코칭의 목적은 코치 없이도 스스로 목표를 향해 달려 나갈 수 있도록 하는 것이다.
② 코칭 커뮤니케이션은 직원의 자신감을 키우는 것에 목적이 있다.
③ 자신감을 향상시키기 위해 관리자가 할 수 있는 것은 성과를 낼 수 있도록 도와주는 것이다.

④ 성과 향상과 함께 직원의 역량을 향상시키고 성장이나 발전을 돕는 것이다.

⑤ 서비스 조직에서는 관리자가 직원의 성과 달성 및 성장 지원을 위해 커뮤니케이션을 한다.

⑥ 서비스 조직에서는 시간적인 제한으로 인해 모든 직원들과 커뮤니케이션 할 수 없어 동료와의 수평적인 커뮤니케이션을 통해 자신감을 향상시킬 수 있는 구조를 구축해야 한다.

⑦ 코칭의 본질은 미래지향적인 질문을 통한 접근 방식이라고 할 수 있다.

⑧ 미래지향적인 질문을 통해 코칭을 시행하기 전 반드시 상대방(직원)의 상황을 인정해야 한다.

2) 중립적 언어

어떤 상태를 묘사할 때 옳고 그름의 평가적 관점이 아닌 가능한 있는 그대로 상태를 관찰하여 묘사하는 것을 중립적 언어라고 정의한다.

① 객관적인 사실 중심의 언어로 표현한다(사실적 대화 → 중립적 언어).

② 감정을 싣지 않고 객관적인 사실에 초점을 맞춘 언어이다.

③ 말을 하는 사람의 가정이나 비난, 평가, 선입견을 배제하는 언어이다.

④ 상대방에게 상처를 주거나 잘못했다는 것을 느끼지 않게끔 메시지를 전달하는 언어이다.

⑤ 중립적 언어는 대부분 지시 또는 명령이 아닌 요청에 가깝다.

⑥ 중립적 언어는 상대방을 인정하고, 인도하고, 바로잡기 위해 사용되는 언어이다

⑦ 상대방이 어떤 사람인지를 지속적으로 일깨워 주는 언어이기도 하다.

⑧ 원인에 대해 생각하게 하고 원인에 대한 해결책을 중심으로 문제를 풀어 나가게 하는 언어이다.

⑨ 듣는 사람의 가치, 판단이 배제된 언어로 충고나 답을 주지 않는 언어이다.

【 중립적 언어 예시 】

부정적인 표현	중립적 언어
이번 달에도 벌써 3번이나 지각했네. 이렇게 맨날 지각할 겁니까?	"○○○ 씨, 20분 늦었네요."
이번 성과가 이게 뭡니까? 달라진 것이 아무것도 없잖아요. 도대체 뭐하는 겁니까?	"○○ 씨, 이번 달 성과가 기대에 미치질 못했군요."
그 업무 언제까지 끝내기로 되어 있었나요? 그리고 도대체 누구의 책임입니까?	"현재 업무 진척도는 몇 %나 되나요? 그리고 누가 해당 업무에 힘쓰고 있나요?"

3) 비폭력 대화의 이해

서비스 조직에서 직원을 대상으로 피드백을 제공할 때 의도치 않게 질책을 하거나 마음의 상처를 주는 경우가 있다. 표현 하나에 사람의 감정이 상대방의 말에 공감하고 상처를 주지 않으면서도 내 주장이나 의견을 쉽게 받아들일 수 있도록 하는 대화법을 '비폭력 대화'라고 한다.

① 비폭력 대화의 목적은 질적인 인간관계를 유지하고, 나의 욕구/필요와 상대의 욕구/필요가 동시에 만족되며, 서로 즐거운 방법을 찾는 것이다.

② 비폭력 대화라는 것은 역지사지의 태도를 유지하는 것이다.

③ 비폭력 대화는 상대방의 입장에서 생각하고 말하는 대화법이다.

④ 논리적이면서도 상대의 기분이나 감정에 상처를 주지 않으면서 대화하는 방법이다.

4) 비폭력 대화의 구성 요소

① 관찰: 어떤 상황에서 있는 그대로, 실제로 무엇이 일어나고 있는가를 관찰한다.

② 느낌: 그 행동을 보았을 때 어떻게 느끼는가를 말한다.

③ 욕구/필요: 자신이 포착한 느낌이 내면의 어떤 욕구와 연결되는지를 말한다.

④ 요청/부탁: 다른 사람이 해 주길 바라는 것을 표현하는 것이다.

구성 요소	주요 내용 및 특징
관찰	• 어떤 상황에서 있는 그대로, 실제로 무엇이 일어나고 있는가를 관찰한다. • 좋은 지 또는 나쁜 지에 대한 평가가 아니다. • 있는 그대로 보고 듣는 것이다. • 개인적인 감정이나 생각 또는 관점 및 선입견이 개입되지 않는다. • 상대방의 행위에 초점을 맞추고 관찰한다. • 관찰은 최대한 객관적인 사실에 주목하고 냉철해야 한다. 말하기 예) 내가 ~을(를) 봤을 때 / 들었을 때
느낌	• 자신이 관찰한 것이 어떻게 느껴졌는지를 아는 것을 말한다. • 있는 그대로 떠오르는 것을 온전히 표현하는 것을 의미한다. • 머릿속 생각이 아니라 상황 속에서 어떤 감정을 느꼈는지에 대한 솔직함이 진정한 느낌이라고 할 수 있다. 말하기 예) 나는 ~(이)라고 느껴
요구 / 필요	• 대화 도중 자신이 포착한 느낌이 자신의 어떤 욕구와 연결되는지를 말한다 • 나의 욕구가 무엇인지 명확해야만 내가 요구하는 바를 설명할 수 있다. • 대화를 통해 원하는 것이 무엇인지를 정확히 인식하는 것이 중요하다. 말하기 예) 왜냐하면 나는 ~이(가) 중요/필요/원하기 때문에
요청 / 부탁	• 요청 및 부탁은 다른 사람이 해 주길 바라는 것을 표현하는 것이다. • 요청 및 부탁은 구체적이고 긍정적이어야 한다. • 상대방이 의사 결정할 수 있도록 질문형을 사용한다. 상대방을 배려하면서 이야기 하는 것이 부탁이고 상대를 억압하면서 이야기하는 것은 강요이다. 말하기 예) ~을 해 줄 수 있겠습니까?

5) 소통에 방해가 되는 폭력적인 언어들

아래 유형과 예시들은 흔히 서비스 조직이나 일상에서 발생하는 폭력적인 언어들이다.

① 비난, 모욕, 분석, 꼬투리 잡는 말

  예시 "당신은 너무 이기적이야!", "정말 형편없네.", "정말 이 정도밖에 안 되는 거야!"

② 타인과 비교하는 말

  예시 "이번 달에 ○○○씨는 5점 이상이 올랐던데….", "○○○씨는 인센티브만 100만 원을 받았는데…."

③ 당연시하는 말

  예시 "꼴 좋다. 내 그럴 줄 알았다니까.", "○○○ 씨는 그런 대접을 받아도 싸다고!"

④ 강요하는 말

　예시 "내가 하라는 대로만 하라고 했잖아요!", "호응할 때 이 표현을 반드시 하라고!"

⑤ 책임을 전가하거나 부인하는 말

　예시　먼저 소리질렀잖아요! (타인 핑계 대기), 팀장님이 그렇게 하라고 했잖아요! (관리자의 지시)

　　누구나 다 그렇게 하지 않나요? (막연한 이유), 너도 내 나이 돼 봐라! (연령, 사회적 역할)

6) 나 전달법(I-Message)

나 전달법(I-Message)은 나와 직접적으로 관련된 의사소통법으로, 타인을 평가하고 해석하는 것이 아니라 나 자신이 스스로 느끼는 감정과 경험을 표현하는 것이라고 할 수 있으며 어려운 상황이나 조건하에서 상대를 설득해야 할 때 요긴하게 쓰는 커뮤니케이션 기법이라고 할 수 있다.

7) 나 전달법(I-Message)의 특징 및 효과

① 상대방에게 자신의 상황이나 생각을 더 잘 알릴 수 있도록 해 주는 기법이다.

② 의사소통을 할 때 '나'를 주어로 하는 표현으로 나 전달법은 상대방의 행동을 비난하지 않으면서도 자신의 마음과 감정을 드러낼 수 있다.

③ 자신의 상황이나 감정을 전달해 상대방으로 하여금 마음을 열 수 있도록 한다.

④ 상대방에게 상처를 주지 않고 나 자신의 진실한 마음과 감정을 드러냄으로써 상대방이 자신의 문제해결을 위해 자발적으로 행동하도록 한다.

⑤ 대화를 부드럽게 하고 상호 간 원만한 관계 유지 및 상대방의 저항이나 불만이 줄어들게 한다.

⑥ 상대방이 취한 행동에 대해 스스로 책임지도록 하는 것이므로 행동을 개선하는 데 효과적이다.

8) 나 전달법(I-Message) 3가지 구성 요소

'나'를 주어로 하여 상대방의 행동에 대한 자신의 생각이나 감정을 표현함으로써 문제를 해결하는 나 전달법은 아래 3가지 요소를 활용한다.

① 나에게 문제를 유발하는 상대방의 구체적인 행동 [사건]

② 그러한 행동이 나에게 미치는 구체적인 영향 [영향 및 결과]

③ 구체적인 영향에 대한 자신의 감정이나 느낌 [감정 및 느낌]

9) 나 전달법(I-Message) 사용 시 주의사항

① 부정적인 내용이나 전달사항을 강조하지 않는다.

② 나 전달법은 절대 상대방을 평가하지 않는다.

③ 주어가 '나'가 아닌 '너'라는 표현을 꼭 감춰야 할 필요는 없다.

④ 나 전달법에서는 비언어적 커뮤니케이션도 중요한 요소다(표정, 눈 마주침 등).

⑤ 상대방의 행동에 대해서 객관적인 사실만을 얘기해야 한다.

⑥ 나 전달법을 사용한 후에는 반드시 적극적 경청을 해야 한다.

⑦ 감정을 전달할 때는 나의 감정을 솔직하게 표현한다.

10) 나 전달법(I-Message)으로 말하기 절차

위에서 설명했다시피 나 전달법은 나를 주어로 하여 상대방의 행동에 대한 생각이나 감정을 표현하는 방식으로, 이를 통해 상대의 감정을 자극하지 않으면서도 원하는 행동이나 결과를 얻어 낼 수 있다. 아래는 나 전달법으로 말하는 순서[단계]이다.

① 상대방이 마음을 준비할 수 있도록 한다. [마음의 준비시키기]

② 갑작스럽게 자신의 생각이나 의견을 이야기하는 것이 아니라 상대방이 마음의 준비를 할 수 있도록 하여 이야기에 끌어들인다.

③ 만약 상대방이 인정[동의]한다면 대화를 우호적으로 이끌어 나갈 수 있다.

   – "어렵지만 방금 내가 얘기한 대로 ○○○ 씨의 성과에 대해서 솔직하게 내 심정을 말해도 될까요?"

④ 있는 그대로 객관적인 사실에 입각해서 이야기한다. [사실 말하기]

– "상담품질 평가 결과 지난달에 비해서 평균 8점이 하락했습니다. 특히 호응영역에서 점수의 하락이 두드러지는군요. 전달에 비해서 무려 10점이 하락한 겁니다."

⑤ 자신이 느끼는 감정이나 느낌을 솔직하게 말한다. [감정을 표현하기]

⑥ 상대의 태도에 대해서 비난이나 불만을 말하는 것이 아니라 느낌 및 감정만을 전달한다.

– "이렇게 되면 그간 진행했던 코칭에 대한 노력이 헛수고로 돌아가고 코칭을 진행했던 제 입장에서는 위에서 어떻게 코칭을 진행했냐고 질책을 받게 될 텐데 그 점이 정말 염려되네요."

⑦ 자신이 원하는 의도나 주장을 전달한다. [의도 및 주장 전달]

– "적어도 센터 평균 이상은 유지해야만 지속적인 코칭도 가능하고 제 입장도 곤란하지 않습니다. 이는 ○○○ 씨 입장에서도 바람직한 일이라고 생각합니다."

⑧ 전달한 의도나 주장에 대해서 상대방은 어떻게 받아들이는지 질문한다. [답변 듣기]

⑨ 일방적인 통보나 지적이 아닌 솔직한 대화를 원한다는 의도가 명확히 전달되어야 한다.

– "너무 제 입장에서만 말씀을 드린 것 같군요. ○○○ 씨, 제 의견에 대해서 어떻게 생각하시나요?"

11) 나 전달법(I-Message) 활용을 통한 커뮤니케이션 예시

너 전달법(You-Message)	나 전달법(I-Message)
"○○○씨! 항상 왜 그렇게 일을 제때 처리하지 않나요? 그래 가지고 일 제대로 하겠어요!"	"○○○씨! 제때 그 일을 처리하지 않아서 내가 마케팅부서와의 사이에서 입장이 난처합니다."
"○○○ 씨! 이번 달 당신만 목표를 달성하지 못해서 팀 전체 목표 달성이 어렵게 됐잖아요!"	"이번 달 목표를 꼭 달성해야 했는데 하지 못해서 제가 좀 상황이 어렵게 되었네요…."
"팀장님! 제가 왜 이런 평가를 받아야 하는지 도무지 이해가 가질 않습니다."	"저는 정말 열심히 일했는데 이런 평가를 받으니 솔직히 기분이 좋지 않습니다. 혹시 이러한 평가를 받은 이유를 알 수 있을까요?"
"○○○ 씨! 그 업무 도대체 언제까지 할 겁니까? 빨리빨리 좀 하지, 어휴! 속 터져 죽겠네."	"나는 그 일이 지연될 것 같아 걱정(이)됩니다. 어떻게 하면 빨리 끝낼 수 있을까요?"

12) 침묵(머물기) 스킬

① 코칭에서 침묵은 필수적이며, 어떻게 활용하느냐에 따라 질문이 가진 힘을 더욱 강화시킨다.

② 상호 간 진술을 받아들인 후에 일어나는 정지 상태로, 말이 아닌 다른 형태의 대화로 침묵은 대상자에게 생각하고 반응할 시간을 제공한다.

③ 질문 이후 직원 스스로 문제에 대해 깊게 생각하고 사고하고 통찰하는 시간을 주는 것이 효과적이다(답을 발견해 내는 과정).

④ 침묵 스킬은 사고가 확장될 때나 중요한 내용을 언급할 경우와 감정이 일렁일 때 활용한다.

⑤ 침묵은 3~4초 정도가 적당하며, 이때는 눈맞춤(Eye contact)을 함께 병행한다(관찰).

⑥ 잘못 활용하면 침묵이 지속되거나 또는 상호 간에 감정적으로 불편한 상황이 초래된다.

⑦ 침묵이 길어질 경우 실제 답변이 어렵거나 집중하지 못해 아무것도 생각해 내지 못한 경우이므로 해당 사항을 명확히 파악한 후 조치를 취한다.

13) 초점 맞추기

① 중요하다고 생각되는 점에 초점을 맞추어 구체적으로 탐색하고 명료화하는 과정을 말한다.

② 대상자가 기꺼이 해 보고자 하는 문제에 초점을 맞춘다.

③ 만약 대상자가 위기 상황에 있다고 생각되면 우선 그 위기를 다룰 수 있도록 도와야 한다.

④ 대상자의 전체적인 향상에 기여할 수 있는 문제를 우선 다룬다.

⑤ 고통을 유발시키는 문제와 성공적으로 다룰 수 있는 작은 문제부터 시작한다.

14) 직면

① 자기 타파적인 혹은 타인에게 해를 주는 행동에 대해 검토해 보도록 안내하는 기법이다.

② 대상자가 자신이나 다른 사람에게 피해나 위해를 주는 행동을 보일 때 사용한다.

③ 앞뒤가 맞지 않거나 서로 모순되는 행동을 보일 때 사용한다.

④ 대상자의 생각이나 행동의 차이를 밝혀 준다.

⑤ 대상자와 라포르가 잘 형성된 후, 대상자가 받아들일 준비가 되어 있을 때 사용한다.

⑥ 대상자에 대한 공감과 존중을 요구한다.

15) 자기노출

① 자신의 경험을 대상자에게 공개하여 공유하게 하는 것이다.

② 대상자의 속마음이나 경험을 더 개방할 수 있도록 한다.

③ 자기노출을 했을 경우, 대상자는 상담자를 한 인간으로 인식하고 더욱 친밀감을 느끼게 된다.

④ 상담에 촉진적이고 생산적인 경우에만 유용하다.

⑤ 노출 내용은 대상자가 문제 상황을 구체적으로 이해할 수 있는 것으로 선택적으로 공개한다.

⑥ 노출 시기와 정도, 수준을 잘 고려한다.

(2) NLP기법의 이해와 활용

1) NLP(Neuro Linguistic Programming)의 개념

① NLP는 1970년대 중반, 밴들러(R. Bandler)와 그린더(J. Grinder)에 의해 개발된 심리학 이론으로, 신경언어프로그래밍(NLP: Neuro-Linguistic Programming)이라고 불린다.

② NLP는 우리의 행동에 직접적인 역할을 하는 신경체계(Neuro)와 신경체계에 영향을 주는 언어(Linguistic)의 상호 작용을 통하여 인간의 태도 및 행동 변화를 가능케 하는 구체적이고 실제적인 기법이다.

NLP	내용
N(Neuro)	• 뇌와 마음에서 일어나는 현상으로 모든 인식은 오감을 통해 이루어짐
L(Linguistic)	• 언어와 비언어 체계를 통해 부호화, 조직화하여 의미 부여 • 인간은 생각과 행동을 명령하고 타인과의 소통을 위하여 언어를 사용
P(Programming)	• 행동이나 사고방식, 프레임을 의미 • 뇌에 강화되어 활성화된 회로이며 오감을 언어적 도구로 제어하는 기술

③ 인간은 외부세계를 오감을 통한 신경작용에 의해 인식하며 언어를 통해 의미 부여가 이루어지고 패턴화되어 행동으로 드러나게 된다.

④ 인간은 오감 중 어떤 일에 대하여 우선적으로 사용하는 선호 감각을 가지고 있으며 이 선호 감각을 이용해 사람의 심리를 제어한다.

⑤ NLP를 통해 상대방과의 공감영역은 확장되고 좋은 인간관계를 유지할 수 있어 다양한 분야에서 활용되고 있다.

⑥ NLP는 사람들의 커뮤니케이션 행동은 오감을 통해 뇌에 축적된 경험에 의해 좌우된다는 이론으로 인간의 심리를 언어를 통해 제어하는 기술로서, 이를 상대방 접점에 응용할 수 있다.

2) 라포르(Rapport)

① 라포르의 원래 의미는 '다리를 놓는다'는 뜻으로 조화, 결속을 의미한다.

② 상대방과의 신뢰관계라고 할 수 있는 라포르가 커지면 소통이 원활해지고 설득하기 쉬워진다.

③ 두 사람 사이의 공감적인 인간관계나 친밀한 정도를 나타내는 심리학적 용어다.

④ NLP에서는 잠재적인 수준에서 상대에게 동조해 나가는 것을 라포르 형성이라고 한다.

⑤ 라포르 형성은 상대방에게 관심을 갖고 끊임없이 관찰하는 것에서부터 출발한다.

3) 라포르 형성을 위한 기본적인 NLP기법

코칭 시 라포르를 형성할 때 가장 기본적인 NLP기법은 다음과 같다.

① 미러링(Mirroring)

② 페이싱(Pacing)

③ 백트래킹(Backtracking)

④ 캘리브레이션(Calibration)

4) 미러링(Mirroring)

① 용어 그대로 상대방의 행동이나 어투를 거울에 비추듯이 그대로 따라 하는 기법이다.

② 이러한 미러링 기법을 통해 은연중에 상대방과의 호감은 물론 친밀감이 형성된다.

③ 상대방이 하는 행동을 따라 하면서 대화를 진행하다 보면 무의식적으로 호감이나 신뢰 또는 친밀감이 전달된다.

④ 상대방의 행동이나 자세, 어투, 몸짓, 표정, 방향 등에 일치시킴으로써 공감하고 있다는 것을 느끼게 해 준다.

　　예시　상대방과 미팅 도중 차를 마시면 같이 따라 마시면서 상대방과 자연스럽게 대화를 이어 가는 행위나 상대방이 어떤 불쾌한 일로 얼굴을 찡그릴 때 같이 마주 보며 찡그리는 행위가 미러링 기법이다. 그런데 단순히 상대방의 행동을 똑같이 흉내 내면 장난스럽다는 느낌을 줄 수 있으며 심하면 오히려 화를 내기도 하니 주의하여야 한다.

5) 페이싱(Pacing)

① 페이싱 기법은 상대방과의 공감대 형성과 신뢰를 쌓기 위한 커뮤니케이션 기법이다.

② 페이싱은 NLP이론에서 라포르 형성을 위한 가장 중요한 기법이다.

③ 페이싱 기법이란 상대방의 행동 및 말 속도 또는 정서 등에 맞추는 방법으로, 상대방의 신체적 · 언어적 · 정서적 특징을 따라 하거나 공통된 몸 상태를 만드는 일을 통한 상대방과의 일치로 동질감과 신뢰감을 쌓을 수 있다.

④ 백트래킹도 페이싱 기법 중 하나이며 이렇게 상대방과의 동조화를 위해서 필요한 기

법에는 백트래킹 외에도 미러링(Mirroring) 기법, 리딩(Reading) 기법이 있다.

⑤ 페이싱 기법을 잘 활용하면 상대방의 마음에 열게 하고 커뮤니케이션에서 신뢰 관계를 구축하는 데 매우 효과적이어서 보통 마케팅 분야의 영업전략으로도 그 활용도가 높다.

⑥ 상대방 상담 시 페이싱 기법을 잘 활용하면 상대방을 사용자의 페이스로 이끌 수 있으며, 나아가 의도된 대화의 목적을 이룰 수 있다.

⑦ 상대방의 호흡과 리듬에 맞춰 배려해 가면, 서서히 말하는 사람의 페이스로 이야기할 수 있게 된다.

> 예시 직원이 말을 빠르게 하면 관리자도 빠르게 말하면서 대응하는 것인데 이와 같이 상대방 응대 시 상대방의 상태에 자신을 맞춘다. 예를 들어 공통점이나 유사한 점을 들어 동조화시키는 것이 가장 효과적이다.

6) 백트래킹(Backtracking)

① 이야기하는 중간중간에 상대방이 말한 핵심단어를 맞장구 치듯이 그대로 되풀이하여 말하는 것을 의미한다.

② 백트래킹을 시행할 경우 말하는 사람은 자신의 이야기를 경청한다는 사실에 만족감을 느낀다.

③ 백트래킹을 통해 효과적으로 상대방에게 제대로 경청하고 있다는 느낌을 전달할 수 있으며 중요한 라포르 형성 기술 중 하나이다.

④ 단답형 대답을 지속할 경우 오히려 서먹한 관계를 유지하거나 상대방이 자신에게 무관심하다고 생각할 가능성이 높으므로 이러한 관계를 개선하기 위해서 백트래킹 기법이 필요하다.

⑤ 상대방이 말하는 사실 중 중요한 내용을 반복해서 반응하거나 핵심적인 말을 되풀이하는 것도 중요하지만 제대로 감정을 실어서 표현해 주는 것이 좋다.

> 예시 직원이 "오늘은 하루 종일 업무를 하느라 바빴어요."라고 할 경우 "아, 많이 바쁘셨군요."라고 하며 고개를 끄덕여 주는 것이다. '오늘은 날씨가 무척이나 덥

고 습해서 활동하기에 정말 힘든 하루였어요."라고 한 경우 "아! 날씨 때문에 많이 힘드셨나 보군요."라고 공감해 주는 것이다. 이렇게 구체적인 사실과 핵심적인 내용에 대해서 백트래킹 기법을 활용한다.

7) 캘리브레이션(Calibration)

① 상대방의 몸짓이나 태도를 자세히 관찰하여 상대방 내면의 상태를 읽는 것을 의미한다.

② 상대방의 모습을 관찰하고 정보를 얻는 행위로 상대방과의 공감대 형성은 물론 문제해결에 도움을 주는 방법이다.

③ 말 이외의 것으로 상대방의 마음속을 들여다보고 더 깊은 대화를 통해 라포르를 형성하게 도와주는 기술을 NLP에서는 '관찰식별'이라고도 한다.

④ 전문용어로는 심리적 내면 정보 수집이라고도 하며 캘리브레이션을 반복함으로써 상대방의 미묘한 움직임이나 변화에서도 감정을 읽어 낼 수 있다.

⑤ 캘리브레이션에는 시각 캘리브레이션(제스처, 표정, 손짓, 끄덕임, 안색, 시선 등), 청각 캘리브레이션(음성톤, 어감, 억양, 웃음, 감탄사, 말수 등), 신체감각 캘리브레이션(체온, 분위기, 악수할 때 감촉, 향기 등)으로 구분한다.

　예시 상대방이 머리끝까지 화가 나 있는 상태라면, 얼굴은 붉게 달아올랐을 것이고, 호흡은 거칠고, 목소리와 몸이 떨릴 것이다. 반대로 기분이 좋은 상태라면 표정은 환하고 제스처 또한 크며 웃음과 함께 목소리는 커지고 명랑하고 쾌활한 말투가 달라질 것이다.

8) 패러프레이징(Paraphrasing)

① 상대방의 말을 자신이 이해한 다른 말로 요약해서 말하거나 기술하는 것이다.

② 상대방의 말의 핵심 내용을 간결하게 요약해서 전달해 줌으로써 상대방의 마음을 편안하게 하고 입장을 충분히 이해하고 있다는 믿음을 제공해야 한다.

　예시 패러프레이징은 상대방의 말을 정확히 이해하고 다른 말로 요약해서 전달해 주는 기법이므로 예를 들어 '출장을 일주일 넘게 다녀왔는데 무척 피곤한 상황에서 회사 업무도 되어 있지 않아서 정말 미치겠더라고요. 그 상황에서 지난번 정기보고서 작성을 깜빡해 버려 정말 짜증나네요.'라고 하는 상대방에게 '아이구 저런! 출장 이후 많은 일들로 인해 경황이 없으셔서 정신이 없으셨군요.'라고 표현할 수 있다. 패러프레이징을 활용할 때 가급적 상대방이 사용하는 단어를 사용하는 것이 좋다.

9) 아이 억세싱 큐(Eye Accessing Cue)

① 눈은 '마음의 창'으로 불리듯이 사람의 표정 중에서 결코 숨길 수 없는 부분이며 상대방이 어떤 마음 상태인지 파악할 수 있는 비언어적인 표현 중 하나이다.

② 아이 억세싱 큐는 이와 같이 상대방의 눈의 움직임(시선)을 분석하는 방법인데 통계적인 수치로서 시선의 방향과 마음 상태의 상관관계를 정리한 것이다.

③ 아이 억세싱 큐는 상대방의 시선 위치가 어디에 있느냐를 파악하는 것인데 가장 흔한 방법은 시선을 왼쪽/오른쪽으로 나누어 살펴보는 것이다.

④ 아이 억세싱 큐는 상대방이 뭔가 골똘히 생각할 때 적용하기 쉽고 빠르게 정보를 캐치하기 좋은 방법이다.

예시

시선 방향	생각의 방향
왼쪽 위	과거에 체험한 경험을 영상으로 떠올리고 있음.
오른쪽 위	체험한 적이 없는 영상을 상상하고 있음.
왼쪽 옆	과거에 체험한 소리를 기억하여 듣고 있음.
오른쪽 옆	체험한 적이 없는 소리를 상상하여 듣고 있음.
왼쪽 아래	마음속에서 대화를 하고 있음.
오른쪽 아래	신체적인 감각을 상상하고 있음.

서비스 코칭 실무

01. 코칭에 대한 설명으로 <u>바르지 않은</u> 것은?

① 개인의 목표를 성취할 수 있도록 자신감과 의욕을 고취시키는 것

② 개인이 가진 실력과 잠재력을 최대한 발휘할 수 있도록 돕는 일

③ 분야의 전문가로서 지식을 전수하거나 완벽한 해결방안 제시가 목표인 인재 개발
방법

④ 잠재적 욕구와 가능성 발견은 물론 스스로 알지 못했던 사실을 인지하도록 도와
주는 행위

▶ 해설 : 멘토링이나 컨설팅에 해당하며 자신의 훌륭한 역량을 보여 주는 것이 매우 중요하다.

02. 아래 그림에서 (ㄱ)과 (ㄷ)에 해당하는 것이 알맞게 짝 지어진 것은?

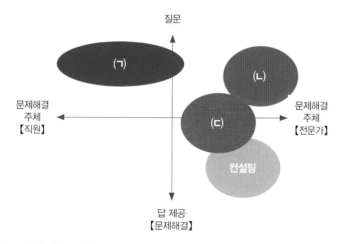

① (ㄱ)-멘토링 (ㄷ)-코칭

② (ㄱ)-코칭   (ㄷ)-멘토링

③ (ㄱ)-코칭   (ㄷ)-카운슬링

④ (ㄱ)-코칭   (ㄷ)-티칭

▶ 해설 : 문제해결의 주체가 코치가 아닌 직원이고 질문을 통해 문제를 해결하는 것은 코칭이다.

03. 아래에 설명하고 있는 것은 무엇에 대한 설명인가?

> • 신입직원이 서비스 조직에 들어올 경우 효율적인 업무수행을 위해 필요한 업무지식이나 기술을 습득하게 하는 교육 방법
> • 이론적 교육이기보다는 현장 위주의 실습 교육이어서 실무와 연관성이 높아 효과가 큼.

① 멘토링　　　　② 코칭　　　　③ OJT　　　　④ 카운슬링

04. 아래 여러 가지 교육 기법에 대한 설명 중 바르지 않은 것은?
① 코칭은 직원의 장점과 자원을 극대화할 수 있도록 모든 지식과 경험을 활용한다.
② 멘토링과 컨설팅은 그 분야의 전문가로 지식을 전수하거나 완벽한 해결방안 제시가 목표이다.
③ 코칭이 미래의 비전과 잠재력 개발에 초점을 맞춘다면 멘토링은 심리에 집중하면서 과거 상처 치유에 초점을 맞춰 진행한다.
④ 코칭이 지혜를 통해 역량을 이끌어 낸다면 티칭의 경우 지식이나 정보를 제공한다.

▶ 해설 : 심리에 집중하면서 과거 상처 치유에 초점을 맞춰 진행하는 것은 카운슬링에 해당한다.

05. 효과적인 코칭을 위한 핵심요소 중 아래 네모 칸에서 설명하고 있는 것은 무엇인가?

> • 적시에 적절하게 진행하는 것이 효과적임
> • 구체적이고 객관적인 사실에 기초하여 진행함
> • 이행 행동 중에서 좋았던 점과 개선해야 할 점을 함께 제시

- 성장과 발전을 위한 것이므로 긍정적인 의도를 담아 제공

① 피드백   ② 관찰   ③ 기록   ④ 질문

▶ 해설 : 피드백에 대한 설명이며 효과적인 코칭 요소에 질문은 포함되지 않는다. 질문은 코칭 스킬 중에 한 가지다.

06. 관리자 코칭 이력관리 카드에 대한 설명으로 바르지 않은 것은?

① 해당 직원의 상황에 대한 주요 내용을 기술한다.

② 통계나 객관적인 사실이 아닌 주관적인 느낌이나 생각에 근거하여 기술하거나 설명한다.

③ 합의하에 변화를 통한 구체적인 목표와 달성률을 기록한다.

④ 피드백을 진행한 후 직원에게 초래한 결과 또는 상황에 대한 영향을 기술한다.

▶ 해설 : 구체적인 통계나 객관적인 사실에 근거하여 기술하거나 설명해야 한다.

07. 서비스 조직에서의 올바른 코칭 방향성에 대한 설명으로 틀린 것은?

① 코치의 업무 스타일에 따른 지속적인 성과 관리 추구와 직원의 참여를 유도

② 서비스 업무의 특성을 고려한 역량 향상에 초점을 맞춰 코칭을 진행

③ 자사의 서비스 아이덴티티(Identity)에 맞는 목표 달성과 개선을 위한 코칭 능력 발휘

④ 직원의 내재해 있는 잠재능력을 이끌어 내고 발휘하도록 하는 책임과 권한을 부여

▶ 해설 : 코치의 업무 스타일이 아닌 직원 개인의 업무 스타일이나 강점을 발견하여 개발하고 적극적인 참여를 유도하여야 한다.

08. 서비스 조직 코칭의 문제점이라고 보기 어려운 것은?

① 코칭 방법에 대한 교육이나 훈련을 시키지 않고 코칭하라고 요구한다.

② 현재 서비스 조직 코칭이라는 것은 단편적인 지식과 정보를 제공하는 티칭 수준이다.

③ 관리자에 의한 일방적이고 지시적인 피드백과 커뮤니케이션이 주를 이룬다.

④ 코칭은 수직적인 관계 속에서 이루어짐에도 대부분 수평적인 관계로 이루어지고 있다.

▶ 해설 : 코칭은 수평적인 관계 속에서 이루어짐에도 대부분 수직적인 관계로 이루어지는 것이 문제점이라고 할 수 있다.

09. 코칭을 시행하는 데 있어 핵심 역량이라고 보기 어려운 것은?

① 목표 향상을 위한 전략적 사고

② 감성역량 및 커뮤니케이션 능력

③ 제품 중심적인 사고와 서비스 지향적인 마인드

④ 문제해결 능력과 변화관리 능력(거부 및 저항, 수용, 개선 등)

10. 코칭과 피드백 역량 향상을 위한 지침에 대한 설명으로 바르지 않은 것은?

① 코칭과 피드백은 정신교육이며 적절한 지적이 역량 향상에 도움이 된다는 점을 인식한다.

② 피드백은 상대의 인격이나 성격이 아니라 '태도와 행동'에 국한하여 시행해야 한다.

③ 피드백과 코칭이 목표가 되어서는 안되고 오직 '잠재력'을 이끌어 내는 데 초점을 맞춰야 한다.

④ 직원이 일하는 방식이나 태도를 객관적인 입장에서 관찰한다.

▶ 해설 : 정신교육이 아니고 마구잡이식 지적이 아니라는 점을 인식하고 진행해야 한다.

11. 효과적인 코칭을 위해서는 공감대 형성을 위한 분위기와 환경 조성이 중요한데 이에
    대한 설명으로 바르지 않은 것은?

① 코칭이 업무 효율화에 긍정적 영향을 미친다는 확신을 직원들에게 지속적으로 심
   어 줘야 한다.

② 코칭은 단기간에 효과가 나타나므로 코칭의 일상화 및 결과가 공유될 수 있도록
   해야 한다.

③ 코칭을 통해 반드시 문제점을 개선시킬 수 있다는 확신을 직원들에게 심어 줘야
   한다.

④ 능력이나 가능성 발휘는 물론 성과 향상을 위한 행동 변화 행위라는 공감대 형성
   이 중요하다.

▶ 해설 : 코칭은 장기간에 걸쳐서 효과가 서서히 나타나므로 코칭이 일상화될 수 있도록 해야 한다.

12. 서비스 조직에서 코칭을 하기 위한 준비사항을 설명한 것 중 바르지 않은 것은?

① 코칭 주제는 무엇인가?

② 코칭을 진행하는 과정에서 필요한 키워드(질문)

③ 대상 직원에 대한 정보 및 코칭에 대한 보안과 비용 내역

④ 코칭을 통해 대상 직원이 인식하길 바라는 사항

13. 아래 코칭 유형 중 성격이 다른 하나는 무엇인가?

① 다양한 사례 및 경험 공유를 통한 시너지 발생

② 대상자들 간의 유대감 강화 및 역동적 참여를 통한 목표 달성을 도움

③ 상대적으로 개인화된 코칭에는 한계가 있음

④ 집중적이고 세분화된 코칭은 물론 코치와 친밀감 형성이 가능

▶ 해설 : 집중적이고 세분화된 코칭은 물론 코치와 친밀감 형성이 가능한 것은 개별 코칭이다.

14. 개별 코칭에 대한 설명으로 바르지 않은 것은?

① 코칭 스킬과 직원이 신뢰할 수 있는 능력을 보유한 코치나 슈퍼바이저가 진행한다.

② 다양한 방식이 존재하며 집중적인 코칭이 가능해 직원 역량을 향상시키는 데 활용한다.

③ 갈등 상황이 발생하기 때문에 일정 부분 통제가 필요하다.

④ 민원을 유발한 직원들을 대상으로 민원 유발 원인을 파악하고 재발되지 않도록 도울 수 있다.

▶ 해설 : 갈등 상황이 발생하는 것은 그룹이나 팀코칭에 해당하는 내용이다.

15. 아래에 설명하고 있는 코칭은 어떤 유형의 코칭인가?

- 보통 짧은 코칭 기술서를 활용하며 1개 정도의 문제 요인에 대해서 짧은 시간에 실시간으로 이루어짐 (공식적인 코칭)
- 메모지나 메신저, 대면 접촉을 통해 잘못된 사항 및 지적 사항을 칭찬과 함께 전달함

① 프로세스 코칭　　② 미니코칭　　③ 스팟코칭　　④ 그룹코칭

16. 미니코칭에 대한 설명으로 바르지 않은 것은?

① 비형식적인 전개로 심적 부담감이나 거부감이 적고 직원과의 친근감을 형성시킬 수 있다.

② 업무 중심적인 코칭에 주로 활용하며 잘못된 사항이나 지적 사항을 칭찬과 함께 전달한다.

③ 간단한 메모지나 메신저, 대면접촉을 통해 이루어진다.

④ 구체적인 근거와 자료를 바탕으로 이루어지며 개선 및 보완해야 할 사항이 명확하다.

▶ 해설 : 비형식적인 전개로 심적 부담감이나 거부감이 적고 직원과의 친근감을 형성시킬 수 있는 코칭은 스팟코칭이다.

17. 서비스 조직에서 그룹 코칭 진행 시 주의사항에 대한 설명으로 바르지 않은 것은?

① 효율성을 위해 지시적 코칭 시현

② 코칭의 시기와 시간의 조절

③ 코칭 진행의 일관성 유지

④ 간결하고 핵심적인 내용 구성

18. 그룹 코칭을 진행할 때 간결하고 핵심적인 내용구성과 관련하여 옳지 않은 것은?

① 사전 리허설을 통해 시간을 효율적으로 배분하는 것이 중요

② 핵심사항에 대해 간결하고 쉽게 이해할 수 있도록 진행

③ 정해진 시간 내 너무 많은 내용을 전달하려고 하면 역효과 발생

④ 다양한 기회를 제공함으로써 실천력을 높일 수 있도록 함

▶ 해설 : 다양한 기회를 제공함으로써 실천력을 높일 수 있도록 하는 것은 피드백에 대한 설명이다.

19. 그룹 코칭의 활용에 대한 설명 중 바르지 않은 것은?

① 신규보다는 기존 업무에 대한 지식과 처리 기준 등을 전달할 때 활용한다.

② 업무능력을 향상시키는 데 필요한 직접적인 스킬과 타인의 경험 공유에 활용한다.

③ KPI 설정 시 직원 전체의 이해를 돕고 상황을 공유하고자 하는 경우 활용한다.

④ 다른 사람의 행동, 생각, 언어를 관찰함으로써 자신을 반추할 수 있는 기회로 활용한다.

▶ 해설 : 기존 업무보다는 오히려 새로 변경되거나 추가된 프로세스와 같은 신규 업무에 대한 지식과 처리 기준 등을 전달할 때 활용한다.

20. 비구조화된 코칭에 대한 설명으로 바른 것은?

① 코칭 주제와 주요 내용이 사전에 구성되지 않고 참가자들의 상호 다양성과 활동성이 핵심

② 주요 코칭 주제는 있으나 세부적인 내용은 사전에 구성되지 않음

③ 참가자들의 개별목표와 코칭과의 연계성이 없을 경우 목표 달성이 어려움

④ 참가자들에게 필요한 부분을 적절히 알려 줄 수 있음

▶ 해설 : ②, ③, ④번은 반구조화된 그룹 코칭에 해당한다.

21. 일반적인 코칭 프로세스를 올바르게 나열한 것은?

(ㄱ) 목표 설정 및 확인	(ㄴ) 신뢰 친밀감 형성
(ㄷ) 대안 모색 및 수립	(ㄹ) 현실 점검 및 파악
(ㅁ) 실행계획 구체화 및 의지확인	(ㅂ) 사후 지도

① (ㄴ)-(ㄱ)-(ㄹ)-(ㄷ)-(ㅁ)-(ㅂ)

② (ㄱ)-(ㄴ)-(ㅁ)-(ㅂ)-(ㄷ)-(ㄹ)

③ (ㄱ)-(ㄴ)-(ㅁ)-(ㄷ)-(ㅂ)-(ㄹ)

④ (ㄴ)-(ㄱ)-(ㄹ)-(ㅁ)-(ㄷ)-(ㅂ)

22. '솔직하고, 유연하고, 자신감 넘치는 태도로 상대방과 자연스러운 관계를 만들어 낼 수 있는 능력'으로 코칭에서 가장 중요한 코치의 자세나 마음가짐을 무엇이라고 하는가?

① 코칭 프레즌스   ② 코칭 역량   ③ 라포르   ④ 코칭 파운데이션

23. 아래 박스에서 코치가 물어보는 질문은 서비스 코칭 프로세스 중 어느 단계에 해당하는 것인가?

> – "이렇게 해당 문제가 지속적으로 반복되는 이유는 무엇일까요?"
> – "이러한 문제를 개선시키기 위해 어떤 노력을 해보셨나요?"
> – "상황에 대해서 좀 더 자세히 설명해주시겠습니까?"

① 대안 모색 및 수립

② 현실 점검 및 파악

③ 목표 설정 및 확인

④ 실행계획 구체화 및 의지 확인

▶ 해설 : 현실 점검 및 파악을 하는 단계에서는 목표 달성과 관련한 변화를 위한 객관적인 점검을 하며 코칭 주제와 관련하여 자신의 문제점이나 현황 파악 및 반성과 성찰을 갖는 단계이다.

24. PDSC에 따른 서비스 품질 개선 코칭 프로세스에서 '평가 및 확인 단계(Check)'에서 수행하는 주요 활동에 대한 설명으로 바르지 않은 것은?

① 코칭 진행 후 관리자와 대상 직원들에게 개선과 반성을 할 수 있는 시간과 기회를 제공한다.

② 평가는 목표 달성 여부와 코칭 시 발생한 이슈들을 개선하고 보완하기 위해 실시한다.

③ 개선되어야 할 몇 가지 사항만을 선정하고 집중함으로써 효과를 높여야 한다

④ 평가 및 확인을 통해 목표나 수준에 도달했는지를 점검하고 확인한다.

▶ 해설 : 개선되어야 할 몇 가지 사항만을 선정하고 집중함으로써 효과를 높여야 하는 것은 '코칭 진행 단계(Do)'에서 시행해야 할 활동이다.

25. 아래 내용은 PDSC에 따른 서비스 품질 개선 코칭 프로세스 중 어느 절차에 해당하는 것인가?

- 코칭 이력관리 카드 활용하여 코칭 내용 정리 기록/질문 및 경청
- 코칭 목적의 명확한 제시/실제 사례 리뷰 및 청취/What-Why-How입각한 코칭 진행

① 코칭 목표 설정   ② 코칭 평가 및 확인   ③ 코칭 실시   ④ 코칭에 대한 피드백

26. 상담품질 코칭 진행 절차에 대한 설명으로 바른 것은?

① 코칭 진행 시간은 주제나 내용의 경중에 상관없이 반드시 20~30분 내에 끝내야 한다.

② 상담내용 청취 및 개선점을 찾는 단계에서는 우수 사례만 확인 후 표준 답변만 재
　　확인한다.

③ 개선안의 동의 단계에서 개선항목은 가급적 많이 정하는 것이 바람직하다.

④ 면대면 코칭을 기본으로 직원 특성, 근속기간 등에 따라 내용 및 진행 방법이 달
　　라질 수 있다.

▶ 해설 : 코칭 진행 시간은 코칭을 진행하는 내용에 따라 유동적이며 상담내용 청취 및 개선점을 찾
　　는 단계에서는 우수 사례와 그렇지 않은 사례를 섞어서 확인시키는 것이 바람직하며 개선안의 동
　　의 단계에서는 개선항목은 1~2개로 정하는 것이 바람직하다.

27. 코칭 스킬에 대한 설명으로 바르지 않은 것은?

① 코칭 진행 시 효과를 극대화하기 위해 필요한 기술로 의사소통기술이라고도 한다.

② 코칭을 효과적으로 진행하기 위해서는 직원들과의 커뮤니케이션이 바탕이 되어
　　야 한다.

③ 커뮤니케이션을 바탕으로 코칭 스킬은 통제와 지도를 통한 관리만이 바람직한 결
　　과를 낳는다.

④ 코칭 스킬을 통해 성과관리와 서비스 조직 전략 등 주요 사항에 대한 의사결정을
　　할 수 있다.

28. 경청을 위해서는 주의집중이 중요한데 대상자의 이야기에 최대한 집중하기 위한 행
　　위로 보기 힘든 것은?

① 음성이나 얼굴 표정 또는 제스처

② 팔짱을 끼고 다리를 꼬고 앉은 자세

③ 눈을 마주치고 고객을 끄덕이는 행위

④ 미소 또는 몸 전체를 상대방을 향해 돌리기

29. 공감을 위한 요소 중 아래에서 설명하고 있는 것은 무엇에 해당하는가?

- 상대의 감정이나 느낌을 추측하면서 이해하려고 노력하는 단계
- 추측과 함께 코치가 추측한 상대방의 감정을 말로 표현하여 확인
- 대상자가 말한 내용 외에도 감정을 이해하고 있다는 것을 표현

① 감정이입　　② 반복 · 요약 및 반영　　③ 관심표명　　④ 감정감화

▶ 해설 : 관심표명은 언어적 표현을 통한 대화에 관심이 있음을 나타내는 것을 의미한다.

30. 아래 대화를 보고 팀장이 직원에게 한 경청의 유형은 어떤 것인지 고르시오.

부하: 팀장님, A안과 B안 중 어떤 것이 나을까요?

팀장: ○○○씨가 알아서 하면 되지 꼭 그걸 나한테 물어봐야 속이 시원하냐!

① 수동적 경청　　② 배우자 경청　　③ 맥락적 경청　　④ 적극적 경청

31. 아래에서 설명하고 있는 경청의 유형은 무엇인가?

- 상대방이 말하지 않은 내용까지 듣는 경청
- 말이 아닌 어떤 맥락에서 이러한 행동과 말이 나온 것인지 생각함

- 상대방의 숨겨진 의도나 욕구까지 파악하는 경청 기술
- 상대방의 의도 · 감정 · 배경까지 헤아리면서 듣는 경청법

① 수동적 경청　　　　② 배우자 경청　　　　③ 맥락적 경청　　　　④ 적극적 경청

32. 공감을 방해하는 장애 요소 중 "언제부터 그랬나요?", "그 전에는 무슨 일이 있었던 거예요?"와 같이 반응하는 것은 어떤 장애 요소에 해당하는가?

①　평가 및 교육하기　　　　②　조사 및 취조하기
③　충고 및 조언하기　　　　④　분석/설명/진단하기

33. '맞장구를 치는 법'에 대한 설명으로 <u>바르지 않은 것은?</u>
①　맞장구는 무의식적으로 대화를 원하는 방향을 이끌어 내는 데 효과적이다.
②　맞장구는 과도하지 않게 하되 상대가 한창 흥에 겨울 때는 함께 흥을 맞추며 맞장구를 친다.
③　맞장구를 칠 때는 확실하게 그리고 짧으면서도 감정을 실어서 쳐 준다.
④　맞장구를 치는 시기도 중요하지만 끝내는 시기도 중요하다.

▶ 해설 : 맞장구는 과도하지 않게 그리고 상대가 한창 흥에 겨울 때는 잠시 멈추는 것이 바람직하다.

34. 코칭 시 질문의 유형 중 아래에서 설명하고 있는 질문의 유형은 무엇인가?

- 직원의 의식과 생각에 실제로 영향을 미치는 정도가 큼
- 직원의 생각을 존중해주는 느낌을 주어 신뢰감 형성에 도움을 줌

> • 새로운 가능성과 대안을 모색하는 데 효과적임
>   예) "이번 기회를 통해 ○○○씨가 배운 점이 있다면 무엇인가요?"
>   "그렇게 할 수 있었던 특별한 비결이 있으면 알려 주세요?"

① 열린 질문
② 구체적인 질문
③ 미래지향적인 질문
④ 긍정적인 질문

35. 피드백 스킬에 대한 특징으로 바르지 않은 것은?

① 피드백은 질문이나 경청과 달리 보다 구체적으로 실천을 유도하는 기술이다.
② 피드백은 커뮤니케이션을 통해 상호 간의 대화 내용을 확인시키는 도구로 활용될 수 있다.
③ 피드백은 상대방의 가능성을 확실하게 인정하기 위한 기술이라고도 할 수 있다.
④ 피드백을 통해 업무의 진행속도가 빨라짐은 물론 역량이나 효율성을 향상시킬 수 있다.

▶ 해설 : 상대방의 가능성을 확실하게 인정하기 위한 기술은 '확인 스킬'이다.

36. 부정적 피드백의 활용에 대한 설명으로 바르지 않은 것은?

① '인격'을 공격하는 것이 아니라 '행동'에 대해서 지적하는 것임을 인식할 것
② 신입 직원을 대상으로 객관적인 사실을 근거해 적극적으로 활용하는 것이 바람직함

③ 무조건인 질책과 비난이 아닌 대안 있는 건설적인 질책은 오히려 긍정적인 결과 초래

④ 최악의 상황을 가정해서 이를 극복하기 위한 실천의지를 제고하는 방향으로 피드 백 제공

▶ 해설 : 부정적인 피드백은 경력이나 근속기간이 오래되어 숙련된 직원을 대상으로 적극적으로 활 용하는 것이 바람직하다.

37. 질책을 할 때 주의할 사항으로 <u>바르지 않은</u> 것은?

① 질책 시 상대방의 감정이나 인격을 비하하는 폭력적인 대화가 아닌 비폭력 대화 를 활용한다.

② '항상', '늘', '자주'와 같은 빈도부사는 상대방을 자극하고 반발하게 하므로 사용 을 자제한다.

③ 피드백 시 대부분의 갈등이나 불만은 '표현'보다는 '내용'에서 발생하는 경우가 많다.

④ 화나거나 질책을 할 때 'I-Message' 또는 '나-표현법'과 같은 중립적인 단어나 표 현을 활용한다

▶ 해설 : 피드백 시 대부분의 갈등이나 불만은 내용보다는 표현에서 발생하는 경우가 많다.

38. 코칭을 하는 과정에서 중요한 사항들을 확인하기 위한 기술을 '확인 스킬'이라고 하 는데 이에 대한 설명으로 <u>바르지 않은</u> 것은?

① 확인 스킬은 보통 과거와 현재(AS-IS) 또는 향후 가능성(TO-BE)을 확인하는 기 술이다.

② 확인 스킬은 상대방의 가능성을 확실하게 인정하기 위한 기술이라고도 할 수 있다.

③ 자신의 가능성이나 잠재력을 강하게 믿는 사람들에게 강력한 효과를 발휘하는 스킬이다.

④ 확인 스킬의 핵심은 코칭 대상인 상대방에 대한 신뢰이며 상대의 가능성을 믿는 일부터 시작해야 하는 기술이다.

▶ 해설 : 확인 스킬은 표면적인 행위나 모습과는 다르게 마음속에서는 자신의 가능성이나 잠재력을 믿지 못하는 사람들에게 유효한 스킬이다.

39. 아래에 설명하고 있는 코칭 커뮤니케이션을 무엇이라고 하는가?

- 표현 하나에 사람의 감정이 상대방의 말에 공감하고 상처를 주지 않으면서도 내 주장이나 의견을 쉽게 받아들일 수 있도록 하는 대화법
- 역지사지의 태도를 유지하며 상대방의 입장에서 생각하고 말하는 대화법
- 논리적이면서도 상대의 기분이나 감정에 상처를 주지 않으면서 대화하는 방법

① 비폭력 대화
② 나 전달법
③ 중립적 언어
④ 아론슨 기법

40. 나 전달법(I-Message)의 특징 및 효과에 대한 설명으로 <u>바르지 않은 것은?</u>
① 상대방의 생각이나 상황을 남에게 더 잘 알릴 수 있도록 해 주는 기법이다.
② 상대방의 행동을 비난하지 않으면서도 자신의 마음과 감정을 드러낼 수 있다.
③ 상대방이 취한 행동에 대해 스스로 책임지도록 하는 것이므로 행동을 개선하는

데 효과적이다.

④ 대화를 부드럽게 하고 상호 간 원만한 관계 유지 및 상대방의 저항이나 불만이 줄어들게 한다.

▶ 해설 : 나 전달법(I-Message)은 상대방에게 자신의 상황이나 생각을 더 잘 알릴 수 있도록 해 주는 기법이다.

41. 나 전달법(I-Message)으로 말하기 절차를 바르게 나열한 것은?

> (ㄱ) 감정을 표현하기　　　　　(ㄴ) 의도 및 주장 전달
> (ㄷ) 사실 말하기　　　　　　　(ㄹ) 답변 듣기
> (ㅁ) 마음을 준비시키기

① (ㅁ)-(ㄷ)-(ㄱ)-(ㄴ)-(ㄹ)
② (ㅁ)-(ㄷ)-(ㄴ)-(ㄱ)-(ㄹ)
③ (ㅁ)-(ㄴ)-(ㄷ)-(ㄱ)-(ㄹ)
④ (ㅁ)-(ㄴ)-(ㄱ)-(ㄷ)-(ㄹ)

42. 침묵 스킬에 대한 설명으로 바르지 않은 것은?

① 코칭에서 침묵은 필수적이며, 어떻게 활용하느냐에 따라 질문이 가진 힘을 더욱 강화시킨다.

② 침묵은 3~4초 정도가 적당하며, 이때는 눈맞춤(Eye contact)을 함께 병행한다.

③ 침묵이 지속되면 감정적으로 서로를 이해하게 되어 편한 상황으로 이어져 친밀감이 형성된다.

④ 침묵 스킬은 사고가 확장될 때나 중요한 내용을 언급할 경우와 감정이 일렁일 때 활용한다.

▶ 해설 : 잘못 활용하면 침묵이 지속되거나 또는 상호 간에 감정적으로 불편한 상황이 초래된다.

43. NLP(Neuro Linguistic Programming) 기법 중 아래에서 설명하고 있는 것은?

- 상대방과 미팅 도중 차를 마시면 같이 따라 마시면서 상대방과 자연스럽게 대화를 이어 가는 행위나 상대방이 어떤 불쾌한 일로 얼굴을 찡그릴 때 같이 마주 보며 찡그리는 행위를 말한다.
- 상대방의 행동을 똑같이 흉내내면 장난스럽다는 느낌을 줄 수 있으며 심하면 오히려 화를 내기도 하니 주의하여야 한다.

① 아이 억세싱 큐(Eye Accessing Cue)
② 미러링(Mirroring)
③ 캘리브레이션(Calibration)
④ 패러프레이징(Paraphrasing)

44. 라포르(Rapport)에 대한 설명으로 옳은 것은?
① 상대방과의 신뢰관계라고 할 수 있는 이것이 커지면 소통이 원활해지고 설득하기 쉬워진다.
② 상대방의 행동 및 말 속도 또는 정서 등에 맞춰 동질감과 신뢰감을 쌓을 수 있다.
③ 효과적으로 상대방에게 제대로 경청하고 있다는 느낌을 전달할 수 있다.
④ 상대방의 말을 자신이 이해한 다른 말로 요약해서 말하거나 기술하는 기법이다.

45. NLP(Neuro Linguistic Programming) 기법 중 아래에서 설명하고 있는 것은?

> 직원이 "오늘은 하루 종일 업무를 하느라 바빴어요."라고 할 경우 "아, 많이 바쁘셨군요."라고 하며 고개를 끄덕여 주는 것이다. "오늘은 날씨가 무척이나 덥고 습해서 활동하기에 정말 힘든 하루였어요."라고 한 경우 "아! 날씨 때문에 많이 힘드셨나 보군요."라고 공감해 주는 것이다. 이렇게 구체적인 사실과 핵심적인 내용에 대해서 이 기법을 활용한다.

① 미러링(Mirroring)

② 백트래킹(Backtracking)

③ 캘리브레이션(Calibration)

④ 패러프레이징(Paraphrasing)

정답표

문항	1	2	3	4	5
정답	③	②	③	③	①
문항	6	7	8	9	10
정답	②	①	④	③	①
문항	11	12	13	14	15
정답	②	③	④	③	②
문항	16	17	18	19	20
정답	①	①	④	①	①
문항	21	22	23	24	25
정답	①	①	②	③	③
문항	26	27	28	29	30
정답	④	③	②	①	②
문항	31	32	33	34	35
정답	③	②	②	④	③
문항	36	37	38	39	40
정답	②	③	③	①	①
문항	41	42	43	44	45
정답	①	③	②	①	②

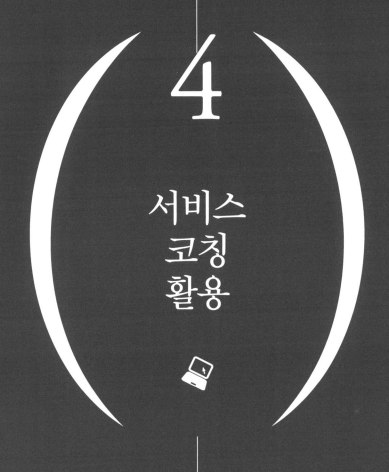

4

서비스
코칭
활용

접점직원 유형별 코칭 커뮤니케이션 │ 서비스 조직 성과관리 향상을 위한 코칭 │ 코칭을 통한 서비스 조직 갈등관리 │

서비스 조직 리더십 코칭

접점직원 유형별 코칭 커뮤니케이션

(1) 관리자 코칭 시 필수 커뮤니케이션

서비스 조직에는 다양한 유형의 직원이 모여 근무한다. 역량(능력)과 의지(의욕) 매트릭스를 근거로 다양한 유형의 직원이 존재한다. 의지가 없는데 역량은 높은 직원과 반대로 의지는 높은데 역량은 그리 높지 않은 직원, 그리고 의지도 역량도 없는 직원과 이 2가지 요소를 두루 갖춘 우수한 직원들도 있다. 이렇게 다양하게 존재하는 직원들과 코칭을 진행할 때 효과적으로 커뮤니케이션하는 방법을 제시하고자 한다. 중요한 것은 상대방(직원)에 대한 믿음이 가장 중요하다는 것을 염두에 두어야 한다.

1) 믿음과 신뢰를 위한 경청 및 공감 커뮤니케이션법
① 상대 직원의 관심사 또는 이야기에 흥미를 갖고 대한다.
　- 단순히 말로만 반응하는 것이 아니라 말한 내용이나 행동에 맞춰 적절한 반응이 중요
② 절대 일방적으로 이야기하지 않도록 말을 하고 난 뒤 한 템포 쉬어 가는 여유를 가진다.
　예시 "○○○씨라면 어떻게 했을 것 같아요?"

③ 상대방의 얘기를 중간에 끊지 않고 끝까지 듣거나 말이 끝나지 않은 상황에서 함부로 요약 및 정리하지 않도록 주의한다.

④ 대화 도중 적절하게 맞장구를 쳐 준다.

   – 사실에 대한 공감: 상대방이 말한 사실에 대한 중요 포인트를 반복해 준다. [복창, 확인]

   예시 "[중요 포인트]였다는 것이군요.", "[사실이나 사건]이 사실이었다는 말이죠?"

   – 감정에 대한 공감: 상대방의 현재 감정에 대해서 호응을 해 준다. [기분, 감정에 대한 호응]

   예시 "기분이 아주 좋았겠군요.", "아~ 그땐 참으로 많이 속이 상했겠네요."

⑤ 추궁하는 듯한 분위기가 아닌 상대의 감정이나 상황을 이해한다는 심정을 담아서 표현한다.

   예시 "그래서 언제 하겠다는 것인가요?", "ㅇㅇㅇ 씨가 [구체적인 사실]로 인해 할 수 없었다는 얘기잖아요?" (X)

   "어째서 그런 것인지 궁금하군요.", "그 얘기에 대해서는 좀 더 자세하게 듣고 싶군요." (O)

⑥ 단순히 상대방이 느꼈을 감정이나 상황에 공감해야 하며 개인적인 의견이나 주장에 이끌려 다니거나 동조하지 않고 듣는다.

   예시 "듣고 보니 아주 태도가 나쁜 사람이었군요.", "그 당시 화가 많이 났겠군요." (X)

   "ㅇㅇㅇ씨가 그렇게 생각한 이유가 있었나요?", "매번 그런 식으로 말하고 다닌다는 말인가요?" (O)

⑦ 상대방의 심리적인 거리를 줄이기 위해서 상대방의 '기분'과 '바람'에 주목하면서 듣는다.

⑧ 상대방에게 관심이나 공감 및 경청하고 있다는 것을 행동으로 보여 준다.

　예시　바람직한 행위: 상대 방향으로 상체를 기울이는 행위, 고개를 끄덕임, 메모, 눈 마주침 등

　　　　하지 말아야 할 행위: 팔짱 끼는 행위, 눈을 마주치지 않고 딴 곳을 응시, 다리를 꼬고 앉음, 몸의 방향을 상대방이 아닌 다른 곳을 위치하게 하는 행위, 손으로 턱을 괴는 행위, 다리를 떨거나 하품을 하는 행위, 펜을 돌리거나 딱딱 소리를 내는 행위 등

2) 마음을 온전하게 전달하게 하는 커뮤니케이션 방법

① 코칭의 목적은 상대방의 단점을 지적하는 것이 아닌 장점을 드러냄으로써 원만한 인간관계를 구축하는 데 있다.

② 이를 위해서는 먼저 자신이 생각하는 상대 직원의 장점을 생각해 보고 나열한 후 적절한 시기에 얘기한다. [약속을 잘 지키거나 대인관계가 원활한 점, 꼼꼼하고 솔직한 점 등]

③ '너 전달법(You message)'이 아닌 '나 전달법(I-message)'을 활용하여 의견을 전달한다.

　예시　"○○○씨가 그 업무를 해 주면 팀에 많은 도움이 될 것 같은데…." (X)

　　　　"나는 ○○○씨가 해당 업무를 해 주었으면 해. 왜냐하면…." (O)

④ 원인 및 이유를 추궁하는 것이 아닌 해결 지향적인 제안과 의견을 도출하도록 한다.

　예시　"○○○씨, 도대체 일을 이 따위 식으로 처리하면 어떻게 해요?" (X)

　　　　"다음번에는 어떻게 하면 똑같은 결과가 나오지 않을 것인지 함께 고민해 보자고요." (O)

　　　　"맡긴 일이 이렇게 된 이유가 무엇인지 설명해 줄 수 있나요?" (O)

⑤ 자신이 전하고 싶은 말이나 의도를 명확하게 전달한다.

　－ 전하고 싶은 말을 What-How-Why에 의거하여 구체적으로 전달

　－ 객관적인 상황이나 구체적인 근거에 입각하여 전달

　－ 말끝은 절대 흐리지 말고 또박또박 자신이 하고자 하는 말을 전달

－ 미사여구가 아닌 짧고 명확한 단어와 문장을 사용하여 전달

⑥ 코칭을 진행하는 데 있어 부탁이나 주의, 또는 당부 내용을 전달할 때는 말을 늘이지 말고 전달하고 싶은 말을 최대한 압축해서 짧고 명확하게 전달한다. [상대방에 대한 배려는 기본]

⑦ 질책하거나 지적할 때는 옳고 그름에 대한 판단을 하지 않는다. [인격부정, 원인추궁 금지]

예시 "○○○ 씨, 이번 달 목표를 다른 사람들은 다 달성했는데 당신만 왜 달성을 못한 거야!" (X)

이번 달 ○○○ 씨가 목표를 달성했으면 팀 목표를 달성할 수 있었는데 좀 아쉽네. 모든 팀원들이 많이 아쉬워하고 있어. 그러니 다음에는 꼭 달성할 수 있도록 노력해 줘." (O)

－ '왜'라는 말로 질책하거나 타인과의 비교 및 자신의 기준으로 상대방의 잘못을 지적하는 행위(X)

⑧ 분노나 불안, 유감, 곤란함은 감정을 사용해 전하지 말고 자신의 감정 및 마음의 상태를 전하는 자세를 유지한다. [감정을 전하면 서로를 자극하지 않아 감정 소모나 바람직한 관계 유지 가능]

예시 "아! 도대체 왜 이렇게 말귀를 못 알아들어요?" (X)

"○○○씨가 몇 번 설명했는데도 이해를 못 해서 제가 좀 속상하네요." (O)

(2) 접점직원 유형별 코칭 커뮤니케이션

아래 코칭 커뮤니케이션은 서비스 조직에서 가장 많이 발생하는 유형의 직원들과의 커뮤니케이션 방법이다. 아래 코칭 커뮤니케이션은 기본적인 가이드를 제시하는 것이며 효과를 거두려면 가이드와 함께 자신만의 다양한 경험이 축적되어야 한다.

1) 의욕 및 의지를 높이기 위한 코칭 커뮤니케이션 방법

① 서비스 조직에서의 자신의 위치나 역할을 명확하게 이해시킨다.

② 위치나 역할에 따른 업무 위임은 물론 관리자로서의 기대감을 전달 및 표현한다.

③ 해당 업무를 수행하면서 겪는 불만이나 불편사항을 말하게 한다.

④ 불만이나 불편사항 파악 시 간접적인 시그널(시선, 몸짓, 목소리톤, 속도 등) 파악 등을 통해서 해당 직원에 대한 감정을 살핀다.

⑤ 불편 및 불만사항에 대한 솔직히 자신의 생각을 말한다. [제안으로의 전환, 개선 불가함 또는 가능함, 인정 등]

⑥ 끝까지 경청하는 것이 중요하고 실현 가능한 목표 설정은 물론 주체성을 발휘할 수 있도록 지원하고 스스로 행동할 수 있도록 촉구한다.

⑦ 목표 설정을 위한 코칭 진행 시 직원이 당위성(Must)만 강조한다면 당위성이 아닌 자신의 욕구나 의욕(Want)을 높일 수 있는 말로 표현할 수 있도록 유도한다(평상시 말투 관찰 필요).

⑧ 목표 달성에 대한 의지를 확인하고 지원 및 지지하겠다는 약속을 한다.

예시 "약속한 대로 이번에 정한 목표를 달성할 수 있는 거죠? 그렇다면 저도 ○○○ 씨가 달성할 수 있도록 전폭적인 지원과 지지를 아끼지 않겠습니다."

2) 목표나 새로운 업무 수행 시 망설이거나 불안을 해소시키는 코칭 커뮤니케이션

① 새롭게 시작하는 업무나 목표를 달성할 때 시간이 지날수록 불안함과 망설임이 생기는데 이때 이러한 상황을 털어놓을 대상이 있는 것만으로도 대부분의 불안감이나 망설임이 해소된다.

② 해당 직원의 목표나 의지를 눈으로 볼 수 있게 시각화한다.

③ 목표나 의지의 시각화 외에 목표 달성을 위해 단계별로 이루어야 할 목표를 세분화해서 시각화하는 것을 병행해야 한다.

④ 업무를 수행하는 과정에서 불안이나 좌절감을 느낀다면 최악의 경우를 예상하게 하는 경우 부담이 자연스럽게 줄어든다.

⑤ 업무에 부담을 느끼고 있는지 여부를 다양한 방법을 통해 관찰한다. [주변 동료들과의

커뮤니케이션 빈도나 특정한 표현이나 근무 태도, 스트레스 정도]

    예시 "요새 정말 힘들어.", "생각보다 일이 힘들어서 이겨 내기 힘들어.", 또는 말수
        가 적어지거나 한숨을 쉬는 경우

⑥ 과도할 경우 업무의 부담을 줄여 주거나 목표를 조정하는 방법도 고려한다.

⑦ 피해의식이나 불안함을 갖지 않도록 수고에 대한 인정과 목표 달성에의 의지에 대해
  서 격려를 한다.

⑧ 목표 달성을 수행하는 과정에서 발생할 수 있는 장애요인이나 고민들을 미리 인지하
  게 하고 이로 인한 불안이나 두려움을 도전으로 받아들일 수 있도록 한다.

3) 주어진 목표 달성 및 의욕을 향상시키기 위한 코칭 커뮤니케이션

서비스 조직에서 관리자는 가장 중립적인 자세나 태도를 유지하여야 하며 이러한 중립
적인 태도가 깨질 경우 직원은 조직 및 관리자에 대해 신뢰하지 않게 될 가능성이 높다.
그러므로 중립적인 태도와 직원에 대한 신뢰를 바탕으로 커뮤니케이션 해야 한다.

① 역할과 책임은 물론 업무를 수행하는 과정에서 반드시 이행해야 할 일들을 명확하게
  인식하게 한다. [역할의 우선순위, 도달 방법, 시간 배분 및 역할에 대한 실제 활동 등]

② 신입 직원일 경우 역할 모델(Role model)을 찾게 하고 이들 모델을 멘토로 정해 준다.
  [근속 기간이 오래된 직원이 아닌 1년 또는 6개월 미만의 직원이 바람직함]

③ 과도한 목표로 인해 목표를 잃고 헤매거나 불안한 감정에 휩싸인 경우 장애요소를 모
  두 적어 보게 하거나 말하게 한다. [감정을 누그러뜨리고 이성적인 사고의 전환이 가능]

④ 경험이 있는 직원이라면 자신의 기존 경험이나 자원을 환기하거나 활용하게 한다.
    예시 "○○○씨, 작년에 이와 같은 문제가 발생했을 때 잘 해결하지 않았나요?",
        "○○○씨, 지난 번에 이와 비슷한 업무를 수행했던 경험이 있지 않나요? 그때
        경험을 살려 이번 업무에 활용해 보는 것은 어때요?"

⑤ 목표 달성 과정에서 어려움을 겪을 때 적절한 아이디어나 경험 또는 내외부의 자원을
  적극적으로 지원한다. [시각화된 자료나 통계 또는 선배 직원의 경험담, 장애요인 분석 및 극
  복할 수 있는 방법이나 외부 교육의 기회, 이벤트 및 교육 등]

⑥ 의지가 꺾이거나 저하되었을 때는 목표를 달성했을 때의 이미지를 떠올리게 한다. 상징적인 이미지를 시각화함으로써 목표 달성에 대한 의지는 좀 더 입체화되고 이러한 시각화는 무의식 중에 직원의 의식에 작용한다.

⑦ 막연하게 들떠 있거나 해 보지도 않고 목표를 달성할 수 있다고 생각하는 직원에게는 업무를 수행하는 과정에서 책임져야 할 것들에 대해서 목록화함으로써 이를 인식하고 일을 할 수 있도록 한다. [책임져야 할 것들에 대한 목록화는 목표 달성을 단축하는 데 도움을 줌]

⑧ 목표 달성에 대한 의지가 저하되거나 심각한 상황을 초래할 수 있으므로 중립적인 자세 유지와 함께 직원의 존재가치를 인정하거나 경청을 통해 상호 간의 공통점이나 공동의 목표를 발견하도록 노력해야 한다. [미래지향적인 대화 필수]

4) 기존 직원의 매너리즘 개선을 위한 코칭 커뮤니케이션

서비스 조직의 경우 여초 조직이고 무엇보다 경력개발의 한계가 명확하고 일반 조직에 비해서 비전을 제시하기에도 어렵고 자원활용이 무척이나 제한적이다. 이 때문에 이러한 조직문화에 익숙한 기존 직원에 대한 매너리즘을 개선하기란 참으로 어려운 문제이기도 하다. 따라서 이미 다양한 방법을 통해 개선을 위한 활동이나 커뮤니케이션을 시도해 봤지만 결과가 신통치 않은 것도 사실이다. 그리고 무엇보다 이미 다양한 경험을 통해 관리자의 태도나 자세 또는 커뮤니케이션, 접근방법, 해법 및 문제에 대한 해결 프로세스 등에 대해서 너무도 잘 알고 있기 때문에 이들을 코칭하기란 쉽지가 않다. 그러나 적어도 아래와 같은 노력은 해야 한다. 매너리즘이라는 것이 극복할 수 있는 것인지에 대한 여부는 차치하고라도 몇 번의 경험을 통해 의지나 의욕 자체가 없는 경우는 인사조치를 하는 것도 생각해 봐야 한다.

① 기존 직원의 가치나 존재를 인정한다.

② 목표를 정하는 것은 반드시 객관적이어야 하고 해당 직원의 의지가 반드시 반영되어 있어야 한다.

③ 목표치는 반드시 단계별로 달성 가능한 목표를 설정하고 시각화를 통해 의지를 더욱 입체화한다. [달성했을 때 이미지나 느낌, 생각이나 팀 동료들의 반응 또는 그렇지 않았을 경우

상황이나 느낌, 생각, 팀 분위기 등]

④ 자신의 기존 경험이나 자원을 환기하거나 활용하게 한다. [개인이력카드나 해당 직원에 대한 주요 KPI자료나 통계 또는 분석자료, 보고서 등]

⑤ 기존 경험을 환기시키거나 이를 활용할 경우 감정적인 접근이나 호소가 아닌 객관적인 사실에 근거하여 커뮤니케이션 하도록 주의한다. [비교나 인신공격 금지]

　　예시 "○○○씨, 예전에는 잘했는데 도대체 지금은 왜 이렇게 신입사원보다 못한 거죠?" (X)

⑥ 매너리즘을 극복할 수 있는 방법 또는 목표 달성을 방해하는 요소들을 구체적으로 목록화한다. [의지와 능력 매트릭스 관점에 근거하여 작성]

⑦ 구체적인 비전이나 목표를 물어보고 공유하며 이를 지원하고 응원함으로써 친밀감을 높인다.

⚠ 비전이나 목표 관련 주의사항

- 서비스 조직의 조직문화나 상황 또는 조직 인사체계를 고려해야 한다. [인사적체, 승진의 한계, 타 부서로의 이전 불가, 고용 형태 등]

- 사전 커뮤니케이션을 통해 해당 직원의 비전이나 목표 파악이 중요하다. [급여 인상, 관리자로의 승진, 타 부서로의 이전, 장기 근무 등]

- 위와 같은 상황을 고려하지 않고 무조건 장밋빛 미래를 꿈꾸게 할 경우 오히려 반감을 일으킨다.

- 실현 가능한 비전이나 목표를 설정할 수 있도록 현실적인 조언을 해 주는 것이 바람직하다.

⑧ 기존 직원으로서의 책임과 적어도 공헌해야 할 목표를 상기시키고 이를 주기적으로 인식할 수 있도록 커뮤니케이션해야 한다.

⑨ 상호 간의 신뢰는 가장 기본적인 태도이며 목표와 책임을 상기시키고자 할 때 진정성을 바탕으로 한 인간적인 접근은 필수이다. 다만 목표와 책임을 상기시키는 것과 인간적인 접근은 별개의 문제이므로 목표와 책임은 명확히 전달하는 것이 목적이 되어

야 한다.

⑩ 조직이나 주위 동료의 기대가 어떠한지를 명확히 전달한다.

⑪ 서비스 조직 내에서 직접 기여할 수 있는 업무들을 찾아 참여하도록 유도한다.

- 매뉴얼 업데이트 개발, 멘토 역할수행, 기존 사원의 업무 노하우, 타사 비교 모니
  터링 등

- 기존 자료 분석을 통해 잘하는 부분이 있다면 암묵지의 경험을 형식지로 이끌어 내
  는 활동

- 멘토 같은 역할 모델의 경우 직위가 아닌 역할로만 생각할 수 있도록 해야 한다.

5) 목표 달성 및 개선활동이 더딘 상담 직원을 위한 코칭 커뮤니케이션

서비스 조직에서 진행되는 목표나 개선을 위한 활동이 더딘 직원들을 위한 커뮤니케이션의 핵심은 하고자 하는 의지와 가능성의 확인이라고 할 수 있다. 이렇게 진척도가 낮은 직원들을 대상으로는 지속적인 확인과 커뮤니케이션 그리고 감성적인 접근이 효과를 발휘한다.

① 먼저 직원과의 신뢰는 물론 진정성 있는 커뮤니케이션은 가장 중요한 태도와 자세이다.

② 목표 달성을 어렵게 하거나 개선활동이 더딘 이유가 무엇인지를 구체적으로 목록화하게 한다.

③ 우선 지속적으로 해당 목표를 인식할 수 있도록 습관을 들이는 방법을 고민한다.

④ 정량적인 목표 달성이 목적인 경우 지속적인 트래킹(객관적인 수치와 통계에 근거한 모니터링 및 지도, 교육 및 훈련 등)을 통해 목표와의 차이를 줄일 수 있도록 한다(매트릭스 분석 활용).

⑤ 시간관리 매트릭스를 통해 현재하고 있는 일들에 대해서 우선순위를 정한다.

- 긴급한 것과 긴급하지 않은 것, 중요한 것과 중요하지 않은 것들을 기준으로 중요도와 긴급성을 따져 해야 할 일들에 대한 우선순위를 정한다.

⑥ 개선활동의 경우 구체적인 수행 목표, 구체적인 개선 과제 및 진행경과는 물론 시행방법, 회수, 시행일자, 완료일자를 구체화하고 이를 자료화하여 수시로 확인한다.

개선점	목표	개선과제	주기/회수	시행일자	완료여부
고객반론 극복	00점→00점	스크립트 수정 · 보완	5회→10회	OO. OO일	진행 중

⑦ 업무처리 절차를 정확히 이해 못하거나 오상담, 오안내가 잦은 경우 업무처리 절차를 시각화하거나 직접 설명하도록 한다. [리허설 또는 역할연기 지도]

⑧ 정기적으로 진척도는 물론 해당 직원의 상황을 확인할 수 있는 시간 및 구조를 만드는 것이 중요하며 진척된 상황에 대해서는 인정 또는 칭찬을 병행한다.

– 자신의 상황을 이야기할 수 있는 기회가 정기적으로 제공되면 안심과 함께 업무나 목표 달성에 대한 속도를 내는 데 집중하게 된다.

⑨ 속도가 더딘 직원들을 대상으로는 단기에 달성해야 할 과제나 목표를 제시하고 이에 대한 진척도를 모니터링한다.

⑩ 단기에 달성해야 할 과제를 통해 작은 성과(Quick win)를 거둘 수 있도록 독려하는 것이 중요한데, 단기에 작은 성과를 통해 더 큰 목표를 달성할 수 있는 가능성은 물론 해당 목표에 대한 활동이 가속화된다.

⑪ 목표했던 부분에 거의 근접하거나 중요한 단계를 뛰어넘었을 경우 이를 알려 주고 칭찬과 지지, 격려를 아끼지 않는다.

　– 접점직원 입장에서는 성취감을 느낄 수도 있고 그동안 힘들었던 과정을 조금만 있으면 도달할 수 있다는 안도감은 물론 스스로 성장하고 있다는 느낌을 받는다.

6) 동일한 실수를 반복하는 직원을 위한 코칭 커뮤니케이션

서비스 조직에서 근무하다 보면 똑같은 실수를 반복적으로 하는 직원들이 있다. 문제는 이들도 동일한 실수를 반복하는 자신을 알고 있으며 스스로 자책한다는 사실이다. 이러한 유형 직원의 개선을 위해서는 절대 감정적인 접근은 곤란하며 객관적이고 명확한 근거를 바탕으로 한 중립적인 언어를 사용해서 코칭을 진행해야 한다. 이와 함께 이와 같은 일이 재발하지 않게 하기 위한 현실적인 대안을 함께 고민하는 것이 바람직하다.

① 해당 직원이 실수한 내용에 대해서 감정적인 대응은 자제하고 실수한 내용에 대해서 사실만을 근거로 커뮤니케이션한다.

② 실수하는 원인이 무엇인지 정확한 원인 분석이 필요하며 심리적인 요인이 아니라면 조직 업무 프로세스에 입각해 업무를 수행해 나가도록 습관화하는 것이 중요하다.

③ 자주 실수하는 항목이나 부분은 어떤 것인지 스스로 목록화하고 이를 개선하기 위한 구체적인 개선안을 함께 고민한다. [포스트잇, 스티커 기능 활용, 역할연기나 자주 실수하는 내용 목록화 등]

잦은 실수에 따른 리스크가 무엇인지를 인지시키고 동일한 경험을 한 직원들의 극복 사례를 공유한다. [지식이나 정보 또는 직장 동료들의 조언 및 체험담 공유]

④ 미리 발생할 수 있는 문제나 어려움들이 무엇인지 질문을 통해서 잦은 실수로 인해 발생하는 업무에 대한 두려움이나 불안을 '극복'이나 '도전'의 대상으로 받아들이도록 한다.

예시 "○○○씨, 누구나 두려움은 있기 마련이야. 고객과는 자신감 있는 응대가 더 중요합니다. 겁먹지 말고 자신 있게 도전해 봐요."

⑤ 동일한 실수 반복에 대해서 과도한 지적이나 질책은 자칫 패배감이나 의욕을 저하시 킬 수 있는 요인이므로 조심해야 한다.

7) 불만이나 불평이 많은 직원을 위한 코칭 커뮤니케이션

현장에서 가장 어려워하는 부류의 직원들이 바로 불만이나 불평이 많은 직원이 아닐까 싶다. 서비스 조직은 많은 사람들이 모여 근무하는 곳이다 보니 물결효과로 인한 부정적인 감정의 전염이 커지기 때문에 이들에 대한 코칭 커뮤니케이션이 중요하다. 불평불만의 원인은 너무 다양해 특정 짓기가 어려운데, 이들의 성향에 기인할 수도 있고 이들 개개인이 처한 상황 때문에 발생할 수도 있다. 조직 차원의 문제, 업무방식 또는 동료들 간의 다양한 이슈로 인해서도 발생할 수 있는 등 불만의 원인은 끝이 없다. 중요한 것은 이들의 불만과 불평이 무엇인지를 명확히 파악하는 것이 문제해결의 시작이라는 점이다.

① 이들의 불만은 주기적이고 심각할 경우 감정적으로 이어져 팀은 물론 조직 전체에 좋지 않은 영향을 미친다.

② 불만이 무엇인지를 파악하는 것이 중요하며 이때 감정적인 대응이나 자극을 줄 수 있

는 용어 사용은 절대 금해야 한다(감정을 드러냄으로써 오히려 반감은 물론 감정적 대립 초래).

예시 "○○○씨, 도대체 왜 이러는 겁니까? 개념이 있는 거예요? 오늘 한번 속 시원하게 얘기 좀 해 봅시다!" (X)

③ 감정적인 접근이 아닌 개별 업무를 중심으로 커뮤니케이션해야 하며 무엇보다 객관적인 사실을 근거로 얘기를 풀어 나가야 한다.

④ 이러한 접근 방법을 통해 해당 직원의 의견을 들어 줌으로써 불만이나 불평 또는 자신의 태도에 대한 본인의 판단은 물론 주체적인 입장정리가 가능하도록 하는 것이 바람직하다.

⑤ 불만이나 불평에 대한 얘기를 다 들어 주고 공감 및 재확인하며 제안으로 전환시킨다. 여기서 공감이라는 것은 불만이나 불평과 관련한 자신의 주장이나 의견에 동의하는 것이 아니라 심정적으로만 이해한다는 것을 의미한다.

⑥ 서비스 조직에서 발생하는 불평이나 불만은 크게 2가지로 나뉘는데 원래부터 비딱한 태도를 유지하는 네거티브 유형과 실제 본인의 의지나 시각과는 다르게 운영되고 있는 서비스 조직(또는 관리자)에 대한 불만이 그것이다. 만약 문제가 있다고 말하는 직원이 있다면 적극적으로 해당 직원의 소리에 귀를 기울여야 한다.

⑦ 주기적으로 소통하고 그들과의 신뢰 관계를 구축하는 것이 불평이나 불만을 최소화할 수 있다.

⑧ 직원들의 의견이나 주장 또는 업무 방식에 대해서 중립적인 태도를 유지함은 물론 그들의 의견에 대해서 적절한 피드백을 주어야 불안감을 최소화할 수 있다.

- 공감이나 동의하는 의견이나 커뮤니케이션 후 뒤에 가서 비난하는 행위는 많은 사람들이 모여 근무하는 조직에서는 어떤 형태로든 공유되거나 퍼지기 마련인데 이러한 것들이 불신을 더욱 강화하는 요인으로 작용한다.

⑨ 불평 및 불만이 많은 부정적인 사람들일수록 자신의 시각과 주장 및 사고가 맞다고 확신하는 경향이 있는데 이들에게는 업무중심적으로 문제를 해결하려는 노력이 오히려 효과를 발휘한다.

⑩ 불평 및 불만이 많은 직원들 또한 불안하기는 마찬가지이므로 긍정적인 답변이나 호응을 통해 힘을 주는 메시지를 전달하거나 개별적인 관심이나 칭찬을 해 주는 것도 좋은 방법이다.

⑪ 서비스 조직에서 루머를 퍼뜨리거나 해서는 안 될 일을 할 경우, 무조건 감정적으로 다그치거나 자극을 하는 것은 피하고 바로 구체적으로 잘못된 일에 대해서 지적과 함께 교정을 해야 한다.

⑫ 소속감이나 충성도가 없는 직원들은 흔히 조직이나 자신에 대해서 냉소적인 태도를 유지하는 경우가 많은데 단순히 무의미한 칭찬이나 격려보다는 정말로 필요한 존재라는 점을 각인시키는 것이 중요하다.

8) 관리자보다 나이 많은 직원을 위한 코칭 커뮤니케이션

근속기간이 오래되다 보니 조직의 상황이나 사정을 너무도 잘 알고 있고 경험도 풍부하지만 고집이 세고 새로운 일을 받아들이지 않으려는 태도를 유지하려 한다거나 자신의 업무를 나이 어린 직원에게 전가하거나 관리자가 다루지 못하는 요구를 계속 요구하면서 애를 먹이고 동료들을 선동하여 나이 어린 리더를 괴롭히는 등의 행동을 하는 경우가 있다. 대략 나이 많은 직원들이 보이는 행동은 2가지 유형으로 나타난다.

	성향이나 행동방식
부정 및 반목형	• 자기보다 나이 어린 관리자가 있다는 사실에 대해 불편해함(행동과 표정) • 어린 관리자와 함께 일한다는 것 자체에 대한 불만으로 못마땅해함 • 나이도 많고 경험도 많으며 근속기간도 많아서 리더보다는 우월하다는 생각 • 나갈 수는 없고 월급은 받아야 하니 어쩔 수 없이 다녀야 한다는 생각 • 어린 관리자를 무시하거나 인정하지 않음 • 비공식적인 조직이나 동료들을 세력화하거나 동조하게 함(왕언니 역할) • 어린 관리자의 업무 지시나 의사결정을 무시함 • 관리자가 마음에 안 들면 팀워크를 저해하고 막무가내로 행동함
순응 및 적응형	• 인사고과나 의사결정의 주체이므로 표면적으로는 예의를 갖추고 행동 • 어린 관리자 비위를 맞추거나 동조하면서 편하게 자신의 자리를 유지 • 지적받지 않을 정도의 성과 및 업무 강도 유지 • 더 이상 직업적인 성장(승진)의 어려움을 인정하고 관리자와 우호적인 관계 유지 • 자신의 경험 공유 또는 조직에 기여하려는 노력을 통해 인정받길 원함

서비스 코칭 활용

이러한 직원들이 조직 내 여론을 만들어 세력화하거나 나쁜 감정을 표출하거나 부정적인 분위기를 주도하게 되면 조직 전체의 성과를 떨어뜨리는 직접적인 요인으로 작용한다. 따라서 이들과의 커뮤니케이션이 무엇보다 중요하다.

① 나이 많은 직원들과의 효과적으로 일하기 위해서 필요한 커뮤니케이션 방법은 먼저 신뢰감 형성을 위한 거리감 좁히기, 서로에 대한 기대치를 명확하게 하기, 그리고 마지막으로 자존심을 건드리지 않도록 상호 존중하기가 핵심이라고 할 수 있다.

② 우선은 상대가 거부감을 느끼지 않도록 하는 것이 중요하며 관리자가 존중하고 있다는 느낌을 전달하면서도 위신 및 적절한 대우를 해 주며 배려하는 것이 중요하다. [거리감 좁히기]

③ 해당 직원을 인정하는 것이 선행되어야 하며 구체적인 사실이나 결과에 대해서는 칭찬을 하고 격려하는 것이 바람직하다.

④ 거리감이 좁혀졌다면 상호 간 기대치를 명확히 하여 불필요한 오해를 줄이고 역할을 명확하게 인식하게 하여 목표에 집중할 수 있도록 한다. [서로에 대한 기대치를 명확하게 하기]

> **예시** "○○○씨, 이번 달에는 성과가 좀 더 가시적으로 나타날 수 있도록 신경을 써 주셨으면 합니다."
>
> "○○○씨, 이번 업무가 중요하니 확실히 책임감을 갖고 주도적인 역할을 해 주셨으면 좋겠습니다."

⑤ 나이 많은 직원을 상하관계 또는 수직적인 관계가 아닌 상호 존중하는 파트너 또는 조력자로 대하는 관계 설정도 바람직하다. [자존심을 건드리지 않도록 상호 존중하기]

- 일방적으로 따라오거나 지시하는 식의 접근보다는 서로 상의하거나 경험이 많은 연장자의 입장에서 의견이나 조언을 구하는 것이 좋다. 또한 팀 내 특정 문제가 발생했을 경우 도움을 요청한다.
- 반말이나 지시적인 어투 또는 공개석상에서 질책이나 훈계 등은 상대의 자존심을 건드리는 행위이므로 주의하여야 하며 존중하는 화법을 사용한다.

⑥ 나이 많은 직원이 갖는 부정적인 감정을 억누르는 것은 일시적일 뿐 장기적으로 보면 심리적인 문제를 발생시키는 요소로 작용하므로 그들이 부정하거나 반목하는 이유의

근원이 무엇인지 그들의 생각과 의견을 진지하게 들어야 한다.

　- 리더가 되지 못했다는 불만, 나이 역순관계에서 오는 분노, 뒤처진다는 불안감, 자괴감 등

⑦ 실제로 서비스 조직의 성과는 관리자에게 부정적인 감정을 표출했을 때만 저하된다는 사실을 인식하고 좋지 않은 감정을 직접적으로 표출하지 않도록 관리하는 것이 바람직하다.

⑧ 객관적인 수치나 통계를 근거로 경험과 노하우가 꼭 필요한 업무에 나이 많은 직원이 본인의 전문성이나 역량을 펼칠 수 있도록 기회를 제공한다.

⑨ 나이 많은 직원들이 가지고 있는 전문성이나 역량에는 가급적 개입하지 않고 거리를 두는 것이 좋은 관계 형성에 실질적인 도움을 준다.

⑩ 명확하고 도전적인 목표를 제시하고 해당 업무를 수행할 때 업무의 자율성을 주고 사사건건 간섭하지 않는 것이 바람직하다. [다만 역할과 기대는 명확하게 전달]

⑪ 정당한 지시 불이행에 대해서는 명확한 근거와 사실에 근거해 단호하게 처리될 것임을 명확하게 전달한다.

⑫ 서비스 조직에서 언어표현에 있어 수직적인 계층 요소가 있다면 이를 누구에게나 존댓말이나 존칭을 사용해 수평적인 구조로 만드는 노력을 한다.

⑬ 이끌고 있는 조직(팀)에서 공식적인 자리와 비공식적인 자리에서 지켜야 할 절차나 규칙을 만들어 활용하는 것도 좋다. [공과 사는 확실히 구분]

⑭ 직접적인 접촉이나 대화가 쉽지 않다면 주변 선배 관리자나 전에 해당 직원을 관리했던 관리자에게 도움을 요청하는 것도 한 가지 방법이다.

9) 근무태도가 불량하고 관리자의 지시를 불이행하는 직원을 위한 코칭 커뮤니케이션

근무태도가 불량한 직원을 좋아할 관리자는 없다. 근무태도가 불량하거나 관리자의 지시를 불이행하는 것은 서비스 조직에게 단순히 성과나 생산성에 직접적인 영향을 미치는 것 외에 다양한 부작용을 유발하기 때문이다.

근무태도가 불량한 직원을 좋아할 관리자는 없다. 근무태도가 불량하거나 관리자의 지시를 불이행하는 것은 서비스 조직에게 단순히 성과나 생산성에 직접적인 영향을 미치

는 것 외에 다양한 부작용을 유발하기 때문이다.

① 근무태도가 불량하거나 지시를 불이행하는 원인 파악이 중요한데 언제부터 그러한 태도를 보이기 시작했는지를 파악해야 한다.

- 새로운 업무를 맡거나 과도하게 목표가 설정되었는가?
- 새롭게 팀이 구성되거나 새로운 관리자가 부임했는가?
- 기존 동료들과 분리되어 전혀 새로운 팀에서 근무하는가?
- 주변에 동료나 지인의 퇴사 또는 개인적인 문제가 발생했는가?
- 실적 부진이나 업무환경의 변화, 목적이나 목표의 상실, 연령대의 변화, 팀원 간 불화 등의 여부

② 항상 부정적인 태도를 보인 것이 아니거나 기질적으로 부정적이라거나 근무태도가 불량한 것이 아니었다면 서비스 조직 내부에서 그 원인을 찾아야 한다.

③ 대부분 강압적인 관리자의 태도(언행이나 행동, 업무 지시 형태 등)나 서비스 조직 환경에 불만이 많은 주변 동료들의 영향일 가능성이 높다.

④ 해당 직원의 근무태도나 지시 불이행에 대한 질책을 할 경우 다른 팀원이 있는 곳에서 하는 것이 아닌 일대일 상태에서 해야 한다.

⑤ 질책을 할 때는 구체적인 사실이나 근거를 가지고 해야 하며 감정이 섞인 질책이나 인격적으로 모욕을 주는 행위는 다른 갈등이나 불만을 유발할 수 있으며 역효과를 내므로 주의한다.

⑥ 근무태도 또는 지시 불이행에 대한 질책을 할 때 모두 끄집어내서 하지 않고 반드시 한 가지 사실만을 중심으로 문책하는 것이 바람직하다(단점만 말하는 것으로 받아들여 들으려 하지 않음).

예시 "○○○씨, 요즘 지각이 잦습니다. 이번 달 들어서 벌써 3번째예요. 근태는 매우 중요하니 이점 명심하시기 바랍니다."(O)

⑦ 근무태도 불량이나 지시 불이행이 반복될 경우 받게 될 불이익을 명확히 전달한다.

- 징계절차나 규정에 대한 안내

10) 밀레니얼 세대(20~30대 초) 또는 개인주의적인 성향의 직원을 위한 코칭 커뮤니케이션

최근 밀레니얼 세대인 직원들의 가치관과 기존 직원이나 관리자의 가치관이 상충하는 일이 많다. 이러한 세대 간의 갈등 해소를 위한 코칭 커뮤니케이션을 위해서는 상호 간의 이해와 신뢰가 선행되어야 한다. 젊은 세대의 경우 기존 직원들과는 다르게 모바일이 익숙한 세대이고 가치판단 기준은 물론 직장에서의 근무 태도나 행동이 기존 직원과는 많이 다르므로 이들을 코칭할 때는 아래와 같은 사항들을 충분히 인식하고 코칭을 하는 것이 바람직하다.

① 관리자가 모두 이끌어야 한다거나 답을 주어야 한다는 강박에서 벗어나야 한다.

② 이들과의 원활한 대화를 위해 다양한 상황을 받아들일 수 있는 열린 자세가 필요하다.

③ 밀레니얼 세대 코칭 중 가장 중요한 것은 즉각적이고 빠른 답변과 친절한 피드백이다.

　－ 솔직함이 가장 중요한 접근방법이며 문제점을 지적할 때는 두루뭉술하지 않고 아주 구체적이어야 하며 복잡한 설명보다는 쉽고 간단하게 설명하는 것이 바람직하다.

④ 말로 전하는 것도 좋지만 상황에 따라 메신저를 사용할 때 이모티콘도 적극적으로 활용한다.

⑤ 업무 외는 좀처럼 말하지 않으며 대부분 SNS나 톡에 익숙한 세대라는 점을 인식한다.

⑥ 말하는 것은 공격적인 것보다는 호응하면서 공감하는 것이 바람직하다.

－ '음!', '아!', '네~', '정말?', '저런!', '그래요?' 등의 공감적 감탄사를 적절히 활용

⑦ 그들이 처한 상황이나 심정에 대해 공감을 할 때 구체적이고 적극적인 표현이 필요하다.

　예시 "직장 일도 그런데 집안에 그런 일까지 있으니 이래저래 힘들겠네요."

⑧ 서비스 조직처럼 여성이 많은 조직은 억양과 어투가 많은 영향을 미치므로 이 점에 유의한다.

⑨ 문제가 발생했을 경우 기다렸다가 표현하는 것이 아니라 바로 피드백하고 표현하여야 한다.

⑩ 긍정적이고 친절한 피드백과 인정은 밀레니얼 세대에는 만족과 안정감을 준다.

⑪ 자기 의견이나 주장을 적극적으로 내는 데 익숙한 세대이다. [미투(#Metoo)운동]

⑫ 밀레니얼 세대는 엄숙한 것을 좋아하지 않으며 진지함이나 불편함보다는 재미와 유

머를 추구한다는 사실을 고려하여 소통한다.

⑬ 밀레니얼 세대의 경우 남과의 비교나 자존심에 상처를 주는 말로 질책하지 않는다. 대신 대상 직원의 과거 행위나 활동 또는 절대 평가한 결과를 비교해서 질책하는 것이 좋다.

서비스 조직
성과관리 향상을 위한 코칭

(1) 서비스 조직 성과관리

1) 서비스 조직 성과관리의 이해

① 서비스 조직 성과관리는 조직의 비전이나 목표를 효과적이고 효율적으로 달성하기 위해 조직의 목표와 개인의 성과를 일련의 지표를 통해 체계적으로 관리하는 과정이라고 정의할 수 있다.

② 유·무형의 자원(Resource)을 효과적으로 활용하여 성공적인 조직을 운영함으로써 조직의 비전 및 목표를 달성하는 것이라고 할 수 있다.

③ 서비스 조직의 운영이 제대로 이루어지고 있는지 점검하고, 운영지표들에 대해 지속적인 개선을 이룸으로써 좀 더 합리적이고 효율적인 방법을 이끌어 내는 일련의 과정이다.

④ 업무 프로세스 재평가 및 개선과 관련한 구체적인 해답을 주는 것이 성과관리이다.

⑤ 서비스 조직 성과관리는 핵심성과지표(KPI)를 개발하고 완성된 KPI를 바탕으로 조직의 목표를 설정한다.

⑥ 팀과 개인의 목표는 주요성과지표와 연계되어야 하며, 사업전략과도 연계되어 평가해야 한다.

⑦ 조직에서의 성과관리를 위해 주로 사용하는 방법은 목표성과관리(ＭＢＯ：

Management By Objectives)인데, 가장 일반적인 성과관리 방법이다.

⑧ 팀 지표는 회사의 비전이나 경영방침을 원활히 수행하기 위해 전략적인 측면에서 경영성과를 극대화하기 위한 지표이다.

⑨ 개인지표는 회사의 비전이나 팀의 핵심업무 등을 수행하고 회사의 경영성과를 극대화하기 위해 필요한 전략지표이다.

2) 성과관리의 필요성

성과관리는 크게 아래와 같이 4가지 차원의 필요성에 의해서 이루어진다.

① 전략이나 목표점검 차원: 서비스 조직의 목표나 전략이 제대로 수행되고 있는지를 확인할 수 있으며 이를 통해 주어진 역량이나 자원들을 효율적이고 효과적으로 활용할 수 있다.

② 문제점들에 대한 개선 및 보완 차원: 성과관리를 통해 팀은 물론 개인의 성과를 점검하고 이에 대한 적절한 피드백과 개선 및 보완이 이루어져야만 효율적인 운영을 기대할 수 있다.

③ 금전적, 비금전적 보상 차원: 성과관리를 통해 서비스 조직 직원들의 동기부여는 물론 조직 활성화에도 기여할 수 있으며, 성과관리를 통한 차별화된 보상 기준을 마련함으로써 건전한 경쟁을 유발하고, 이를 통해 조직의 목표나 비전을 달성할 수 있다.

④ 전략적인 의사결정 차원: 고객에 대한 방대한 정보와 자료 축적 및 고객과의 커뮤니케이션을 통해 나오는 정보는 효율적인 의사결정을 할 수 있도록 도움을 준다.

3) 성과관리에 대한 조직 관점의 이슈들

① 오랜 근속기간과 풍부한 경험이 업무는 물론 직원들을 잘 알고 있다고 오해하게 만듦

② 성과가 잘 나오는 팀이나 파트에는 관리자들만의 독특한 사유가 존재함

③ 의외로 각 팀이나 파트별 직원의 역량에 큰 차이가 없다는 사실

④ 많은 직원들이 해당 관리자의 운영 및 관리방식에 불만을 가지고 있음

⑤ 소수의 반대자들에 의한 팀 분위기 저하가 성과관리를 어렵게 함

⑥ 환경 및 세대가 변화했는데 눈높이를 해당 상황이나 직원에게 맞추지 못함

⑦ 관리자의 책임과 권한에 대한 명확한 인식의 부재

⑧ 객관적인 사실과 통계가 아닌 자신의 경험에 의한 추측

⑨ 감성적인 신뢰 관계와 성과 창출과의 연관성 인식 미흡

⑩ 솔선수범은 물론 자발적인 의지에 근거한 실행력 부족

4) 서비스 조직 성과관리 원칙

① 개인목표는 서비스 조직 KPI와 연계되어야 한다.

② 명확한 목표설정 및 객관적이고 투명한 평가체계를 마련한다.

③ 성과에 대해서는 반드시 중간점검을 통해 방향성을 재확인한다.

④ 평가에 대한 피드백이 이루어져야 한다.

5) 성과관리를 위한 실행지침

서비스 조직에서의 성과관리 목표는 결국 직원들에 대한 동기부여와 조직의 목표와의 밸런스를 맞추고 동기부여가 조직 목표를 달성하는 데 있어 중요한 요소임을 인식하고 실행하는 것이다.

① 직원들의 역량 및 능력을 향상시키고 성장을 돕는다.

② 명확하고 분명한 목표 및 실적 기준을 설정하고 공유한다(S·M·A·R·T 기준).

③ 직원들의 책임과 권한을 명확히 설정한다.

④ 직원들의 역량, 숙련도 및 자격 등을 고려하여 업무 목표를 설정한다.

⑤ 합의에 의해 설정된 목표와 구체적인 실행 과제를 문서화한다.

⑥ 업무 목표를 수행하는 과정에서 현장 직원들의 의견 및 정보를 수용한다.

⑦ 수시로 모니터링하고 진행 상황을 점검하고 필요에 따라 피드백을 제공한다.

⑧ 업무 목표를 수행하는 과정에서 현장 직원들의 의견 및 정보를 수용한다.

⑨ 목표 달성에 대한 보상을 제시하고 보상과 관련해서는 명확한 태도를 취한다.

⑩ 금전적인 보상과 함께 인정과 칭찬을 병행한다.

⑪ 실적이나 성과가 부진한 직원에 대한 정서적 배려를 한다.

⑫ 공정하되 보상에 있어서는 섬세함이 필요하다(해당자가 원하는 방식의 보상 고려).

⑬ 보상만이 전적으로 동기를 유발하는 주요 요소가 아님을 상기한다.

⑭ 보상으로 인해 목표를 달성한 자가 더 큰 책임과 지나친 부담감을 느끼지 않아야 한다.

5) 서비스 조직 성과관리 프로세스

일반적으로 성과관리 프로세스는 Plan(목표설정) − Do(실행) − See(평가) − Check(피드백) 과정을 주기적으로 반복한다.

주요 단계	주요 내용
목표설정	• 핵심성과지표를 효율적으로 달성하기 위한 세부적인 목표를 설정 • 기존 성과 데이터나 자료 활용을 통해 개인 목표 부여 • 직원과 관리자들의 목표가 다르고 성과지표 비중 또한 다르게 적용 • 목표 설정에 따른 사전 합의 필요(내부 커뮤니케이션) • 구체적인 목표달성기준이 마련되어야 하며 성과지표는 조직 목표와 연동
실행	• 설정된 목표를 달성하기 위해 접점 현장에서 이루어지는 모든 활동 • 실행단계에서는 무엇보다도 커뮤니케이션이 중요한 역할 수행 • 수시 관리나 점검이 필요하며 구성원들이 능력을 발휘할 수 있도록 환경 및 조건이 마련되어야 함은 물론 부족한 부분을 보완하거나 개선시켜야 함 • 성과에 대한 장애요소들을 관리하고, 통제하며, 개선하고, 보완함 • 관리자는 설정된 목표를 수행해 나갈 수 있도록 조율해 나가는 역할 수행
평가	• 평가라는 것은 업적평가와 역량평가로 구분 • 업적평가는 단기 관점에서 직무수행 결과를 평가하며 인센티브나 보상을 시행하기 위한 평가 • 역량평가는 직무수행능력을 평가하며 목표달성을 위해 필요한 지식, 기술, 태도 등의 요소를 평가 • 업적평가가 '이미 해 놓은 것(Already done)'에 대한 평가라면 역량평가는 '할 수 있는 것(What can do)'에 대한 평가 • 성과관리는 업적평가와 역량평가가 병행되어야 균형적인 성과관리가 이루어짐
피드백	• 성과에 대한 평가결과 및 강점, 약점을 알려 주며, 지도 및 조언 제공 • 평가를 통해 근본적인 원인 파악은 물론 개선을 위한 자료로 활용 • 목표 미달성 및 성과 저조 원인 파악 후 개선과 보완 시행(목표 재설정) • 목표한 바를 달성하였는지 여부를 최종적으로 평가하고 검증

(2) 서비스 조직 평가와 보상

서비스 조직에서 평가와 보상은 동기부여의 효과적인 도구이기도 하지만 평가의 경우 결과를 토대로 체계적인 분석을 통해 문제점 도출은 물론 정해진 목표수준에 맞게 이를 효과적으로 수행하고 있는지를 확인하고, 코칭 및 피드백을 해 줌으로써 생산성을 향상시키고 개인 및 서비스 조직의 비전을 실현하는 과정이라고 할 수 있다.

1) 서비스 조직의 평가

① 평가는 조직 전체 및 개인 수준을 파악하고 이를 개선하는 데 목적이 있으며, 이러한 개선활동을 촉진시키는 도구가 바로 보상이다.

② 서비스 조직 평가의 목적은 균일한 서비스 수준의 유지와 효율적인 생산성 향상 제고, 직원 능력에 대한 점검 및 개별 직원의 업무능력에 대한 보상 차원의 동기 부여를 통해 조직 전체의 성과를 향상시키고 효율적인 접점직원관리를 위해서 필요하다.

③ 평가를 통해 우수한 관리자 및 직원을 확보·유지하며, 단계적인 상향평준화를 위해서도 반드시 필요한 과정이다.

④ 성과 부진자를 가려내어 이들에 대한 개선 및 조치를 취함으로써 조직 전체의 서비스 수준 향상에도 기여한다.

⑤ 평가는 성과를 관리하기 위한 목적으로만 국한되어서는 안 되고 평가결과를 체계적으로 분석·관리하며, 서비스 조직 운영계획의 기초자료로 활용할 수 있어야 한다.

⑥ 평가 프로세스는 조직 비전 및 목표를 달성하기 위한 핵심성과지표를 수립하고 핵심성과지표에 대한 구체적인 평가기준을 설정한다.

⑦ 객관적이고 타당한 평가기준을 설정한 후 평가 및 분석을 진행하는데, 분석 결과 도출된 주요 이슈들을 통해 평가 결과에 활용한다.

⑧ 평가결과는 보상 외에 성과지표 수립 및 서비스 조직 개선 활동을 위한 객관적인 자료로도 활용되지만, 개인은 물론 팀의 역량이나 능력을 지속적으로 발전시키는 것을 목적으로 한다.

2) 서비스 조직 평가항목

서비스 조직의 성과평가지표는 업종 및 업무 형태에 따라 크게 차이가 나며 어떠한 목적과 전략과제를 가지고 있느냐에 따라 조직의 운영방향이 달라진다.

① 서비스 조직의 평가항목 및 지표는 조직 방향성을 알려 주는 단초가 된다.

② 평가항목은 크게 서비스 조직 업무에 대한 실적, 근태, 업무능력 및 태도, 팀에 대한 평가, 기타(가감점) 등으로 구분할 수 있으며 조직의 규모에 따라 세분화되는 것이 일반적이다.

③ 평가지표 선정 시 가장 먼저 고려되어야 할 사항은 서비스 전략 및 운영방향이다.

④ 평가 진행 시 가장 중요한 것은 지표의 객관성과 용이성, 목표도달 가능성, 지표의 간결성이다.

⑤ 평가지표는 역량평가와 같은 질적 평가지표의 경우 신뢰도나 객관성이 떨어지므로 가급적이면 객관적인 배점 기준을 가지고 평가가 이루어질 수 있도록 한다.

⑥ 지표는 간결해야 하는데, 지표가 많을 경우 개인 또는 팀 성과에 대한 집중도가 떨어지는 현상이 발생하기도 하거니와 평가 과정 자체가 번거롭고 어려워 제대로 된 평가가 이루어지기 어렵다.

⑦ 업무실적의 경우 보통 양적 지표와 질적 지표를 개발하여 반영하는데, 다만 양적·질적 지표 개발 시 측정 지표의 객관성을 유지하기 위한 방안이 선행되어야 한다.

⑧ 서비스 조직에서 활용되는 지표는 아주 다양한데, 크게는 내부 자체 평가지표와 외부 기관에 의한 평가지표가 있다.

⑨ 서비스 조직 생산성을 나타낼 때 정량 지표와 정성 지표 그리고 서비스 조직 운영 목적의 2개 축인 생산성과 효율성 지표 등으로 구분하여 평가지표를 만들기도 한다.

평가항목	내용
업무실적	시스템에 의한 통계치를 근거로 하거나 상위자의 평가에 의해 나타나는 정량·정성적인 생산성을 측정 • 생산성 관련지표(서비스 관련 생산성)와 상담품질관련 지표가 포함됨 • 팀 또는 개인에게 주어진 목표에 대한 달성도를 측정
근태	원활한 조직 운영에 있어서 핵심인 직원들의 근면 성실도를 측정 • 지각, 조퇴, 결근율 등 근태관련 항목 포함
업무능력 및 태도	업무 수행 시 필수적으로 가지고 있어야 할 지식 및 능력을 측정 • 업무지식 테스트, 업무처리능력 등이 포함 • 태도의 경우 자기계발(자격증, 필수과목 이수), 업무협조도, 대인관계 등 포함
팀 평가	• 팀에 대한 평가를 진행하며 전체 팀에서 해당 직원의 기여도를 측정 • 인사고과 시 팀 기여도/공헌도를 통해 개인 또는 팀 평가 점수 비중 조절

기타(가감점)	서비스 조직 운영관리를 위해 필요한 비정기적인 활동을 평가하기 위한 항목 • 고객불만 야기, 고객 칭찬, 환경미화, 서비스 조직 내부 경진대회, 관리자의 정성 평가(기여도, 협력 정도 등)

3) 외부 평가지표 VS 내부 평가지표

서비스 조직 지표에는 외부 고객에 의해서 평가되는 지표와 내부 운영 결과에 따라 평가되는 지표가 있다. 외부에 의한 평가지표 중 가장 대표적인 것은 고객만족도(Customer Satisfaction Index)이다. 회사의 제품이나 서비스에 대한 평가 결과를 지표에 반영하는 것인데 고객만족도와 고객접점 서비스품질지표(Service Quality Index), NPS(Net Promoter Score: 순 고객추천 지수)도 외부 평가지표라고 할 수 있다.

구분	주요 내용
외부평가지표	• 고객에 의한 평가 또는 외부기관에 의한 평가 • 서비스 조직 평가지표 중 가장 일반적이면서도 핵심적인 평가 지표 　예) 고객만족도(CSI), 접점 서비스품질지표(SQI), 순 고객추천지수(NPS) 등
내부평가지표	• 서비스 조직 운영결과로 나타나는 각종 지표(거의 모든 지표가 여기에 해당) • 보통 수익성, 서비스품질, 효율성, 생산성은 물론 직원/관리자를 평가 • 업무의 특성은 물론 평가 대상, 목적에 따라 다양한 지표들을 포함 　예) 수익성 관련지표, 비용 및 자원 효율성 지표, 서비스품질 관련지표 등

4) 정량적인 평가지표 VS 정성적인 평가지표

서비스 조직 평가지표를 구분할 때 가장 흔하게 쓰이는 것이 바로 정량·정성적인 평가지표이다. 정량적인 평가지표는 '양(量)'으로 평가될 수 있는 지표를 의미한다. 또한 비교할 수 있는 기준이 명확하거나 대상을 객관적으로 평가하는 데 쓰인다.

구분	주요 내용
정량적인 평가지표	• '양(量)'으로 평가될 수 있는 평가지표 • 보통 비교 기준이 명확하거나 대상을 객관적으로 평가할 때 활용 • 대부분 시스템 통계치에 근거하여 평가 • 업무효율성 및 생산성 관련 항목을 계량화 및 객관화하는데 사용하는 지표 　예) 고객불만건수, 교차, 상향판매건수, 해지방어 건수, 고객제안 개선 건 등

정성적인 평가지표	• 수치화 또는 객관화하기 어려운 항목을 평가하는 데 활용하는 지표 • '사람'이 평가하기 때문에 주관적 요소가 개입될 우려가 큼 • 수치화할 수 없는 '역량', '태도' 등을 평가하는 데 활용 　　예) 모니터링 평가, 근무태도, 업무협조도, 교육훈련만족도, 업무처리능력 등

5) 생산성 지표 VS 효율성 지표

서비스 조직을 운영하는 목적 및 목표는 효율적 또는 효과적인 응대를 통한 고객만족도 향상과 운영비용 최적화라고 할 수 있다. 결국 고객만족도 향상을 통한 수익증대와 운영 효율성을 통한 비용절감이라고 할 수 있다.

구분	주요 내용
생산성 지표	• 투입량과 산출량의 비율 → 접점직원 투입에 따른 결과(Output) • 생산성과 수익(Revenue) 관련 지표가 대표적 • 고객만족도 향상 및 수익(Revenue) 증대 예] 고객만족도, 해지방어건수, 고객 전환율, VOC 재접수 건 등
효율성 지표	• 투입대비 효율을 산출하는 지표 → 자원 투입에 따른 '효율성' 중심 • 접점직원 업무 투입 비중과 업무 투입시간에 따른 효율 • 운영비용의 효율적인 감축 　　예) 셀프서비스 처리율, 업무처리당 단가, 첫 번째 문제해결률 등

6) 서비스 생산성 VS 상담품질

서비스 조직 지표 중 가장 대표적인 지표라고 할 수 있으며 직원들에 대한 평가체계 설계 시 업무 특성에 따라 항목별 가중치를 달리하더라도, 생산성과 상담품질 측정이 병행되어 측정되어야 한다.

구분	주요 내용
생산성 지표	• 조직의 업무로드와 처리결과를 한눈에 파악할 수 있는 수치화된 양적 지표 • 업무처리량을 수치화된 값으로 객관화된 지표로 비교함으로 설득력을 높임 • 실제 업무내용에 대한 품질을 보장하기 어려움 　　예) 고객유치 건수, 인당 처리 건수, 고객 재방문율, 재예약률 등

상담품질 지표	• 양적으로 측정하기 어려운 응대의 실질적 품질을 측정할 수 있는 질적 지표 • 응대의 내용에 대한 점검 등 고객만족의 목적을 이루기 위한 품질을 관리 • 평가자의 주관적 개입이 남용되면 객관성이 떨어질 수 있음 　　예) 모니터링 점수, 고객만족도 점수, NPS 점수, 호응 및 경청, 플러스원 등

7) 평가에 따른 보상

서비스 조직에서 평가에 따른 보상은 크게 성과급, 급여의 인상, 팀 또는 개인별 인센티브, 승진 및 진급(정규직 전환, 직군 전환 포함)으로 분류할 수 있다. 잘 짜인 보상 프로그램은 당연히 직원들에 대한 지속적인 동기부여와 서비스 관련 주요 생산성에도 긍정적인 영향을 미친다.

① 보상 프로그램을 구성할 때는 보상의 대상, 보상의 규모 및 범위와 집행에 대한 방법 및 배분 계획까지 수립하여야 한다.

② 보상이 금전적인 부분에만 치우치면 여러 부작용이 발생하므로 이에 대한 고려가 뒷받침되어야 한다.

③ 일반적으로 팀(파트) 또는 개인에 따라 차등하여 보상을 설계하는 것은 좋지만 나눠먹기식의 시상은 지양해야 한다.

④ 서비스 조직에서 진행하는 보상은 팀(파트)과 개인으로 구분하여 시행하지만 팀(파트)이나 개인에 대한 보상은 철저하게 조직의 목표를 달성할 수 있도록 설계되어야 한다.

⑤ 보상 프로그램을 설계할 때 과도하게 생산성만을 강조하지 말아야 한다.

⑥ 과도한 목표 및 생산성을 강조하다 보면 부작용이 생기기 마련이니 사전에 균형적인 성과관리 및 관련부서와의 지속적인 커뮤니케이션이 필요하다.

보상	고려사항 및 주요내용
성과급 또는 급여인상	• 인사 고과를 통해 성과급 또는 급여 인상을 통해 접점직원 의욕을 고취 • 직원들은 보통 상대평가를 관리자의 경우 절대평가로 진행 • 성과급은 총 급여의 몇 %내에서 지급한다는 기준 마련 • 급여의 경우 회사의 실적 및 생산성 등 내부요인과 제반 경제환경요소 고려 • 급여 및 연봉조정 폭은 의사결정권자가 필요에 의해 개인별로 상향 조정

인센티브	• 인사고과가 아닌 연중 개인 또는 팀을 대상으로 실시되는 포상제 • 보통 프로모션 또는 이벤트를 통해 진행하며 운영비용의 7% 내외에서 시행 • 성과에 따른 보상 차원에서 이루어지나 조직 분위기 개선을 위해서도 활용 • 서비스 조직의 건전한 경쟁 유도 차원에서 활용(주간/월간/분기/반기/연도)
비(非)금전적 보상	• 성과급/급여 또는 정기적/일회성으로 지급되는 금전적 보상 외 보상 • 칭찬 및 인정, 직원들의 소속감, 자긍심을 높이는 보상 • 칭찬이나 인정에 대해서는 구체적이고 타당한 근거를 제시하여야 함 • 선물이나 감사표시, 조직 내 소식지 게재, 상사와의 식사, 휴식 이용권 등
승진 및 진급	• 인사 심사 프로세스를 통해 승진 및 진급 또는 직군 전환, 정규직 전환 고려 • 직원들의 직업적인 성장욕구를 충족시키기 위한 승진 및 전환 체계 마련 • 내부 심의 절차 마련을 통해 사전 심의에 통과된 직원들을 대상으로 진행 　→업무실적, 인사평가, 근태 등을 근거로 하여 대상자 추천 • 평가: 효율성 지표, 역량 및 능력평가(업무지식 및 태도), 필요시 인터뷰 등 • 승진 및 진급 이외에도 평가결과에 따라 불이익을 주기도 함

8) 평가의 공정성 확보 방안

평가를 통해 얻고자 하는 것은 서비스 조직 직원들에 대한 보상을 차별화하는 것에 맞춰야겠지만 그보다 우선시되어야 하는 것은 평가를 통해 직원들의 역량을 최대한 발휘할 수 있도록 근거를 마련하는 것이다. 그 이유는 이를 통해 서비스 조직의 부가적인 가치를 창출하기 위해서이다.

① 평가결과를 활용하여 개선활동 요소 도출 및 피드백을 통해 조직 목표 재설정 및 비전이나 목표를 재수립하는 과정을 반복하기 때문에 공정성 확보는 매우 중요하다.

② 평가가 공정하지 않으면 누구나 공감할 수 있는 합리적이고 체계적인 보상이 이루어질 수 없고, 공정한 보상이 이루어지지 않으면 서비스 조직의 자원을 왜곡시킬 수 있는 위험성이 있다.

③ 평가의 공정성을 위해서 서비스 조직에서 이루어지는 평가 프로세스를 직원들이 명확하게 이해할 수 있도록 구축하고 이를 공유하는 것이 선행되어야 한다.

④ 평가관련 이의 제기 절차가 마련되어 있거나 평가결과에 대한 피드백을 통해 과제 또는 수행업무에 대한 방향이나 기대수준은 물론 지원 여부를 확인해 줄 수 있는 절차가 마련되어야 한다.

⑤ 평가의 공정성을 위한 고려사항 중 가장 중요한 것은 의사결정권을 가진 관리자들이

임의적으로 평가에 대한 기준이나 평가시기 및 내용을 조정하지 않도록 하는 것이다.

방안	주요내용
평가결과에 대한 피드백	• 평가결과에 대한 피드백이 제대로 진행되는지 모니터링 실시 • 주기적인 관찰 및 분석 필요 • 피드백 → 모니터링 → 면담 → 피드백의 절차 반복
다면평가	• 관리자의 일방적인 평가보완 측면 • 부하평가 또는 동료평가
평가에 대한 면담	• 관리자의 평가는 정해진 시기에만 이루어지는 것이 아님(수시 시행) • 월 1~2회 진행하되 일의 진척도 및 수준에 대한 협의가 주 내용 • 개인이력관리카드 활용
평가자에 대한 경고제도	• 불공정/불성실 평가에 대한 평가자 통제 및 관리 • 평가자의 수준과 합리성, 공정성을 유지할 수 있도록 관리 예) 평가불성실, 이의 신청에 의한 평가등급 수정, 평가기간 미준수 등
평가에 대한 이의신청	• 직원들이 평가결과에 이의를 제기할 수 있도록 하는 제도 시행 • 검증 후 오류인정 시 평가결과 수정 • 이의신청에 대한 불안감 해소와 절차의 명확화 및 간소화 필요
평가결과에 대한 소명제도	• 평가결과에 대한 차이(Gap) 발생 시 소명을 요청하는 제도 시행 • 소명을 통한 평가 공정성 기여 • 이의신청과 마찬가지로 절차의 명확화 및 간소화 필요 • 소명에 따른 불안감 해소 및 불이익 없도록 하는 것이 중요

9) 평가 결과 활용 분야

접점직원 대상 평가 결과는 접점직원 성과 향상, 동기부여로 조직활성화, 성과급 지급으로 일하는 보람 및 동기부여를 제공하고 승진/이동/해고 등의 인사결정의 참고사항, 경력개발로 인재육성 등 다양한 목적으로 활용이 가능하다.

방안	주요내용
접점직원 관리	• 접점직원 평가라는 것 자체가 접점직원 통제/관리의 효과적인 도구 • 평가를 통하여 직원들에 대한 통제/관리에 대한 권한 확보 가능
평가결과 분석	• 조직/팀/개인 평가 결과 분석을 통하여 성과의 차이를 가져오는 원인 파악 • 성과의 갭을 해소하기 위한 대응 방안(교육 등)을 수립, 적용 • 각 평가 항목별 점수의 변동 추세를 추적해 직원들이 공통적으로 달성에 어려움을 느끼는 분야를 파악하여 개선을 위한 교육 프로그램 설계 • 분석 결과를 토대로 업무나 업무 프로세스 개선에 반영

등급관리	• 평가에 따라 1~7 또는 1~5등급으로 구분 관리 • 평가 결과를 승급의 기준 항목에 반영함으로써 역량과 연계한 유기적인 등급 관리가 가능
급여 보상	• 외적 보상과 내적 보상의 기준으로 활용 • 외적 보상 → 금전적 보상, 중장기 보상, 기타 복리후생, 승진, 승격, 휴가 등 • 내적 보상 → 직무에 대한 만족감, 성취감, 책임감, 우수성에 대한 자부심 등 • 직원들이 지속, 안정적으로 성과를 낼 수 있는 동기부여 제공
능력개발	• 평가 결과에 따른 역량 향상 교육의 기회는 강한 동기 부여 및 각자의 경력개발 목표설정의 지침 역할을 수행 • 평가 결과에 따라 역량중심의 보상으로 역량 개발 기회/교육훈련 제공 • 역량 평가 방법/보상 결정 방식의 정교화는 물론 새로운 역량 확보 및 개발 • 인력 운영에 있어서 유연성 확보
승진 · 이동	• 평가 점수가 일정 수준에 들어온 상담원에 대해서만 승진 시기가 되었을 때 승진 심사 자격을 주거나, 평가 점수가 일정 수준 이하인 경우 승진에서 불이익을 주는 방법 등으로 활용 가능

(3) 서비스 조직 실적 부진자(C-Player) 관리 방안

1) 국내 서비스 조직 실적 부진자 관리의 문제점

서비스 조직을 운영하는 관리자 입장에서 가장 중요한 것이 바로 실적 부진자에 대한 문제라고 할 수 있다. 우수한 직원을 채용하는 것도 중요하지만 흔히 C-player라고 하는 실적 부진자를 효과적이고 체계적으로 관리하는 것도 중요하다. 그러나 국내 서비스 조직 관리자들이 이러한 실적 부진자를 관리하는 데 있어 다양한 문제점을 가지고 있다. 실적 부진자 관리에 대한 문제점이 개선되지 않고서는 효과적인 서비스 조직 운영이 이루어지기 어렵다. 아래는 국내 서비스 조직 실적 부진자 관리상의 문제점이라고 생각한 것들을 나열한 것이다.

① 실적 하위자(관리 대상자)에 대한 명확한 정의가 부재함

② 실제 실적과 잠재역량을 고려하지 않고 실적 부진자에 대한 관리가 이루어지고 있음

③ 전체 센터의 목표 성과는 고려하지 않고 성과 하위자가 대상자로 선정되는 것이 대부분임

④ 개인차는 물론 갭 발생 원인에 차별화를 두지 않는 일괄적인 차원의 개선 방안 적용

⑤ 실적 저하의 원인을 프로세스나 전략, 교육의 부재 등의 요인이 아닌 개인의 문제로
  치부함

⑥ 개인의 역량이나 수준을 고려하지 않은 교육 및 코칭으로 개선의 효과가 크지 않음

⑦ 실적 부진자 그룹에 대한 패널티 제도 및 미흡한 후속 조치

⑧ 관리자의 관심의 부족과 개선에 대한 노력의 미흡

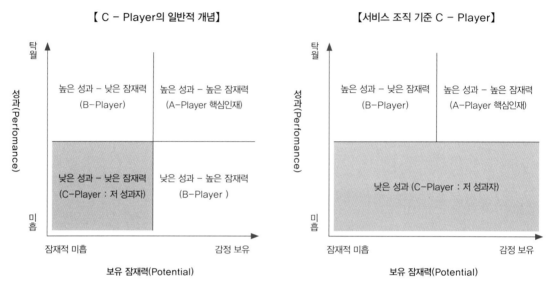

자료 출처 : 머서코리아

2) 서비스 조직 실적 부진자 관리의 목적

기업이나 서비스 조직의 운영 목적을 달성하기 위해서는 실적 부진자의 잠재역량은 물
론 성과를 개선하기 위한 적절한 관리가 이루어져야 한다. 이들에 대한 관리가 이루어지
지 않으면 서비스 조직 성과의 질을 저하시킴은 물론 조직의 경쟁력을 약화시키는 요소
로 작용한다.

① 우수한 인력을 확보•유지하는 것만큼 성과 부진자들의 역량 향상과 제고도 중요

② C-Player(하위자) 부진 원인 분석 결과를 통해 업무지식 및 상담 스킬 향상

③ 서비스 조직 성과의 질 저하 및 조직 경쟁력 약화시키는 것을 차단하기 위함

서비스 코칭 활용

④ 자신의 목표나 업무를 제대로 수행하지 못해 다른 직원에게 피해를 주는 악순환을 방지

⑤ 동료들에게 피해를 주는 행위는 조직 몰입도는 물론 충성도를 저하시키는 원인으로 이어지는데 이를 효과적으로 차단하기 위함

⑥ 서비스 조직의 자원(Resource)의 효율적인 활용 및 시행착오 최소화

3) 서비스 조직 실적 부진자 관리방안

서비스 조직 존재하는 실적 부진자를 효율적으로 관리하기 위해서는 명확한 정의는 물론 관리원칙 수립 및 실행에 이르기까지 아래 내용을 고려하여 시행해야 한다.

① 실적 부진자 관리는 미흡과 탁월로 구분하는 데 초점을 두는 것이 아니라 모든 직원들이 전략적인 방향에 맞게 움직이면서 성과를 높이도록 하는 데 초점을 두어야 한다.

② 단순히 실적이 나쁘다고 실적 부진자가 아닌 역량과 성과를 고려해 관리해야 한다.

③ 센터 내 필요한 역량 및 성과에 대한 명확한 정의 및 지침을 세운다.

④ 실적 부진자 관리 원칙 공유를 통해 센터 내 건전한 긴장감을 조성한다.

⑤ 실적 부진자 관리를 위해 객관적이고 명확한 공정성을 확보한다.

⑥ 형평성을 고려한 나눠먹기식의 평가가 이루지지 않기 위해 객관적인 평가제도를 마련한다.

⑦ 실적 개선을 위한 코칭 및 피드백을 주기적으로 시행한다.

⑧ 함부로 퇴출시키는 식의 접근보다는 역량을 제고하는 방법으로 개선하는 데 주력한다.

⑨ 관리자들은 성과가 저조한 이유를 명확하게 파악하고 적절한 해결책을 제시해야 한다.

⑩ 실적이 부족한 것은 접점직원 개인의 문제이지만 조직 내 여러 요인이 함께 작용해 나온 결과이므로 관리자의 역량을 제고할 수 있는 교육도 시행되어야 한다.

⑪ 관리자와 접점직원 간에 신뢰가 구축되면 평가 자체가 객관적이라고 생각되어 실적 평가에 대한 반발을 줄일 수 있다.

⑫ 실적 부진 상태가 지속·반복되는 최악의 경우 퇴출시키는 제도를 마련한다.

⑬ 실적 부진자 관리는 지속적인 실행에 달려 있으므로 원칙에 따라 시행되어야 효과가 크다.

⑭ 평가에 대한 이의제기는 물론 소명제도 등도 함께 병행되어야 한다.

4) 실적 부진자 코칭 방안

부진자 코칭을 진행하기 위해서는 성과에 대한 명확한 목표는 물론 부진자에 대한 사전 정의와 실적 부진자에 대한 관리를 명확하게 규정해야 한다. 평가 결과에 따라 실적 부진자를 대상으로 지속적인 코칭 및 교육 기회를 제공하여야 하며 서비스 조직 전체 역량 및 능력의 상향 평준화를 달성하기 위해 아래와 같은 부진자 코칭 프로세스를 시행하는 것이 바람직하다.

단계	주요 내용
목표 수립	• 업무지식 및 상 · 하위 간의 갭(Gap) 감소 • 상위 수준에 맞춘 상담능력 평준화 조성
모니터링 평가	• 다양한 모니터링 계획 – 직원 간 모니터링(Peer Monitoring) – 실시간 모니터링: 신입/부진자 대상으로 진행 • 지속적인 평가기준의 수정 및 보완 진행(월/분기 단위)
지속적인 개선 · 유지	• 적정 코칭법을 선택하여 효율적, 효과적인 통화품질 개선 – 1:1코칭, 동석코칭, 감성코칭, 우수&부진자 사례 청취 등
부진자 관리	• 교육 및 동기부여 활용 – 월 1회 이상 내부 CS Mind 교육 시행 • 실시간 상담 내용 청취 후 즉각적인 피드백 진행 • 생산 지향적인 품질관리 – 운영의 생산성을 저하시키지 않는 통화품질 관리

(4) 매트릭스를 활용한 서비스 조직 성과관리 코칭

매트릭스 분석은 흔히 '포트폴리오 분석'이라고도 하며 매트릭스(행과 열) 형태로 상호 연관성이 있는 대상(속성)을 분석하는 기법으로, 분석 결과를 근거로 하여 어느 영역에서 자원이나 노력을 쏟아부어야 할지를 한눈에 볼 수 있도록 하는 분석기법이다.

1) 매트릭스를 통한 서비스 조직 성과관리

매트릭스를 통해서 체계적인 서비스 조직 성과관리가 가능하다. 매트릭스 분석을 통한 성과관리의 장점은 무엇보다 직관성에 있다. 한눈에 서비스 조직 전체 실적은 물론 개별 직원의 실적 및 현황을 조망할 수 있고 목표나 기준에 따른 의사결정은 물론 코칭을 할 때 어느 부분에 초점을 맞춰 진행해야 하는지가 명확하게 드러난다.

① 매트릭스를 이용하면 속성별 대상 그룹을 세분화해서 성과관리가 가능하다.

② 매트릭스 분석을 통해 그룹별 특성에 맞는 맞춤화 교육을 통해 성과 향상이 가능하다.

③ 서비스 조직 운영 방향성 및 명확한 목표 설정이 가능하다.

④ 목표에 따른 결과물을 서비스 조직 전체는 물론 개인에 대한 개선을 위한 자료 활용이 쉽다.

⑤ 실적 부진자 관리 시 입체적인 분석이 가능하고 직관성이 뛰어나다.

【 VOC 평균처리시간과 VOC 평균처리건수 속성을 이용한 4차원 매트릭스 예시 】

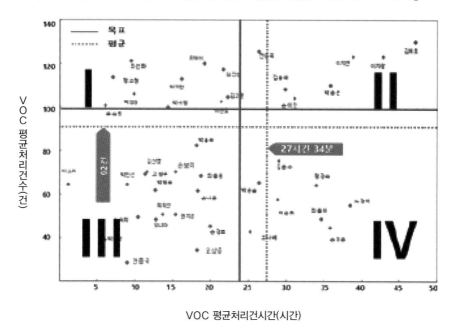

VOC 평균처리건시간(시간)

2) 서비스 조직 성과관리의 핵심요소를 통한 대상군 관리

실수나 단점을 지적하는 수준과 일회성 교육이 아닌 도달 가능한 목표 설정은 물론 객관적인 수치와 명확한 지침을 바탕으로 한 피드백과 지속적인 관심과 동기부여가 병행되

어야 한다.

① 서비스 조직 성과관리는 먼저 대상군에 대한 기준을 마련하는 것이 선행되어야 한다.

② 아래와 같이 역량과 의지로 구분하여 전략적으로 개선할 수 있는 방법을 마련한다.

③ 대상 기준을 역량과 의지로 구분한 이유는 직원의 성장에서 가장 중요한 요소이며, 이 2가지 요소가 성과관리를 하는 데 있어 핵심 동인이기 때문이다.

④ 대상자 그룹에 대한 기준과 구분이 되었다면 대상군별로 목표를 제시한다.

⑤ 매트릭스를 통해 대상자의 위치나 개선되어야 할 목표를 명확히 보여 주어야 한다.

⑥ 목표를 제시한 후 목표관리를 하는 데 있어 장애요인은 없는지 찾아내어 개선해야 한다.

⑦ 성과 결과에 대한 단점 지적에만 집중하면 절대 개선될 수 없다.

⑧ 성과에 대한 결과에 객관적인 사실에 근거한 분석을 통해 문제점을 명확히 전달한다.

⑨ 해당 대상군에 대해서 개선되어야 할 사항들이 무엇인지 정확히 전달한다.

⑩ 대상자의 성격이나 행동특성에 따라 접근을 달리하여 코칭을 진행한다.

⑪ 성과를 관리하는 데 있어 핵심은 대상자의 의욕관리라는 점을 명심한다.

【 역량과 의지 매트릭스 】

I
• 지식 및 능력은 높음
• 심리적인 요인 발생 가능성
• 과도한 스트레스
• 의욕 상실 및 감정 소진

II
• 자발적인 성장에의 욕구
• 역량 및 능력 높음
• 의욕 및 의지도 높음

III
• 역량 및 능력 부족
• 개선 의지 및 의욕의 부족
• 전형적인 실적 부진자

IV
• 하려는 의욕 및 의지는 있
으나 능력 및 역량 부족
• 의욕만 앞섬

서비스 코칭 활용

3) 매트릭스 활용을 통한 성과향상 코칭 유형의 선택 및 방법

성과향상을 위한 코칭을 진행할 때 위에서 설명한 역량과 의지 매트릭스에 따라 코칭 유형을 결정할 수 있다. 위 매트릭스에서 보면 성과관리에 있어서 중요한 요소는 해당 직원의 지식과 능력을 포함한 역량과 의지 또는 의욕이라고 할 수 있는데 이 2가지 요소를 기준으로 네 가지 유형으로 구분할 수 있다.

① 의지나 의욕은 없지만 역량은 뛰어난 직원 [대상군 I]

② 의지나 의욕도 넘치며 실제 역량도 뛰어난 직원 [대상군 II]

③ 의지나 의욕도 없고 역량도 부족한 직원 [대상군 III]

④ 의지나 의욕은 넘치지만 실제 역량은 부족하거나 미흡한 직원 [대상군 IV]

4가지 유형을 구분할 수 있으면 각 대상군에 따라 성과 향상 코칭 유형을 정하고 코칭을 진행할 수 있다. 대상군에 따른 코칭 유형은 4가지로 구분할 수 있는데 교육 및 훈련, 자율 및 위임, 지시 및 목표 부여, 격려와 지지가 대표적이라고 할 수 있다. 크게는 직접적인 방법과 간접적인 방법으로 구분할 수 있다. 아래를 참고하기 바란다.

코칭 유형	주요 내용 및 특징
직접적인 방법 (Push)	• 직접적으로 방법을 제시 • 교육 및 훈련, 지시가 대표적인 방법 • 답을 직접 제시하기에 시간이 절약됨 • 주도권은 코칭을 하는 관리자가 가지고 있음 • 코치(관리자)에 의존할 가능성이 높음(관리자 의존도가 높음) • 코치(관리자)가 말을 하고 직원들이 듣는 등 코치가 분위기 주도
간접적인 방법 (Pull)	• 간접적으로 방법이나 방향성을 제시 • 지지와 격려, 위임, 장점 탐색 같은 것이 대표적인 방법 • 답을 직접 제시하지 않기 때문에 시간이 소요됨 • 직원들이 스스로 해결책을 찾을 수 있도록 지원 • 주도권은 직원이 가지고 있음(대상군에 속한 직원 의존도 높음) • 코치(관리자)는 듣고 주로 직원들이 말을 하는 등 분위기 주도

4) 역량과 의지 매트릭스에 따른 코칭 유형

위에서 설명한 바와 같이 코칭을 진행할 때는 대상군의 특징에 따라 다양한 코칭 방법을 활용할 수 있다. 역량과 의지 매트릭스에 따라 코칭 유형은 아래 매트릭스에서 보는 바와 같이 구분할 수 있는데 각 대상군에 따른 코칭 유형에 대한 설명은 아래와 같다.

① 역량과 의지 매트릭스에 따른 코칭 유형은 한 가지 방법만을 활용하는 것이 아니라 직접적인 방법과 간접적인 방법을 병행하여 활용한다.

② 'I' 대상군은 의지나 의욕은 없지만 역량은 뛰어난 직원으로 이들에게는 격려와 지지는 물론 도전과 목표를 제시하는 것이 바람직하다.

③ 이와 함께 'I' 대상군에게는 지원을 요청할 시기가 언제인지 파악하여야 하고 사전에 신뢰 관계를 구축하여야 한다.

④ 'II' 대상군은 의지나 의욕도 넘치며 역량도 뛰어난 직원으로 이들에게는 자율성은 물론 위임권을 제공하거나 도전 및 직업적인 성장을 할 수 있도록 기회를 제공하는 것이 바람직하다.

⑤ 'III' 대상군은 의지나 의욕도 없고 역량도 부족한 직원으로 이들에게는 직접적인 지시나 권고 또는 목표를 부여하고 달성할 수 있도록 해야 한다.

⑥ 또한 'III' 대상군에게는 목표 달성이나 개선을 위한 시간과 지원을 적절하게 제공하고 지속적인 팔로우업을 해야 한다.

⑦ 'IV' 대상군은 의지나 의욕은 넘치지만 실제 역량은 부족하거나 미흡한 직원으로 이들에게는 교육이나 훈련 또는 지도, 멘토링이나 OJT를 통해 접점직원 스스로 해결할 수 있도록 지원한다.

⑧ 이와 함께 처음 시기에는 모니터링이나 지속적인 관리가 필요하지만 시간이 경과하면서 적절하게 긴장감을 완화시켜 대상군에 속한 직원이 스스로 방법을 찾을 수 있도록 독려한다.

⑨ 실적 부진자 대상군인 'III'의 상향평준화를 위한 성과관리 방향은 아래 매트릭스에 나오는 방향으로 진행하는 것이 바람직하다.

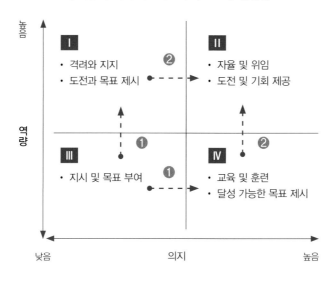

【 역량과 의지 매트릭스에 따른 코칭 유형 】

- I
  - 격려와 지지
  - 도전과 목표 제시
- II
  - 자율 및 위임
  - 도전 및 기회 제공
- III
  - 지시 및 목표 부여
- IV
  - 교육 및 훈련
  - 달성 가능한 목표 제시

역량 (높음 / 낮음)
의지 (낮음 / 높음)

5) 서비스 조직 성과지표를 속성화한 매트릭스 분석

객관적인 수치나 통계를 근거로 명확한 의사결정이 가능하고 현재 상황을 객관적으로 분석하고 조망할 수 있게 해 준다.

① 분석하고자 하는 대상(속성)을 X축과 Y축에 위치시키고 대상 간의 의미나 상황을 파악한다.

② 매트릭스 분석의 핵심은 어느 부분에 집중해야 하는가에 대한 명확한 답을 제시하는 것이다.

③ 실적 부진자뿐만 아니라 조직 전체에 개선해야 할 부분이 어떤 부분인지 명확히 보여 준다.

④ 매트릭스 분석은 직관성이 무엇보다 뛰어나며 보통 2X2 형태를 많이 활용한다.

⑤ 상황이나 조건에 따라 2X3 또는 3X3 형태의 분석도 활용이 가능하나 많아지면 많아 질수록 직관성이 떨어지고 분석의 복잡해지는 등의 문제가 발생한다.

⑥ 매트릭스 분석을 위해서는 분석할 대상, X축과 Y축으로 결정할 속성들, 그리고 각 축의 차원을 결정하는 기준 등 3가지가 필요하다.

⑦ '분석할 대상'이라는 것은 분석을 통해 나온 결과를 두고 의사결정을 해야 할 대상을 의미한다.

⑧ '축으로 결정한 속성들'이라는 것은 의사결정을 하는 데 직간접적인 영향을 미치는 중요한 변수들을 의미한다.

⑨ '각 축의 차원을 결정하는 기준'이라는 것은 매트릭스 분석을 통해 분석대상의 차원을 설정하거나 결정하는 기준이라고 할 수 있는데 어떻게 기준을 설정하느냐에 따라 분석대상의 성격이 매우 달라지므로 세심하게 결정해야 한다.

【 CS지표를 활용한 4차원 매트릭스 】

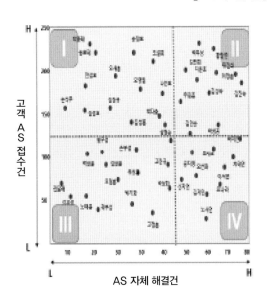

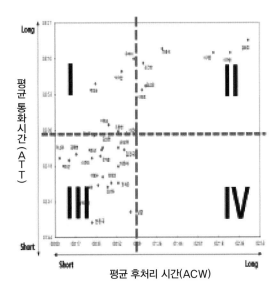

6) 속성에 따른 매트릭스 분석 및 차원의 확장

아래와 같이 서비스 조직 주요 성과지표를 가지고 매트릭스 분석을 할 수 있다. 매트릭스 분석의 3요소라고 할 수 있는 '분석할 대상'은 아래 매트릭스에 각 개체들(직원)의 실적이라고 할 수 있다. 그리고 '축으로 결정한 속성들'은 평균통화시간(ATT : Average Talk Time)과 평균 후처리 시간(ACW : After Call Work)이 된다. 마지막으로 '각 축의 차원을 결정하는 기준'은 아래 그림에서 점선으로 나타난 것이다. 이러한 기준이 서비스 조직의 평균 실적을 기준으로 할 수도 있고 서비스 조직 자체에서 정해 놓은 바람직한 목표를 기준으로 설정할 수 있다.

【 생산성과 상담품질 속성을 이용한 9차원의 메트릭스 】

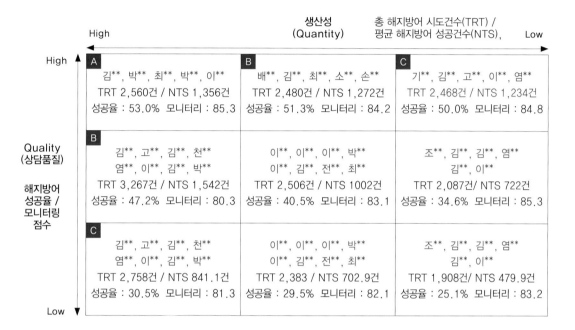

설정된 기준을 근거로 하여 매트릭스 형태로 표현하면 분석의 대상이 되는 속성에 따라 다양한 차원이 도출될 수 있다. 위 예시에서는 평균통화시간과 평균 후처리 시간을 중심으로 총 4개의 차원이 도출되었지만 설정된 기준에 따라 매트릭스 차원은 9개 차원으로도 도출될 수 있다.

7) 서비스 조직 개인별 성과관리 방향

위에서도 설명한 바와 같이 서비스 조직 성과관리는 매트릭스를 활용해서 하는 것이 가장 효율적이고 체계적이다. 다만 매트릭스를 이용한 성과관리를 하기 위해서는 아래와 같이 그룹별 특성을 고려하여 성과를 상향평준화 하기 위한 단계별 절차를 거쳐 성과관리를 하는 것이 바람직하다.

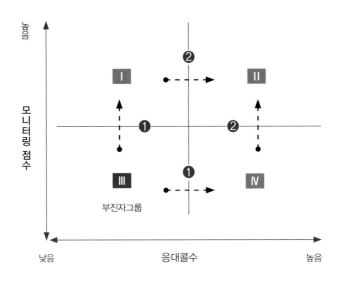

【 화살표는 성과관리 방향 】

① 서비스 조직에서의 성과관리는 위에 같이 매트릭스를 통해서 직원의 위치와 개선을 통해 달성해야 할 목표를 설정한다.

② 'I' 그룹은 모니터링 점수는 높으나 응대 콜 수가 낮은 그룹으로 고객응대 시 미사여구가 너무 많거나 업무 스킬 부족, 낮은 업무지식으로 인한 통화시간이 긴 반면 상담품질이 우수한 그룹이라고 할 수 있다.

③ 'I' 그룹은 생산성은 낮은 반면 상담품질은 우수한 그룹으로 코칭 또는 성과관리를 진행할 때 응대 콜 수를 향상시키기 위한 코칭이나 교육・훈련이 필요하다.

④ 'IV' 그룹의 경우 'I'과는 달리 정상적인 응대면 문제가 없지만 말이 빠르거나 반드시 안내해야 할 사항을 누락하는 등의 행위를 통해 생산성은 높은 반면 호응이나 경청, 또는 문제해결이나 정보제공능력을 평가하는 상담품질은 낮은 그룹이라고 할 수 있다.

⑤ 'IV' 그룹의 경우 생산성은 높은 반면 상담품질은 낮은 그룹으로 성과관리 진행 시 상담품질을 향상시키기 위한 코칭이나 교육・훈련이 필요한 그룹이다.

⑥ 'II' 그룹은 생산성은 물론 상담품질 모두 우수한 그룹으로 적절한 방향성 제시와 적정업무량만 부과해 최적의 결과를 낼 수 있도록 하는 것이 바람직하다.

⑦ 'III' 그룹은 흔히 실적 부진자 그룹이라고 할 수 있으며 생산성도 낮고 상담품질도 낮은 그룹으로 서비스 조직 관리자들이 집중적으로 교육·훈련을 시켜야 하는 그룹이다.

⑧ 서비스 조직에서의 성과관리 방향은 위에서 제시한 방향을 가지고 움직이는 것이 바람직하다.

8) 세분화된 성과관리 방법

위에서 매트릭스를 이용한 성과관리 방법을 소개했지만 각 그룹별(I, II, III, IV 그룹별)로 더욱 세분화되고 디테일한 성과관리가 가능하다. 성과 결과에 따라 해당 그룹 내 속하는 직원들의 매트릭스 분석이 가능하며 세분화된 매트릭스를 통해 성과관리를 진행할 때도 위에서 제시한 성과관리 방향성을 유지하면서 해야 한다. 아래 예시 그림처럼 각 그룹별로 상향평준화를 위해서는 각 그룹별로 개인별 목표를 설정하고 이에 따른 후속 조치(Tracking)를 통해 지속적인 관리가 이루어져야만 성과가 향상될 수 있다.

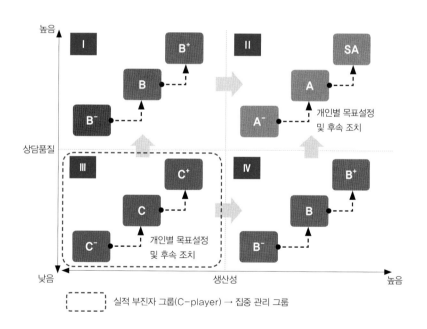

코칭을 통한
서비스 조직 갈등관리

서비스 조직에서는 다양한 사람들이 모여 근무하는 곳이니만큼 다양한 갈등이 발생하는 곳이기도 하다. 서비스 조직의 특성과 함께 갈등이 발생하는 원인을 바로 아는 것이 갈등관리를 제대로 할 수 있는 길이기도 하다.

(1) 서비스 조직에서의 갈등의 이해

1) 갈등의 이해

갈등은 조직의 자원과 권력상의 불균형으로 인해 야기되는 개인간 또는 집단간의 상호 작용 현상으로 자신이 관심을 갖는 것에 대하여 타인의 부정적인 영향을 미치거나 미치려고 한다는 것을 지각할 때 발생한다.

① 견해나 이해관계 등의 차이로 생기는 불화, 충돌로 정의

② 갈등을 통해 새로운 동기를 부여하고 해소 과정에서 문제해결과 상호 간의 관계 개선 및 강화 등의 순기능적인 결과 기대 가능

③ 서비스 조직은 다양한 사람들이 모여 근무하는 만큼 다양한 갈등이 존재

② 친밀감을 바탕으로 한 1차 조직이 아닌 경쟁을 통해 목표를 달성해야 하는 조직에서 근무함에 따라 갈등은 자연스럽고 불가피하게 발생

③ 개인적인 일로 인해 해당 업무를 거부하기 어려운 조직 구조도 갈등을 유발

④ 갈등으로 인해 조직의 활력이 저하되고 창의성 발현이 어려움

⑤ 갈등은 업무 몰입을 방해하고 생산성 저하의 주요 원인으로 작용

⑥ 상대방에 대한 이해 부족에서 오는 관계를 유지하는 과정에서 갈등이 발생

⑦ 스트레스 유발과 상황 악화는 물론 개인과 조직의 의지와 신뢰감을 약화시키는 역기능도 발생

2) 서비스 조직의 특성

① 절대 다수의 직원들이 정규직, 비정규직 형태로 혼재되어 고용되어 있는 조직

② 경력기회가 제한적이며 정규직으로의 전환이 분절된 경력관리가 특징인 조직

③ 여초 현상이 지배적인 동시에 수평적이며 수직적인 조직구조

④ 많은 인원이 근무해 소통이 어렵고 감정전염(물결효과)이 심해 집단화 현상이 심한 조직

⑤ 다양한 이해관계에 따른 갈등이 상존하는 조직(상사와 동료 또는 팀 간의 업무로 인한 갈등)

⑥ 감정노동이 심한 업무로 인한 정서적 소진이 많으며 성과지향적인 조직

⑦ 고부가가치를 창출하는 업무이지만 업무강도 대비 급여가 낮은 조직

⑧ 업무성격상 운영 과정에서 규제 및 시스템을 통한 기술적 통제가 강한 조직

⑨ 감정과 규범이 혼재되어 있으며 위계에 기반한 통제와 규율을 강조하는 조직

⑩ 대부분 고객이 주도권을 가지고 있는 고객 지향적인 조직이며, 정보와 커뮤니케이션을 매개로 움직임

3) 갈등의 부정적인 측면

① 업무 수행과정에서 에너지를 분산시킴

② 생산성 저하 및 시간낭비 발생

③ 자원의 왜곡된 사용 유발

④ 부정적인 감정 및 스트레스 유발

⑤ 참여의식 및 소속감 결여

⑥ 커뮤니케이션 미흡 및 부재(정보 및 지식 공유하지 않음)

⑦ 개인 및 집단 간의 불신 및 불필요한 대립 유발

4) 갈등의 긍정적인 측면

① 타인에 대한 입장을 이해

② 갈등 해소 과정에서 상호 간의 관계 개선 및 강화

③ 문제해결 능력의 향상 및 가능성 증가

④ 부정적인 감정 및 억압된 감정, 정서 발산

⑤ 문제해결을 위한 대안의 증가

⑥ 개인 및 그룹 간 상호이해 및 커뮤니케이션 향상

⑦ 다양한 의견의 개진을 통한 공동의 합리성 증가

5) 조직 내 갈등의 단서들

서비스 조직 운영에 있어 중요한 것은 조직 내 갈등이 존재하고 있는지 여부를 파악하는 것이다. 아래 내용은 조직 내에서 갈등이 발생하고 있다는 단서들이다.

① 조직 내 감정적으로 지나친 주장이나 의견이 팽배할 때

② 본질이 무엇인지도 모르고 상호 비방과 비난을 앞세울 때

③ 편가르기, 왕따, 은따가 발생할 때

④ 개인 차원에서 미묘한 신경전 및 심리적인 공격을 할 때

⑤ 침묵, 불평, 불만, 질시와 반목이 표면화될 때

6) 조직에서 갈등발생 원인

조직에서 갈등이 발생하는 원인은 매우 다양하지만 대표적으로 아래 3가지 요인에 의해서 발생하는 경우가 많다.

• 개인적인 요인

① 구성원 간 서로 상반된 가치관의 혼재

서비스 코칭 활용

② 지나친 기대감

③ 타인에게 상처 주는 말이나 행동

④ 미해결된 문제나 이슈로부터 오는 갈등

- 업무상 요인

① 불명확하고 정의되지 않은 업무(모호한 업무지시)

② 조직에서 공동으로 처리해야 하는 업무

③ 과도한 업무 마감

④ 시간적인 압박

- 조직상 요인

① 한정된 자원의 활용

② 커뮤니케이션 부재 및 미흡

③ 조직 내 정책, 원칙의 부재

④ 산만하고 원칙 없는 의사결정

⑤ 개별적인 의견 및 주장이 무시되는 만장일치의 요구

⑥ 복잡한 조직계층

7) 조직 내에서 오해와 갈등을 유발하는 심리적 원인

서비스 조직을 비롯한 다양한 형태의 조직에서 발생하는 오해와 갈등은 심리적인 요인에 기인한 바가 크다. 구성원들이 각각 자라 온 환경이나 받아들이는 정보가 모두 다르고 성격 또한 다르기에 끊임없이 오해와 갈등이 발생한다. 심리적인 원인에 의해 발생하는 조직 내 오해와 갈등은 아래와 같이 5가지로 구분할 수 있다.

- 성격에 대한 고정관념

① 단편적인 정보로 상대방의 성격에 대한 고정관념을 형성(장님 코끼리 만지는 식)

② 이러한 심리를 '내현 성격 이론(Implicit Personality Theory)'이라고 함

③ 상대방에 대한 자신의 생각과 실제 상대방의 행동 및 언행의 차이로 오해와 갈등이 발생

④ 상대방의 성격을 놓고 확대해석하는 경우 갈등이 발생

⑤ 다양성과 협업이 중요해지는 조직 생활에서 고정관념으로 갈등 유발하지 않도록 유의

- 자신에게는 유리하게 상대방에게는 불리하게 행동의 원인을 규정

① 행동에 따른 원인을 생각할 때 자신에게는 유리한 상황으로 해석을 하고 타인의 행동은 내적인 특성에 기인한 것으로 여기는 특성으로 인해 발생(내가 하면 로맨스, 남이 하면 불륜)

② 이러한 오류를 '행위자-관찰자 편향(Actor-Observer Bias)'이라고 함

③ 상황을 고려하지 않고, 모든 원인을 개인 탓으로 전가하는 사고 방식은 위험

④ 이러한 태도는 분노, 좌절, 억울함, 우울 등 부정적인 감정에 빠뜨릴 위험성이 높음

⑤ 조직의 리더일수록 이러한 점에 특별히 유의하여야 함

- 표현하지 않아도 분명 의도를 알고 있을 것이라는 착각 및 오류

① 표현을 하지 않아도 자신의 의도나 생각을 상대방이 잘 알 것이라고 착각하는 것이 조직에서 갈등을 유발

예시 "무슨 말 하는지 알지?", "내 마음 잘 알지?"

② 이를 심리학 용어로는 '투명성 과장 오류(Illusion of Transparency)'라고 함

③ 야단이나 질책이 진심이라고 하더라도 직원은 상처를 받고 부정적인 인식 및 감정 누적

④ 이와 같은 착각을 가지고 불명확한 지시를 하면 제대로 된 업무처리를 기대하기 어렵고 갈등이나 불만만 악화됨

- 자신이 중요하다고 생각하는 것이 타인에게도 중요하다고 생각하는 오류

① 타인이 중요하다고 여기는 것보다 자신의 것이 진실로 중요하다고 믿는 확신 또한 갈등 유발

예시 "정말 중요한 것이 뭔지 몰라서 그러는 거야?", "내가 해 봐서 아는데…."

② 이러한 오류를 '비양립성 오류(Incompatibility Error)'라고 함

③ 이러한 오류를 지속적으로 범할 경우 반발 심리를 유발, 자존심에 상처를 줘 갈등 초래

④ 자신이 지식이나 정보 또는 경험이 많다고 생각할 때 이러한 오류가 발생

⑤ 가치관이나 생각은 '다름'의 차원에서 접근해야지 '우열'에서 접근하면 갈등 발생

• 자신만 객관적이고 보편적이라고 단정짓는 착각

① 자신만 올바른 판단기준이고 객관적이고 상대방은 그렇지 않다고 생각하는 것이 갈등 유발

예시 "상식적으로 그게 말이 된다고 생각하니?", "사람들 모두가 나처럼 생각할 걸?"

② 이러한 오류를 '소박한 현실론(Naive Realism)'이라고 함

③ 자신의 행동이나 의견이 가장 보편·타당하게 받아들여지는 '상식'이라고 생각

④ 이러한 '잘못된 합의 효과(False Consensus Effect)'는 자기 중심적인 사고와 주변의 동의를 통해 형성되고 고착화(강화)됨

⑤ 이렇게 강화된 착각은 주변 사람들의 의견을 무시하거나 의견을 폄하해 침묵이나 갈등 유발

(2) 서비스 조직 내 갈등해결 방안

1) 서비스 조직 내 갈등해결 유형

서비스 조직에서 일반적으로 활용하는 갈등해결 유형[1]은 협조성과 공격성이라는 두 가지 차원을 중심으로 구분한다. 협조성이라는 것은 상대방의 관심사항이나 목표 및 의지를

---

1 독일의 심리학자인 Thomas-Kilmann 갈등해결 모형

만족시키고자 노력하는 정도라고 할 수 있으며, 공격성이라는 것은 자신의 관심사항과 목표 및 의지를 만족시키고자 노력하는 정도라고 할 수 있다. 아래는 협조성과 공격성을 중심으로 한 갈등 해결 유형이다.

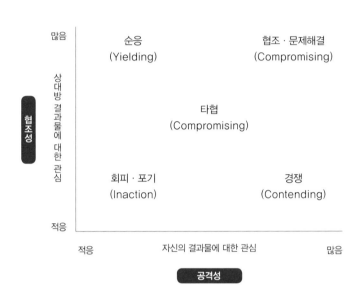

① '타협'은 상호 간에 양보를 통해 최상의 결과 및 만족은 아니지만 부분적인 만족을 취하는 방식
② '순응'은 자신의 관심이나 목표 또는 욕구 충족을 포기함으로써 갈등을 해결하는 소극적 방식
③ '회피'는 상호 간 무시를 통해서 갈등과 대립관계에서 탈출하고자 하는 방식
④ '경쟁'은 상대방을 좌절시켜 자신의 목표나 욕구를 충족시키는 적극적인 방식
⑤ '협조'는 문제해결을 통한 상호 간의 목표나 욕구를 충족시키려는 윈윈(Win-win) 방식

2) 갈등관리의 전제조건
① 지지적인 분위기나 환경의 조성
② 갈등 상황에 대한 정확한 인식 및 지각

③ 열린 대화 및 자세 견지

④ 갈등을 유발하는 원인의 분리

⑤ 사람에 대해서는 부드럽게, 문제에 대해서는 강경하게 관리

⑥ 상호 간에 긍정적인 감정 회복을 위해 긴장관계 조절

⑦ 상호 간의 관심사와 원하는 바를 확인하고 해당 문제를 해결하는 데 집중

3) 서비스 조직 내 갈등관리의 핵심 포인트

서비스 조직은 여러 사람들이 모여 근무하는 곳인 만큼 갈등관리의 중요성은 아무리 강조해도 지나치지 않다. 조직 내 갈등관리를 위한 핵심 포인트는 예방과 관리 그리고 신속한 해결에 있다.

① 조직 내 발생할 수 있는 갈등요소를 주기적으로 점검한다. [팀(조직)과 개인을 구분]

② 갈등요소를 파악하기 위해 조직 구성원의 의견이나 불만을 수렴할 수 있는 채널을 확보한다.

③ 갈등원인 및 불만 수렴 후 이를 최소화하기 위한 프로그램 및 제도를 도입한다.

④ 조직 내에 발생하는 갈등의 경우 관리자의 역할이 중요하므로 적합한 관리자의 선발은 물론 이들을 위한 체계적인 교육 및 훈련도 병행되어야 한다.

⑤ 갈등의 사전예방은 물론 사후관리도 매우 중요하므로 관리자의 갈등해결 역량을 강화한다.

⑥ 갈등예방 및 관리를 위해 관리자의 리더십 및 코칭 역량이 중요하다.

⑦ 조직에서 발생하는 갈등 해결에 있어 가장 중요한 것은 신속한 대처가 핵심이다.

⑧ 여성 조직에서 발생하는 특수한 상황의 갈등이나 집단화로 발전할 수 있는 사안에 대해서는 내부적으로 정한 해결 절차 및 접근 방식을 공유한다. [사전에 갈등 해결 절차 및 접근 방식 수립]

⑨ 내부 직원에게 갈등발생 요소는 물론 갈등 해결 및 대처 프로세스에 대한 교육 및 훈련을 주기적으로 실시한다.

⑩ 조직에서 발생하는 갈등을 슬기롭게 해결할 수 있는 가장 핵심적인 것은 상호 간의 신뢰라는 점을 인식하고 이를 위한 조직 문화를 정착하는 것이 중요하다.

4) 갈등의 단계별 관리 방안

① 현재의 갈등이 의미 있는 것인지 대한 생각이 필수

② 자신의 주장이나 감정을 솔직하게 표현할 수 있는 스킬 필요

③ 상호 문제해결적인 자세로의 접근 필요

④ 무엇이 문제인지 정의하는 것이 중요

⑤ 해결 가능한 대안 모색

⑥ 상호 간 수용 가능한 대안 선정

5) 긍정적인 갈등관리를 위한 상호 간 대화 원칙

① 다양한 가능성을 제시하기

② 상호 간 존중하면서 대화하기

③ 상대방에게 경청하기

④ 원하는 것이 있다면 중립적으로 전달하기

⑤ 공동의 목표를 인식하고 공감대를 형성하기

6) 관리자로서의 조직갈등 관리

다양한 갈등이 발생하고 사라지는 서비스 조직에서 서로 갈등 없이 일하는 것이 최고지만 현실에서 갈등의 발생은 필연적인 것이다. 서비스 조직에서 발생하는 갈등에 대해서 관리자가 이를 조정하고 예방하는 일이 쉽지는 않지만 적어도 아래와 같은 자세와 태도 및 방향성을 가지고 움직이는 것이 바람직하다.

① 공평한 것보다는 공정해야 하므로 균형 잡힌 시각과 자세를 유지한다.

② 좀 더 높은 목표를 제시함으로써 불필요하고 소모적인 갈등을 사전에 예방한다.

③ 현실적이고 특정한 목표를 조직*은 물론 구성원에게 부여하고 관심사를 주기적으로 강조한다.

④ 업무수행 과정에서 충분한 정보 제공은 물론 구성원과의 합의가 중요하다는 사실을 인식한다.

⑤ 관리자와 구성원과의 신뢰가 중요하며 조직 전체가 상호 신뢰할 수 있는 분위기를 조

서비스 코칭 활용

성한다.

⑥ 주기적으로 갈등을 예방할 수 있는 커뮤니케이션 체계 및 채널을 마련하고 시행한다.

⑦ 불필요한 말이나 오해를 낳기 쉬운 태도 및 언행을 자제한다.

⑧ 갈등의 원인을 명확하게 인식하고 파악한 후 대응하는 것이 중요하다.

⑨ 갈등유형은 매우 다양하므로 갈등 상황에 맞는 갈등관리법을 고민한다.

⑩ 갈등발생 시 적용되는 해소절차와 규칙을 마련하고 문제를 해결하는 데 필요한 지원을 한다.

7) 직원 간 갈등이 발생했을 경우 갈등관리

관리자와 직원 간의 갈등도 있지만 이보다 더 심각한 갈등은 직원 간의 갈등이라고 할 수 있다. 직원 간의 갈등이 상호 간 부정적인 감정전염을 초래하는 물결효과의 원인이 되기도 하기 때문이다. 또한 직원 간 갈등이 극단적일 경우 관리자가 개입할 여지가 없을 경우도 있고 갈등 조정이나 판단이 잘못될 경우 오히려 조직에 부정적인 영향을 미칠 수도 있기 때문에 주의하여야 한다.

① 상호 간의 얘기를 충분히 들어 주되 문제 지적 또는 갈등의 원인 파악 시 질책하지 않는다.

② 질책을 하게 되면 해당 직원이 위축되거나 반발하게 되므로 질책보다는 객관적인 사실을 근거로 칭찬하거나 신뢰관계를 유지하는 것이 중요하다.

③ 직원의 태도나 활동사항을 평상시 관찰하고 타인의 의견도 들어 보는 등의 노력이 필요하다. 타인의 의견이나 평가를 전달할 경우 반드시 자신이 상대방에 대해서 느낀 점이나 생각을 포함시켜 전달하는 것이 바람직하다.

④ 직원이 나름대로 가지고 있는 장점에 대해서는 상처를 주지 않고 해야 하며 잘못된 점 및 개선할 점을 지적하는 것이 필요하다(주어를 사람이 아닌 원인에 초점을 맞춰 진행).

⑤ 갈등문제를 해결하는 데 있어 당사자끼리 해결하라고 놔두면 절대 해결되지 않는다.

⑥ 모두 문제해결을 위해 해야 할 일과 의지(자세)가 중요한데 이를 위해 정기적으로 확인하고 방향을 확인해야 한다.

⑦ 서로 정당하고 문제가 없다고 생각하는 부분에 대해서는 서로 회피하지 말고 구체적으로 어떤 문제가 있는지 서로 지적하거나 의견을 제시하도록 해야 한다. [이러한 과정에 장시간 소요됨]

⑧ 중립적인 제3자의 위치에서 문제해결책을 찾아야 하며 얘기를 듣는 과정에서 자신의 경험과 타인으로부터 얻은 정보만으로 대상직원이나 대상 문제를 평가하지 않는다.

⑨ 상대직원으로부터 직접 들은 얘기나 정보를 바탕으로 객관적인 입장에서 상황을 파악 후 질문해야 한다. [개인적인 의견이나 편견 또는 느낌이 아닌 상황을 객관적으로 파악하려 노력해야 함]

⑩ 상호 간의 얘기를 다 듣고 나서 생각들을 전할 때는 중간에서 고자질한다는 느낌을 갖지 않도록 하는 것이 중요하며 제3자로부터 정보를 얻을 때도 정보 제공자로 하여금 편견이나 문제가 발생한 것처럼 생각하지 않게 묻는 방법에 있어서도 주의하여야 한다.

⑪ 당사자들의 입장을 충분히 듣고 이해하려는 노력이 필요하며 갈등해결이 최종 목표이므로 개선하려는 상호 간의 자세가 필요하며 특정 대상자에게 지적이나 지도가 쏠리지 않도록 주의한다.

⑫ 문제해결의 본질이 무엇인지를 잘 알고 있는 당사자가 잘 해결할 수 있도록 중립적인 자세와 객관적인 입장을 유지하는 것이 당사자들과 조직 전체에 미칠 영향을 고려할 때 바람직하다.

⑬ 갈등의 유형이 너무도 다양하지만 중요한 것은 조직에서 일하는 사람들이라면 자신의 위치나 역할 그리고 책임이 무엇인지를 다시 한 번 확인하도록 해야 한다.

⑭ 마지막으로 문제해결을 위한 바람직한 자세나 태도를 밝힐 경우 추상적이거나 단순히 의식을 고취하는 것이 아니라 구체적으로 개선을 유도하고 행동으로 옮길 수 있는 것들이어야 한다.

서비스 코칭 활용

(3) 직원 성격 유형에 따른 커뮤니케이션 방법

서비스 조직처럼 피라미드 조직 구조와 많은 사람들이 경쟁하는 상황에서는 당연히 조직에서의 전체적인 성과와 분위기를 해칠 정도로 갈등이 발생할 수밖에 없다. 따라서 어떻게 하면 조직 내부에서 발생하는 갈등을 최소화할 수 있을지를 고민하는 것은 당연한 것인지도 모른다. 단순히 갈등만 하고 불만을 표현한다고 문제가 해결되지 않는다. 다만 조직 내부에서 직원들의 유형을 파악하면 갈등을 해결하는 데 도움을 얻을 수 있다. 직원들을 바꿀 수 없다면 상호 적대적인 관계가 아닌 갈등을 줄여 나갈 수 있는 발전적인 관계를 위해서는 서로가 다름을 인정하고 상대방의 성격을 정확히 이해하는 것이 현명하다.

1) 서비스 조직 내 직원들의 성격 유형 파악하기

일반적으로 직원들의 유형은 해당 직원이 조직 내에서 행하는 언행을 통해 판단할 수 있다. 해당 직원의 세부적인 것까지 파악하기는 어려워도 상대 직원의 성격 유형을 파악하는 데 판단 근거가 되기도 한다. 여력이 된다면 관리자는 물론 직원을 대상으로 성격 유형에 대한 검사를 통해 해당 직원 관련 정보를 활용하는 것도 바람직하다. 조직 내 직원들의 성격 유형은 외향적, 내향적 그리고 관계 중심적인지 업무 중심적인지에 따른 기준을 근거로 아래와 같이 주도형, 사교형, 안정형, 신중형 등 4가지로 구분할 수 있다.

【 성격유형 구분(DISC) 】

외향적

사교형 (Influence)	주도형 (Dominance)

관계중심 ◀ ─ ─ ─ ─ ─ ─ ▶ 업무중심

안정형 (Steadiness)	신중형 (Conscientiousness)

내향적

2) 각 성격 유형별 일반적인 특징과 선호하는 환경

Dominance(주도형): 결과를 성취하기 위해 장애를 극복함으로써 스스로 환경을 조성한다.	
일반적 특징	• 행동과 말이 빠르고 사람보다는 일을 중시 • 일에 있어 진행이 빠르고 추진력이 있음 • 다른 사람의 행동을 유발시키며 지도력을 발휘 • 도전을 받아들이며 의사결정을 빠르게 내림 • 기존의 상태에 문제를 제기하고 거침없는 표현 • 직설적이며 자기중심적이며 자기주장이 강함 • 결과지향적이고 앞뒤 가리지 않고 일을 벌임
선호하는 환경	• 힘과 권위가 제공되는 환경 • 위신과 도전이 있는 환경 • 개인적 성취가 가능한 환경 • 직접적으로 답이 제공되는 환경 • 성장의 기회가 있는 환경 • 통제와 감독으로부터 자유로운 환경

Influence(사교형): 다른 사람을 설득하거나 영향을 미침으로써 스스로 환경을 조성한다.	
일반적 특징	• 사람 사귐이 빠르고 일보다 인간관계를 중시 • 사람들과 접촉을 좋아하며 사람들을 즐겁게 함 • 호의적인 인상을 주며 말솜씨가 있음 • 다른 사람을 동기 유발시키고 열정적임 • 사람과 상황에 대해 낙관적임("어떻게든 되겠지.") • 문제 발생했을 경우 인간관계를 통해 해결
선호하는 환경	• 능력에 대해 공개적으로 인정받는 환경 • 통제나 세세한 것으로부터 자유로운 환경 • 의견을 자유롭게 개진할 수 있는 환경 • 상담하고, 조언해 줄 수 있는 환경 • 업무환경이 우호적인 환경

Steadiness(안정형): 업무를 수행하기 위해서 다른 사람과 협력한다.	
일반적 특징	• 행동과 말이 느리며 사람 사귐도 느림 • '우직함'과 '무던함'으로 대표되는 성격 • 예측가능하고 일관성 있게 업무수행을 함

일반적 특징	• 참을성이 있으며 남의 말에 경청하는 것을 선호함 • 책임감이 강하고 마지막까지 최선을 다하는 성격 • 자기주장을 내세우거나 튀는 것을 좋아하지 않고 대세에 따름 • 흥분한 사람을 진정시키고 타인을 돕고 지원하는 등 조화 중요시 • 우유부단한 성격에 현상 유지가 중요해 진취적이고 적극적이지 않음
선호하는 환경	• 변화보다는 현상을 유지하는 환경 • 예측 가능한 일상업무가 제공되는 환경 • 업무 성과에 진실된 평가가 있는 환경 • 그룹 일원으로서 인정받는 환경 • 일 때문에 가정생활이 침해받지 않는 환경 • 표준화된 절차가 제공되는 환경 • 갈등이 적은 환경

Conscientiousness(신중형): 업무 품질과 정확성을 높이기 위해 신중하게 일한다.	
일반적 특징	• 매사에 꼼꼼한 스타일로 일에 있어서 깐깐하고 완벽함을 추구 • 중요한 지시나 기준에 관심을 둠(원칙에 따른 업무 수행을 중요시) • 세부사항에 신경을 쓰며 업무를 정확히 처리 • 논리적이며 분석적으로 사고하고 찬반, 장단점을 고려 • 예의 바르고 격식을 차리며 한 번 내린 결정은 바꾸지 않음 • 소신에 따라 너무 신중하고 자기 주장이 강함(자존심과 고집이 셈)
선호하는 환경	• 업무수행에 대한 기준이 명확한 환경 • 품질, 정확성을 가치 있게 여기는 환경 • 전문성을 입증할 수 있는 환경 • 업무수행에 영향을 미치는 요인들을 통제할 수 있는 환경 • "왜"라는 질문을 요구하는 환경 • 전문기술과 성취를 인정하는 환경

3) 유형별 접점직원 대상 갈등을 최소화하기 위한 커뮤니케이션 방법

성격 유형	갈등 최소화를 위한 커뮤니케이션 방법
Dominance (주도형)	• 충분한 경청 후 의견이나 생각을 전달하는 것이 필요 • 일의 우선순위를 정해 주고 업무를 처리하도록 함 • 일의 순서를 정해 줄 때는 긴급성과 중요성을 기준으로 정함 • 성과를 위해 긴급하게 개선해야 할 것과 중요한 것을 구분해 제시 • 감정과 기분을 충분히 고려해 소통할 것

Dominance (주도형)	• 성과에 대한 인정을 통해 동기 부여 ["○○○ 씨, 정말 탁월하군요."] • 무뚝뚝하고 무례하다고 생각되지 않도록 주의 • 일방적인 소통이라고 생각되지 않도록 하고 잡담도 허용
Influence (사교형)	• 우호적이고 생기 넘치는 조직문화 및 분위기를 선호 • 칭찬과 개인적인 관심이 핵심 커뮤니케이션 도구 • 인정, 칭찬이 최고의 동기부여 ["OOO 씨, 정말 친해졌으면 좋겠어요."] • 핀잔이나 잔소리 및 잘못 지적보다는 장점과 칭찬 중심의 소통 • 부진 항목의 경우 세부적인 사항을 정리해서 도움을 주는 것이 현명 • 꼼꼼하고 신중한 성격의 직원과 잘 어울림 • 점검해야 할 이슈 항목을 정리해 인터뷰나 정보 수집하도록 독려 • 좀 더 직접적이고 직선적으로 표현해야 하며 후속적인 조치 필요 • 가급적 말을 적게 하고 경청하는 자세 필요 • 너무 감정적이지 않도록 유의하고 주제에서 벗어나지 않도록 할 것 • 세부적인 내용과 객관적인 사실에 초점을 맞춰 소통할 것
Steadiness (안정형)	• 지지적이고 안정적인 조직 분위기 선호 • 주변 동료의 지지에 동기 부여됨 ["○○○씨가 없으면 절대 안 됩니다."] • 주도적인 역할을 할 수 있는 동료와의 친화 유도 • 수행해야 할 업무를 구분하고 구체적인 방향성을 정해 줌 • 공동작업 수행할 수 있는 기회 제공을 통해 실력을 발휘하도록 유도 • 실현 가능하고 도달 가능한 목표를 설정하고 이를 성과로 연결시킴 • 좀 더 적극적인 표현과 함께 활기찬 분위기 조성이 중요 • 적절하게 감정을 자제하고 의견을 개진할 때는 좀 더 빠르게 할 것 • 커뮤니케이션 중 반드시 좀 더 성과 지향적인 태도를 유지할 것 • 지나치게 독단적인 느낌이 들지 않도록 소통할 것 • 세부적이고 세세한 내용에 집착 또는 집중하지 말 것
Conscientiousness (신중형)	• 원칙이 지켜지는 공정한 조직 분위기 및 환경 선호 • 효율적인 업무처리 선호 • 신뢰 통한 동기 고취 ["○○○ 씨의 업무처리는 믿고 맡길 수 있어."] • 업무를 제대로 이해하고 큰 부분을 놓치지 않게 도움이나 지원 필요 • 심하게 지적당하거나 단점을 드러내는 것을 싫어하므로 이해 필요 • 잘못을 지적할 경우 세심한 주의 및 접근이 필요 • 직접적인 표현보다는 우회적인 주장이나 의견 표현이 바람직함 • 부정(단점)과 긍정(장점)을 섞은 샌드위치 기법을 활용한 피드백 활용 • 의견 상충 시 중립적 입장에서 논쟁이 아닌 논의 형태로 해결책 모색 • 일방적인 의견 제시 및 설득은 오히려 역효과 • 적극적으로 표현하되 세부사항, 객관적인 사실이나 수치는 지양 • 직접적인 방법이나 수치 제시보다는 영감이나 방향성을 제시 • 직접적인 대면보다 채팅이나 편지, 쪽지를 통한 소통 선호 • 직장 동료와 감정에 대한 얘기에 좀 더 시간을 할애할 것 • 냉정하고 무례하며 거리감 있는 대화는 지양

서비스 코칭 활용

4) 조직에서 갈등을 일으키는 대표적인 문제적 직원 유형 및 커뮤니케이션 방법

서비스 조직은 다양한 사람들이 모여 근무하는 곳인 만큼 다양한 갈등이 발생하기 마련이다. 흔히 조직에서 자주 보이는 대표적인 갈등 유발자에는 어떤 유형이 있으며 이들이 유발하는 갈등을 최소화하기 위해서는 어떻게 접근해야 하는지에 대해서 알아보도록 하겠다.

* 잘난 척하고 간섭하며 자기 확신이 강한 직원에 대한 커뮤니케이션 방법

① 업무 영역과 경계를 명확히 구분해서 업무를 이행할 수 있도록 한다.

② 구체적인 대안을 제시할 것을 요구한다.

③ 단순히 참견이 아닌 해당 업무에 참여시켜 구체적인 결과물을 낼 수 있도록 유도한다.

④ 해당 직원이 하는 얘기는 그냥 가벼운 정보로 인식하고 대응한다.

* 남의 말을 듣지 않고 성급한 직원에 대한 커뮤니케이션 방법

① 더 큰 갈등으로 번지기 전에 완충 작용을 해 줄 수 있는 직원과 소통하게 한다.

② 객관적이고 중립적인 역할을 수행할 수 있는 중재자가 필요하다.

③ 관대하거나 남의 말을 잘 들어 주는 사람과 교류할 수 있도록 한다.

④ 과도할 경우 그러한 태도가 미칠 영향과 제재에 대해 인지하도록 한다.

* 철두철미하며 완벽함을 추구하는 직원에 대한 커뮤니케이션 방법

① 충분히 생각을 들어보고 명쾌한 설명이나 절차를 전달한다.

② 이해할 수 있을 정도로 순서를 명확하게 하고 업무의 핵심이 무엇인지를 인지시킨다.

③ 결과에 대한 책임을 명확하게 전달하고 스스로 계획을 세워서 움직일 수 있도록 한다.

④ 자신의 업무 태도와 습관으로 인해 조직에 미치는 영향을 인지시킨다.

* 권위주의적이고 의심이 많은 직원에 대한 커뮤니케이션 방법

① 감정적인 접근보다 사실에 근거해 소통하며 섣불리 강요하지 않는다.

② 확실한 근거와 명백한 사실[통계나 수치, 근거 자료 등]에 입각해서 의견이나 생각을 전달한다.

③ 명백한 사실에 근거해서 인정하고 변화관리를 도모한다.

• 개인주의적이고 무관심한 직원에 대한 커뮤니케이션 방법

① 소속감이나 팀워크를 가지라고 하기 전에 감정적인 교류나 감성적인 접근이 필요하다.

② 신뢰를 쌓기 위한 노력이 필요하며 지속적인 참여를 유도한다.

③ 아이디어 도출 단계에 참여시킨다.

④ 협조는 물론 명확한 의도를 표현해 줄 것을 요구한다.

04

서비스 조직 리더십 코칭

(1) 리더십 정의 및 필요성

1) 리더십의 정의

① 리더십이라는 것은 '부하직원이나 상호 연관성이 있는 타인에게 바람직한 영향력이나 권한을 행사하여 의도하거나 설정한 목표를 이루어 나가는 과정'이라고 정의할 수 있다.

② 이 밖에도 리더십과 관련한 정의는 무수히 많지만 리더십이라는 것은 간단히 요약하자면 목표를 위해 집단(Group)의 행위에 영향력을 행사하는 것으로 정의될 수 있다.

③ 리더십이라는 것은 사람과의 관계를 통해 이루어지는 것이므로 이들 구성원의 의식이나 행동을 이끌어 낼 수 있는 리더십을 통해 조직의 목표를 달성하는 것이다.

2) 서비스 조직의 특성

① 일정한 공간에서 일정한 시간에 상담을 진행하는 집단업무의 조직이다.

② 동일한 업무를 반복적으로 진행하여야 하는 표준화 조직이다.

③ 다양한 고객과의 직접적인 상담을 하여야 하는 고객접점 조직이다.

④ 고객의 요구 사항을 서비스하는 서비스 조직이다.

⑤ 감정을 최대한 억제하고, 고객 만족을 추구하는 감정노동 조직이다.

3) 국내 서비스 조직 중간관리자의 주요 업무

① 업무 모니터링 및 코칭 업무

② 직원의 업무지도

③ 직원 관리(성과, 이직, 근태 등)

④ 클레임 처리 등 고난이도 문의 응대

⑤ 업무개선 계획 제안 및 실행

⑥ KPI현황 등 각종 보고서 작성

⑦ 신입 및 기존 직원 교육(신입 인큐베이팅 투입)

⑧ 채용 면접(전화, 대면 등)

4) 국내 현장 중간관리자의 고민

① 지나치게 과도한 업무

② 개선 및 코칭하기 어려운 직원

③ 미래에 대한 불확실

④ 잔업 및 잔일이 너무 많음

⑤ 업무에 대한 역량 및 스킬 부족

⑥ 임파워먼트 등이 부재한 가운데 처리해야 하는 클레임 건

⑦ 상사에 대한 불만

⑧ 비용관리의 어려움

⑨ 부당한 급여 및 평가

⑩ 도달 불가능한 목표 부과 및 할당량 달성

5) 지도 및 코칭하기 힘든 직원 유형

① 불평 및 불만이 많은 직원

② 근무태도 불량 및 근무 태만

③ 자신만 편하려고 머리 굴리는 직원

④ 새로운 일을 거부감을 보이는 직원

⑤ 편가르고 논란 및 논쟁하는 직원

⑥ 실적이 좋지 않은 직원

⑦ 근속연수는 기나 실적이 좋지 않으면서도 만족하는 직원

⑧ 관리자보다 나이가 많은 직원

⑨ 이성(남성직원, 여성직원)

(2) 리더십의 유형

1) 분석적 리더십

① 통계 및 분석을 중심으로 조직을 운영하는 리더십으로, 정성평가보다는 객관화되고 시스템적인 정량평가를 중요시한다.

② 일반적으로 기획 능력 및 리포트 능력이 우선시되고, 자원 배분과 최적의 효율성을 중요시하므로 단기간 성과 향상 운영에 효과적이다.

③ 직원의 업무 능력에 대한 평가를 통하여 부족한 부분을 지속적으로 관리함으로써 전체 조직의 효율성에 중심을 두고 운영한다.

④ 조직원들의 스트레스 증가, 미래 예측 오류 및 환경 변화에 대한 대응력 부족 등으로 장기적인 효과가 불투명하다.

2) 조직 관리형 리더십

① 조직 간의 커뮤니케이션을 중심으로 조직을 운영하는 리더십으로 정량평가보다는 정성적인 평가를 중요시한다.

② 조직 간의 관계 및 인간 관계를 우선시하고, 조직의 가치관과 행동, 태도 등을 중요시하므로 안정적인 조직 운영에 적합하다.

③ 직원 및 팀장의 개인별 성장에 관심이 많으며, 동기 부여를 통한 직원의 발전을 통한 조직의 업무 능력 향상에 중심을 두고 운영한다.

④ 업무와 개인간의 불명확한 구분으로 이슈가 장기화될 수 있으며, 조직의 이익과 개인

의 이익이 상충되어 발전을 저해할 수 있다.

3) 전문가형 리더십

① 교육 및 코칭을 중심으로 운영하는 리더십으로 프로세스 및 업무 역량 평가를 중요시한다.

② 새로운 평가방식 도입, 새로운 프로세스 도입 등 운영을 통하여 서비스 조직의 업무 능력 향상을 중심으로 하며, 성장·확장하고 있는 조직 운영에 적합한 리더십이다.

③ 외부 교육, 기간별 교육, 코칭 방법 개선 등을 통한 직원의 성장에 중심을 두고 운영하며, 벤치마킹 등을 통한 비교우위를 중요시한다.

④ 전문성 강화를 위한 교육 및 코칭 등에 많은 시간과 비용이 소요되며, 신규 방식 도입의 사이클이 짧아 기존 방식에 대한 충분한 검증 없이 신규 방식이 도입되기도 한다.

4) 통제 관리형 리더십

① 재무와 프로세스를 중시하고 직무별 업무 구분이 명확하며, 각 구성원의 역할을 중요시한다.

② 표준화된 매뉴얼, 정형화된 시스템, 직무별 업무역량 및 프로세스 절차를 중요시하여 운영되며, 대규모 또는 규제가 엄격한 산업의 서비스 조직에서 적합한 리더십이다.

③ 회사의 지침 및 업무 규제 등을 중시함에 따라, 직원의 QA 평가를 특히 중요시하며, 개개인의 결과 보다, 집단 또는 조직의 결과를 중요시한다.

④ 고객의 요청의 처리 시간이 내부 절차에 의해 지연될 수 있으며, 조직간 이기주의가 발생될 수 있고, 수동적인 조직 운영이 될 수 있다.

(3) 바람직한 서비스 조직 리더십의 조건

1) 비전 제시 및 역할모델

① 서비스 조직 관리자 구성원들에게 비전을 제시하여 직원의 역량을 집중할 수 있게 해

야 한다.

② 서비스 조직의 비전을 제시한다는 것은 구성원 개개인의 비전을 정립할 수 있는 기준 및 근거를 마련한다는 것을 의미한다.

③ 또한 비전 달성을 위해 구성원 개개인이 어떠한 일을 수행해야 할지를 구체적으로 제시할 수 있어야 한다.

④ 관리자는 구성원들의 본보기로서 올바른 가치관이나 태도 그리고 적절한 방향 제시 및 솔선수범하는 자세와 구성원 간의 신뢰 구축 등을 통해 영향력을 발휘할 수 있어야 한다.

⑤ 방향과 목표 제시 및 영향력 발휘를 통해 직원의 참여를 이끌어 낼 수 있고 역량을 결집시켜 비전과 목표를 달성할 수 있다.

2) 커뮤니케이션 활성화

① 서비스 조직이 효율적이고 강력한 조직이 되려면 훌륭한 커뮤니케이터가 존재해야 한다.

② 서비스 조직 관리자는 커뮤니케이션을 활성화하기 위하여 개방성을 바탕으로 조직의 건전성을 확보하여야 하며 조직 내 발생하는 오해와 갈등을 효과적으로 풀어 나가야 한다.

③ 관리자는 구성원들의 의견에 대해서 끊임없이 개방적인 태도를 유지하여야 하고 소통할 수 있는 창구나 채널을 마련해 놓아야 한다.

④ 커뮤니케이션의 특성을 정확히 이해해서 쌍방향 커뮤니케이션이 이루어질 수 있도록 하고 구성원들 간의 커뮤니케이션이 원활히 일어날 수 있도록 노력하여야 한다.

⑤ 관리자가 커뮤니케이션을 활성화하기 위해 가장 기본적으로 갖추어야 할 자세는 경청이다.

3) 감성적인 서비스 조직 문화 창조

① 서비스 조직은 이성과 논리보다는 감성이 주를 이루는 조직이다 보니 이러한 서비스 조직의 특성을 이해하고 감성적인 조직 문화로 변화시킬 수 있는 관리자가 필요하다.

② 업무에 있어서는 합리적이고 이성적인 판단을 하고 가슴으로는 조직의 문화를 변화 시키기 위한 따뜻한 감성이 자리 잡은 관리자가 되어야 한다.

③ 감성이 주를 이루는 서비스 조직 문화 창조를 위해 긍정적인 감성으로 조직을 운영하 여야 한다.

④ 충분한 대화 및 의견 교환은 물론 상호 간의 경청을 통해 신뢰와 협조가 바탕이 된 서 비스 조직 문화를 창조해 내는 역할을 충실히 수행해 내야 한다.

⑤ 서비스 조직의 특징을 규정지을 수 있는 문화여야 하며 그런 의미에서 서비스 조직 관리자는 감성 관리자라고도 할 수 있다.

4) 부하의 역량 발굴 및 양성

① 직원의 잠재된 역량을 이끌어 내고 지속적으로 개발해 줄 수 있는 리더의 능력이 중 요하다.

② 직원들의 '기'를 살리고 이를 통해 자신의 능력을 최대한 발휘할 수 있도록 서비스 조 직 환경이나 분위기를 조성해 주는 관리자가 필요하다.

③ 직원의 역량을 향상시키기 위해서는 동기부여, 권한위임, 코칭 및 교육, 훈련, 피드 백 등이 적절히 이루어져야 하며 경쟁력 확보를 통해 성과를 창출할 수 있는 조직구 조로 개편해야 한다.

④ 지속적인 관심과 기대를 통해 직원들이 새로운 지식과 능력을 끊임없이 배양할 수 있 도록 분위기나 환경을 마련해 주고 성장할 수 있도록 배려와 독려해 주는 역할을 수 행하여야 한다.

5) 꾸준한 자기관리와 태도

① 관리자는 꾸준한 자기관리와 태도의 유지를 통해 직원들의 역할 모델이 되어야 한다.

② 조직의 목표를 위해 상호 협력하고 충고 또는 관심이나 배려를 통해 상호 간의 신뢰 구축은 물론 지속적인 방향성을 제시하고 조직을 활성화시키는 변혁적인 리더십이 필요한 조직이다.

③ 직원들의 실수나 잘못에 대해서 인내와 관용적 태도를 유지하여야 하며 감정에 치우

서비스 코칭 활용

치지 말아야 하고 절제와 자기 통제능력 배양을 통해 훌륭한 리더십의 조건을 갖추어 나가야 한다.

④ 직원들에게 균형적이고 올바른 역할모델이 되려면 끊임없이 자기계발에 힘써야 한다.

6) 일하기 싫은 관리자의 특징

① 특정 직원을 편애하는 관리자

② 공사 구분 없는 도덕적으로 결함이 있는 관리자

③ 함께 일하는 동료나 부하직원의 말에 귀기울이지 않는 관리자

④ 과정보다는 결과(성과)에 집착하는 관리자

⑤ 감정기복이 심하고 독단적인 관리자

⑥ 강한 자에게 약하고 약한 자에게 강한 관리자

⑦ 숫자와 통계에만 집착하는 상사

⑧ 직원과 신뢰도 없고 오직 지시와 통제 중심의 독선적인 관리자

⑨ 업무 추진 시 제대로 방향도 못 정하고 갈팡질팡하는 관리자

⑩ 인정과 칭찬에 인색한 관리자

7) 서비스 조직 관리자들의 부담 요소

① 자신보다 나이 많은 접점직원 관리에 부담을 느낌

② 인센티브와 프로모션 포함해 자신보다 더 많은 급여를 가져가는 직원

③ 일을 도와주지 않고 눈치도 보지 않으며 당당히 정시에 퇴근하는 직원

④ 사장이나 책임자 바꾸라는 진상 고객의 요구

⑤ 위로받으려고 갔더니 "옛날에 나도 그랬다"라고 답변하는 상사

⑥ 성과관리 해도 향상되지 않는데 그 정도 수준에 만족하는 직원

⑦ 민원 유발해서 책임자 건으로 이관시키는 직원

⑧ 성과 저조하거나 목표 미달성 시 모든 원인을 관리자에게 몰아가는 분위기

⑨ 목표 달성 불가능한 지표 및 평가기준을 가지고 부하직원 설득해야 하는 상황

⑩ 고액 연봉자 수준의 업무와 사장 수준의 책임감이지만 열악한 급여조건

(4) 리더십 코칭

리더들이 스스로 자신의 말과 행동을 되돌아보게 하고 더 나은 리더십을 발휘할 수 있도록 지원해 주는 것이 바로 리더십 코칭이다. 코치 역할을 수행하는 사람이 스스로 자신의 말이나 행동에 당당하지 못하면 제대로 된 코칭이 이루어지기 힘들다. 따라서 자신을 객관적으로 평가하고 개선함으로써 더 나은 리더십을 발휘할 수 있도록 해 주는 코칭이라고 할 수 있다.

1) 리더십 코칭에 대한 이해
① 조직의 변화 속도가 빠르게 변화하고 신속한 의사결정이 중요한 시점에 기존의 가치와 세대 그리고 새로운 가치와 세대가 공존하는 조직에서 적절한 리더십 발휘가 어려워지고 있다.
② 리더를 위한 교육이나 훈련을 제대로 받지 못해서 서비스 조직에 맞는 리더십 역량을 갖추지 못하고 리더를 맡는 경우가 많다.
③ 리더십을 발휘할 수 있는 구조적인 환경이나 분위기가 마련되어 있지도 않고 리더의 일방적인 희생을 담보로 하는 경우가 많다.
④ 피드백에 대한 결과 및 확인이 단시간에 이루어지는 것이 아니라는 특성으로 인해 리더십을 발휘한 후 체감이 쉽지 않다.
⑤ 대상 직원에게 피드백을 제공할 때 반응이 호의적이지도 않고 수용에 대한 태도 또한 수동적이어서 리더십 발휘가 어렵다.
⑥ 리더들이 스스로 자신의 말과 행동을 되돌아보게 하고 더 나은 리더십을 발휘할 수 있도록 지원해 주는 것이 바로 리더십 코칭이다.
⑦ 리더가 갖추고 있는 능력이나 가능성을 최대한 도출하여 결과적으로 더 높은 성과를 창출하도록 도움을 주는 일이 리더십 코칭이다.
⑧ 기존의 리더십 평가가 '과거'에 맞추어져 있다면 리더십 코칭은 '미래', '가능성', '향상된 리더십'에 초점을 맞춘다.
⑨ 기존의 평가결과에 따른 피드백이나 교육이 일방향적인(One way) 방식이라면 코칭은

리더가 주체적으로 자신을 성찰하고 개선을 위해서 스스로 노력한다는 측면에서 차이가 있다.

⑩ 리더십 코칭은 리더십 변화에 따른 효과가 기존의 피드백이나 교육보다 더 직접적이고 즉각적으로 나타나는 경향이 있다는 것이 특징이다.

2) 리더십 코칭이 필요한 이유

① 자신의 리더십에 대해서 정확하게 판단하고 객관적으로 평가해 주는 사람들이 없다.

② 객관적인 평가나 피드백이 없으면 자신의 과거 경험에만 의존하여 의사결정을 하거나 책임을 회피하는 경우가 발생한다.

③ 직원들과의 커뮤니케이션 스킬이 부족해 감정적인 자극이나 오해를 불러일으킨다.

④ 자신뿐만 아니라 조직의 문제가 무엇이고 어떻게 해야 할지를 모르는 경우가 많다.

　　예시　밀레니얼 세대와의 업무 수행, 조직 내 갈등관리, 상사와 직원 사이에서의 애매한 위치, 성향이 다른 부하직원과의 관계 등

⑤ 직급이 오를수록 조언 또는 도움을 받을 수 있는 대상이 제한적이고 리더 스스로 해결해 나가야 한다는 부담감이 작용한다.

⑥ 부하직원이 생각하고 있는 리더의 모습이나 행동을 객관적으로 전달하기 어렵다.

⑦ 직급이 오를수록 자신의 약점이나 단점을 보이고 싶어 하지 않는 행동으로 인해 제대로 된 행동 변화가 일어나기 어렵다..

⑧ 기존의 조직에서 실시하는 리더십 교육이나 훈련 및 평가 피드백은 일회성으로 그치는 경우가 많고 단시간에 일방적인 정보와 지식을 전달하기 때문에 실질적인 리더십 변화에는 한계가 있다.

3) 리더십 코칭과 조하리의 창(Johari's Windows)

리더십 코칭을 시작할 때 관리자는 성찰을 통해 자기 자신을 정확히 이해하고 아는 것부터 시작해야 한다. 자기 자신을 모르고 시작하는 코칭은 제대로 된 결과가 나올 수 없기 때문이다. 리더십 코칭을 통해 자기 자신은 물론 타인(동료, 직원 등)도 아는 영역을 확인하고 타인은 알고 있지만 리더 자신은 모르는 영역을 알게 된다.

미국의 심리학자 조지프 루프트(Joseph Luft)와 해리 잉햄(Harry Ingham)의 주장에 의하면 사람에게는 '자기도 모르는 자아'가 있다고 한다. 이들은 사람의 자아를 마치 네 개의 창(窓)이 있는 것과 같은 구조로 파악하고, 이 창을 통해 상대방을 잘 살필 때 소통이 가능하다고 보았다. 이 네 개의 창을 그들의 이름을 따서 '조하리의 창(Johari's Windows)'이라고 부른다.

① '열린 창'의 경우 자신도 타인도 알고 있으며 창이 투명하게 다 보이기에 상대방과의 소통이 원활할 수밖에 없다.

② "숨겨진 창'의 경우 자신만 아는 자아의 영역으로 집에서 보이는 모습과 조직에서 보이는 모습이 다른 경우라고 할 수 있다. [자신만이 알고 있는 비밀, 약점, 희망사항, 욕망, 욕구 등]

③ "보이지 않는 창'의 경우 자신은 모르는데 타인은 알고 있는 영역으로 타인의 노력이나 조언을 통해 열릴 가능성이 있다. [특이한 말버릇, 독특한 성격, 특이한 습관, 등]

④ "닫힌 창'의 경우 자기 자신도 전혀 모르는 타인도 알지 못하는 미지의 창으로 많은 심리학자들의 연구 대상이기도 한 영역이다.

⑤ "열린 창'이 넓은 사람들은 인간관계는 물론 타인에 대한 경청이나 타인과의 친밀감

또는 자기표현이 원만한 특징을 가지고 있다.

⑥ "보이지 않는 창'의 경우 자신의 의견은 물론 기분을 잘 표현하고 자신감이 넘치며 남에게 솔직한 특징을 가지고 있다.

⑦ "숨겨진 창'의 경우 상대에게 숨기고 싶은 것도 있지만 자발적으로 표현하지 않기 때문에 서로 친밀한 관계가 아니면 알지 못하며 대부분의 사람들이 이러한 특징을 가지고 있으며 타인에게는 수용적인 태도를 보이면서도 자신에 대해서는 함구하는 경우가 많은 것이 특징이다.

⑧ "닫힌 창'의 경우 대인관계에서 있어서 소극적이고 혼자 있는 것을 좋아하는 유형으로 고집 및 주관이 센 것이 특징이며 리더일 경우 조직 성과는 물론 조직에 다양한 문제를 유발한다.

⑨ "열린 창'은 이미 열려 있는 상태이고 '보이지 않는 창'과 '미지의 창'은 일반적으로 들여다보기 어려운 창이므로 전문가의 영역이라고 할 수 있다.

⑩ "보이지 않는 창'의 경우 상대방이 모르는 영역이므로 단점을 인지시키고 바로잡아 주거나 장점을 발견해 칭찬해 준다면 바람직한 관계로 발전할 수 있다.

⑪ '다만 관심과 애정이 있다고 하더라도 상대에게 강요 또는 억지로 창을 열게 해서는 오히려 반감을 일으킬 수 있다. [돌직구 화법, 억양, 어투, 어조, 표정 등]

⑫ '리더십에서 가장 효과적이고 바람직한 형태는 '열린 창'이며 나머지 창은 성과는 물론 조직 운영과 관련하여 다양한 문제를 양산할 가능성이 있다.

• 조하리 창의 형태에 따른 관리자 유형별 특징

유형	노출	피드백	특징	조하리 창의 형태
Ⅰ	X	X	• 부하직원과의 소통은 물론 노출 및 피드백을 제공하지 않으며 이러한 유형은 조직의 성과를 저하시키고 조직원들과의 관계가 원만하지 않아 다양한 문제를 양산함	닫힌 창
Ⅱ	X	O	• 자기표현이 부족하고 무뚝뚝함 • 피드백을 제공하기는 하지만 자신을 노출하지 않기 때문에 신뢰감 및 공감대 형성이 어려움 • 부하직원들과 피상적인 관계 유지	숨겨진 창

III	O	X	• 타인 의견 무시, 자기주장이 강함 • 소통 어렵고 부하직원들의 신뢰감 X • 부하직원들로 하여금 적대적인 감정 유발	보이지 않는 창
IV	O	O	• 가장 바람직하고 효과적인 유형 • 적절한 자기노출과 표현, 피드백 제공 • 상호 간 신뢰 형성 및 부하직원의 피드백도 수용	열린 창

4) 서비스 조직에서 리더십 코칭을 위한 고려사항

서비스 조직에서는 리더의 역할이 중요함에도 불구하고 체계적인 교육이나 훈련이 부족하고 또한 시간의 제약으로 인해 리더십 변화를 위한 코칭을 제공받기 어렵다. 서비스 조직에서 리더십 코칭을 위해 고려해야 할 사항들을 정리하면 아래와 같다.

① 리더십 코칭이라는 것이 단순히 리더십이 없는 관리자를 대상으로 하는 것이 아니라는 사실을 인식하여야 한다.

② 내부가 아닌 내・외부 전문가를 통해 리더십 코칭을 진행하고 코칭에 투입되는 비용이나 시간을 지원해야 한다.

③ 리더십 코칭을 통해 리더십이나 조직의 변화가 발생했는지 여부를 모니터링하고 우수 사례를 발굴하는 작업이 필요하다.

④ 단기가 아닌 장기적인 관점에서 이루어지는 코칭인 만큼 조직에서의 지원은 필수적이다.

⑤ 코칭의 목적이나 목표가 구체적이고 세부적으로 정한 상태에서 진행되어야 한다.

⑥ 코칭의 결과로 인해 개선의 정도가 크거나 서비스 조직에 있어서 문제를 개선할 수 있는 문제를 중심으로 목표를 정하는 것이 바람직하다.

　　예시 경청능력이 부족한 관리자를 위한 경청 스킬 향상 [할 말의 20%만 하기, 말 끊지 않기 등]

　　　　피드백을 쉽게 하는 스킬 개선 [감정이 아닌 사실에 집중하기, 눈 마주치기, 맞장구 등]

⑦ 대화나 행동 관찰 외에 축적된 다양한 피드백을 근거로 해당 관리자에게 피드백을 전달한다.

⑧ 피드백 과정에 반복적으로 나타나는 행위나 유의미한 내용을 정리해서 해당 관리자에게 피드백을 해 줌으로써 리더십 개선 및 보완 포인트를 도출해 제공한다.

　　　　　　　　　　　　　　　　　　　　　　　서비스 코칭 활용

01. 경청 및 공감을 위한 커뮤니케이션 방법으로 <u>바르지 않은 것</u>은?

① 단순히 말로만 반응하는 것이 아니라 말한 내용이나 행동에 맞춰 적절한 반응이 중요하다.

② 절대 일방적으로 이야기하지 않도록 말을 하고 난 뒤 한 템포 쉬어 가는 여유를 가진다.

③ 상대방의 심리적인 거리를 줄이기 위해서 상대방의 '기분'과 '바람'에 주목하면서 듣는다.

④ 대화 도중 사실에 대한 공감은 하되 감정에 대한 공감은 가급적 지양하면서 맞장구를 쳐 준다.

▶ 해설: 감정이나 사실에 대한 공감 모두 해 주는 것이 바람직하며 사실에 대한 공감의 경우 상대방이 말한 사실에 대한 중요 포인트를 반복해 주는 것이 좋다(복창 및 확인).

02. 코칭을 할 때 자신의 마음을 상대방에게 온전히 전달하게 하는 커뮤니케이션 예시(표현)로 <u>바르지 않은 것</u>은?

① "나는 ○○○ 씨가 해당 업무를 해 주었으면 해. 왜냐하면 ○○○ 씨가 그 업무에 적격이라고 생각하기 때문이야."

② "맡긴 일이 이렇게 된 이유가 무엇인지 설명해 줄 수 있나요?"

③ "○○○씨가 그 업무를 해 주면 팀에 많은 도움이 될 것 같은데….

④ "○○○씨가 몇 번 설명했는데도 이해를 못 해서 제가 좀 속상하네요."

▶ 해설: 의견을 전달할 때는 '너 전달법(You message)'이 아닌 '나 전달법(I-message)'을 활용하여 전달해야 한다.

03. 자신이 전하고 싶은 말이나 의도를 명확하게 전달할 때 바르지 않은 것은?

① 전하고 싶은 말을 What-How-Why에 의거하여 구체적으로 전달

② 객관적인 상황이나 구체적인 근거에 입각하여 전달

③ 말은 절대 흐리지 말고 또박또박 자신이 하고자 하는 말을 전달

④ 짧은 단어와 문장보다는 추상적이고 감각적인 문장을 사용하여 전달

04. 의욕 및 의지를 높이기 위한 코칭 커뮤니케이션 방법에 대한 설명 중 바르지 않은 것은?

① 서비스 조직에서의 자신의 위치나 역할을 명확하게 이해를 시킨다.

② 당위성만 강조한다면 자신의 욕구나 의욕을 높일 수 있는 말로 표현할 수 있도록 유도한다.

③ 업무수행 과정에서 겪는 불만·불편사항을 말하게 하고 관리자는 듣기만 하되 절대 자신의 생각을 말하지 않는다.

④ 목표 달성에 대한 의지를 확인하고 지원 및 지지하겠다는 약속을 한다.

▶ 해설: 불편 및 불만사항에 대해 솔직히 자신의 생각을 말하는 것이 바람직하며 이외에 제안으로의 전환, 개선 불가함 또는 가능함, 인정 등에 있어서는 솔직하게 자신의 생각을 말한다.

05. 코칭 커뮤니케이션 중 직원의 매너리즘 개선을 위한 코칭이 어려운 이유가 아닌 것은?

① 서비스 조직의 경우 여초 조직이고 경력개발의 한계가 명확해 비전을 제시하기 어렵다.

② 내·외부 자원 활용이 제한적이며 경직된 조직문화에 익숙한 기존 직원의 변화가 어렵다.

③ 상담직원이 이미 경험을 통해 관리자의 태도나 자세 또는 커뮤니케이션, 접근방법, 해법 및 문제에 대한 해결 프로세스 등에 대해서 너무도 잘 알고 있다.

④ 내부의 객관적인 평가에 근거해 의지나 의욕 자체가 없는 경우 적극적인 인사조치를 하는 조직의 강경함으로 인해 매너리즘 개선이 어렵다.

06. 목표 달성 및 의욕을 향상시키기 위한 코칭 커뮤니케이션에 대한 설명으로 <u>바르지 않은</u> 것은?

① 역할과 책임은 물론 업무 수행 과정에서 반드시 이행해야 할 일들을 명확하게 인식하게 한다.

② 경험이 많은 직원이라면 역할 모델을 찾게 하고 이들 모델을 멘토로 정해 준다.

③ 과도한 목표로 인해 목표를 잃고 헤매거나 불안한 감정에 휩싸인 경우 장애요소를 모두 적어 보게 하거나 말하게 한다.

④ 의지가 꺾이거나 저하되었을 때는 목표를 달성 했을 때의 이미지를 떠올리게 한다.

▶ 해설: 경험이 있는 직원이라면 기존 경험이나 자원을 환기 및 활용하게 하거나 목표 달성 과정에서 어려움을 겪을 때 아이디어나 경험 또는 내외부의 자원을 적극 지원하는 것이 바람직하다.

07. 목표 달성 및 개선활동이 더딘 상담 직원을 위한 코칭 커뮤니케이션에 대한 설명으로 <u>바르지 않은</u> 것은?

① 목표 달성을 어렵게 하거나 개선 활동이 더딘 이유가 무엇인지를 구체적으로 목록화하게 한다.

② 정량적인 목표 달성이 목적인 경우 지속적인 트래킹(Tracking)은 목표와 차이를 줄이기 어렵다.

③ 속도가 더딘 직원에게는 단기 달성 과제나 목표를 제시하고 이에 대한 진척도를 모니터링한다.

④ 시간관리 매트릭스를 통해 현재 하고 있는 일들에 대해서 우선순위를 정한다.

▶ 해설: 트래킹은 객관적인 수치와 통계에 근거한 모니터링 및 지도, 교육 및 훈련 등을 실시하는 행위이다. 트래킹과 함께 정기적으로 진척도는 물론 해당 직원의 상황을 확인할 수 있는 시간 및 조를 만드는 것이 중요하며 진척된 상황에 대해서는 인정 또는 칭찬을 병행하는 것이 바람직하다.

08. 관리자보다 나이 많은 직원들 중 '부정 및 반목형'의 성향이나 행동방식에 대한 설명으로 바르지 않은 것은?

① 비공식적인 조직이나 동료들을 세력화하거나 동조하게 함

② 지적받지 않을 정도의 성과 및 업무 강도 유지

③ 나이도 많고 경험도 많으며 근속기간도 많아서 리더보다는 우월하다는 생각

④ 나갈 수는 없고 월급은 받아야 하니 어쩔 수 없이 다녀야 한다는 생각

▶ 해설: 3가지 예시 중 하나는 '순응 및 적응형'이다.

09. 관리자보다 나이가 많고 근속기간이 오래되다 보니 조직의 상황이나 사정을 너무도 잘 알고 있고 경험도 풍부하지만 고집이 세고 새로운 일을 받아들이지 않으려는 태도를 유지하려 하는 직원에 대한 커뮤니케이션 방법에 대한 설명으로 바르지 않은 것은?

① 관리자가 존중하고 있다는 느낌을 전달하면서도 위신 및 적절한 대우를 해 주며 배려한다.

② 인정이 먼저 선행되어야 하며 상하관계 또는 수직적인 관계를 명확하게 설정하고 유지한다.

③ 정당한 지시 불이행에 대한 처리 절차는 명확한 근거와 사실에 근거해 단호하게 전달한다.

④ 공식적인 자리와 비공식적인 자리에서 지켜야 할 절차나 규칙을 만들어 활용한다.

▶ 해설: 나이 많은 직원을 상하관계 또는 수직적인 관계가 아닌 상호 존중하는 파트너 또는 조력자로 대하는 관계 설정도 바람직하다. 일방적으로 따라오거나 지시하는 식의 접근보다는 서로 상의하거나 경험이 많은 연장자의 입장에서 의견이나 조언을 구하는 것이 좋다. 또한 팀 내 특정 문제가 발생했을 경우 도움을 요청한다.

10. 불평이 많은 직원에 대한 코칭 커뮤니케이션에 대한 설명으로 바르지 않은 것은?

① 불만이나 불평에 대한 얘기를 다 들어주고 공감 및 재확인하며 제안으로 전환시킨다.

② 불만 파악이 우선이며 감정적인 대응이나 자극을 줄 수 있는 용어 사용은 절대 금해야 한다.

③ 업무를 중심으로 소통해야 하며 무엇보다 객관적인 사실을 근거로 얘기를 풀어 나가야 한다.

④ 불만이나 불평 또는 자신의 태도에 대한 판단을 하게 하되 관리자가 상황에 대한 입장 정리를 하도록 하는 것이 바람직하다.

▶ 해설: 불만이나 불평 또는 자신의 태도에 대한 본인의 판단은 물론 주체적인 입장정리가 가능하도록 하는 것이 바람직하다.

11. 근무태도가 불량하고 관리자의 지시를 불이행하는 직원을 위한 코칭 커뮤니케이션에 대한 내용으로 바르지 않은 것은?

① 근무태도 불량이나 지시 불이행이 반복될 경우 받게 될 불이익을 명확히 전달한다.

② 근무태도나 지시 불이행에 대한 질책을 할 경우 다른 팀원이 있는 곳에서 하는 것이 아닌 일대일 상태에서 해야 한다.

③ 대부분 강압적인 관리자의 태도나 서비스 조직 환경에 불만이 많은 주변 동료들의 영향일 가능성이 높다.

④ 근무태도 또는 지시 불이행에 대한 질책을 할 때 한 가지 사실만을 중심으로 문책하는 것보다는 모두 끄집어내서 하는 것이 바람직하다.

▶ 해설: 근무태도 또는 지시 불이행에 대한 질책을 할 때 모두 끄집어내서 하지 않고 반드시 한 가지 사실만을 중심으로 문책하는 것이 바람직하다. 왜냐하면 단점들만 말하는 것으로 받아들여 들으려 하지 않기 때문이다.

12. 서비스 조직의 밀레니얼 세대(20~30대 초) 또는 개인주의적인 성향의 직원을 위한 코칭 커뮤니케이션에 대한 설명으로 바르지 않은 것은?

① 문자 세대여서 억양이나 어투에 영향이 적으나 정확하고 명확하게 답을 주어야 한다.

② 문제가 발생했을 경우 기다렸다가 표현하는 것이 아니라 바로 피드백하고 표현하여야 한다.

③ 밀레니얼 세대 코칭 중 가장 중요한 것은 즉각적이고 빠른 답변과 친절한 피드백이다.

④ 공격적인 말보다는 호응하면서 공감하는 것이 바람직하다.

▶ 해설: 자기 의견이나 주장을 적극적으로 내는 데 익숙한 세대라는 점을 이해해야 하며 관리자가 모두 이끌어야 한다거나 답을 주어야 한다는 강박에서 벗어나야 한다. 또한 억양이나 어투에 많은 영향을 미치므로 이 점에 유의하여야 하며 긍정적이고 친절한 피드백과 인정이 밀레니얼 세대에는 만족과 안정감을 준다는 사실을 반드시 인지하고 커뮤니케이션하여야 한다.

13. 서비스 조직 성과관리의 필요성에 대한 설명으로 <u>바르지 않은</u> 것은?

① 서비스 조직의 목표나 전략이 제대로 수행되고 있는지를 확인할 수 있으며 이를 통해 주어진 역량이나 자원들을 효율적이고 효과적으로 활용할 수 있다.

② 성과관리를 통해 팀은 물론 개인의 성과를 점검하고 이에 대한 적절한 피드백과 개선 및 보완이 이루어져야만 효율적인 운영을 기대할 수 있다.

③ 동기부여는 물론 조직 활성화에도 기여할 수 있으며, 성과관리를 통한 차별화된 보상 기준을 마련함으로써 건전한 경쟁을 유발하고, 이를 통해 조직의 목표나 비전을 달성할 수 있다.

④ 팀이나 개인의 잘한 점과 못한 점 또는 잘못을 명백한 통계나 사실에 근거해 개선하고 서비스 비용 억제는 물론 경쟁업체 현황분석을 통한 합리적인 지표를 선정하기 위하여 필요하다.

14. 성과관리에 대한 조직 관점의 이슈들에 대한 설명으로 <u>틀린</u> 것은?

① 오랜 근속기간과 풍부한 경험이 업무는 물론 직원들을 잘 알고 있다고 오해

② 환경 및 세대가 변화했는데 눈높이를 상황이나 직원에게 맞추지 못하는 꼰대 기질의 관리자

③ 관리자의 경험과 노하우를 근거한 관리보다는 객관적인 사실과 통계 중심의 조직 운영

④ 관리자의 책임과 권한에 대한 명확한 인식의 부재와 자발적인 의지에 근거한 실행력 부족

▶ 해설: 객관적인 사실과 통계에 근거한 서비스 조직 운영보다는 개인적인 경험과 노하우를 기반으로 한 추측 및 감에 의한 조직 운영으로 생산성이나 조직의 목표 도달이 어렵다.

15. 서비스 조직 성과관리를 위한 실행지침으로 <u>옳은 것은?</u>

① 신입 직원들보다는 기존직원의 역량 및 능력을 향상시키고 성장을 돕는다.

② 공정하되 보상에 있어서는 섬세함이 필요하며 인정과 칭찬을 병행한다.

③ 직원들의 역량, 숙련도 및 자격보다는 성과 결과에 따라 업무 목표를 설정한다.

④ 합의보다는 탑다운(Top down) 방식에 의해 설정된 목표와 구체적인 실행 과제를 문서화한다.

16. 서비스 조직 성과관리 프로세스 중 아래에서 설명하고 있는 절차는 어디에 해당하는 것인가?

- 설정된 목표를 달성하기 위해 접점 현장에서 이루어지는 모든 활동
- 수시 관리나 점검이 필요하며 구성원들이 능력을 발휘할 수 있도록 환경 및 조건 마련
- 관리자는 설정된 목표를 수행해 나갈 수 있도록 조율해 나가는 역할 수행

① 목표설정   ② 실행   ③ 평가   ④ 피드백

17. 서비스 조직 성과관리 프로세스 중 평가에 대한 설명으로 <u>바르지 않은 것은?</u>

① 성과관리는 업적평가와 역량평가가 병행되어야 균형적인 성과관리가 이루어짐

② 업적평가는 단기 관점에서 직무수행 결과를 평가하며 인센티브나 보상을 시행하기 위한 평가

③ 역량평가는 직무수행능력 평가 및 목표달성을 위해 필요한 지식, 기술, 태도 등의 요소를 평가

④ 역량평가가 '이미 해 놓은 것(Already done)'에 대한 평가라면 업적평가는 '할 수 있는 것(What can do)'에 대한 평가

▶ 해설: 업적평가가 '이미 해 놓은 것(Already done)'에 대한 평가라면 역량평가는 '할 수 있는 것(What can do)'에 대한 평가라고 할 수 있다.

18. 서비스 조직 평가항목에 대한 설명으로 바르지 않은 것은?

① 평가지표 선정 시 가장 먼저 고려되어야 할 사항은 서비스 전략 및 운영방향이다.

② 평가항목은 조직 규모에 상관없이 실적, 근태, 업무능력 및 태도, 팀에 대한 평가, 기타(가감점) 등으로 구분하는 것이 일반적이다.

③ 평가지표 선정 시 가장 먼저 고려되어야 할 사항은 서비스 전략 및 운영방향이다.

④ 업무실적의 경우 양적·질적 지표 개발 시 측정 지표의 객관성을 유지하기 위한 방안이 선행되어야 한다.

▶ 해설: 평가항목은 크게 서비스 조직 업무에 대한 실적, 근태, 업무능력 및 태도, 팀에 대한 평가, 기타(가감점) 등으로 구분할 수 있으며 조직의 규모에 따라 세분화되는 것이 일반적이다.

19. 서비스 조직 지표에는 외부 고객에 의해서 평가되는 지표와 내부 운영 결과에 따라 평가되는 지표가 있다. 아래 지표 중 성격이 다른 하나는 무엇인가?

① 고객만족도조사(CSI)

② 비용 및 자원 효율성 지표

③ 수익성 관련지표

④ 서비스품질 관련지표

▶ 해설: 고객만족도조사나 NPS 조사는 외부 평가지표로 고객 또는 외부기관에 의한 평가에 의해서 진행되는 서비스 조직 평가지표 중 가장 일반적이면서도 핵심적인 평가 지표라고 할 수 있다.

20. 평가에 따른 보상에 대한 설명으로 바른 것은?

① 보상의 대상, 보상의 규모 및 범위와 집행에 대한 방법 및 배분 계획까지 수립하여야 한다.

② 보상은 반드시 금전적인 부분에만 집중하여 계획이 수립되어야 하며 이에 대한 고려가 뒷받침되어야 한다.

③ 일반적으로 팀(파트) 또는 개인에 따라 차등하여 보상을 설계하는 것은 좋지만 공정보다는 공평한 기준에 의해서 보상이 이루어져야 불만이 없다.

④ 보상 프로그램을 설계할 때 서비스품질을 향상시키기 위한 지표만을 강조하여야 한다.

▶ 해설: 보상은 비금전적 보상과 금전적인 보상이 병행되어야 하며 공평이 아닌 공정한 평가 기준에 입각하여 보상이 이루어져야 한다.

21. 서비스 조직의 평가에 대한 공정성 확보 방안 중 바르지 않은 것은?

① 평가 결과에 대한 피드백

② 평가 결과에 대한 소명제도

③ 평가자에 대한 경고제도

④ 평가 이의자에 대한 면담 및 경고

22. 평가자의 수준과 합리성, 공정성을 유지할 수 있도록 관리하는 공정성 확보 방안의 하나로 예를 들어 평가불성실, 이의 신청에 의한 평가등급 수정, 평가기간 미준수 등으로 인한 문제 발생 시 해당 평가자에게 취할 수 있는 공정성 확보 방안은?

① 평가 결과에 대한 피드백

② 평가 결과에 대한 소명제도

③ 평가자에 대한 경고제도

④ 평가에 대한 이의신청

▶ 해설: 평가 결과에 대한 소명제도는 평가 결과에 대한 차이(Gap) 발생 시 소명을 요청하는 것으로 소명에 대한 평가 공정성에 기여하며 소명에 따른 불안감 해소 및 불이익 없도록 하는 것이 중요하다.

23. 평가 결과 활용에 대한 설명으로 <u>바르지 않은</u> 것은?

① 평가를 통하여 직원들에 대한 통제/관리에 대한 권한을 확보할 수 있다.

② 조직/팀/개인 평가 결과 분석을 통하여 성과의 차이를 가져오는 원인을 파악한다.

③ 평가 결과를 승급의 기준 항목에 반영함으로 역량과 연계한 유기적인 등급 관리가 가능하다.

④ 평가 결과를 활용해 보상을 할 경우 외적 보상을 중심으로 진행하는 것이 바람직하다.

▶ 해설: 보상의 경우 외적 보상과 내적 보상을 병행하는 것이 바람직하다.

24. 국내 서비스 조직의 실적 부진자 관리의 문제점에 대한 설명으로 <u>바르지 않은</u> 것은?

① 실적 저하의 원인을 프로세스나 전략, 교육의 부재 등의 요인이 아닌 개인의 문제로 치부함

② 실적과 잠재역량을 고려해서 실적 부진자에 대한 관리가 이루어지고 있음

③ 전체 센터의 목표 성과는 고려하지 않고 성과 하위자가 대상자로 선정되는 것이 대부분임

④ 개인차는 물론 갭 발생 원인에 차별화를 두지 않는 일괄적인 차원의 개선방안 적용

▶ 해설: 국내 서비스 조직의 경우 실제 성과와 잠재역량을 고려하지 않고 실적 부진자에 대한 관리가 이루어지고 있다.

25. 서비스 조직 실적 부진자 관리방안에 대한 설명으로 <u>바른 것은?</u>

① 아무리 역량이 우수해도 실적이 나쁘면 실적 부진자라고 할 수 있다.

② 실적 부진자 관리를 위해 객관적이고 명확한 공정성을 확보한다.

③ 형평성을 고려해 평가가 이루어지도록 객관적인 평가제도를 마련한다.

④ 역량을 제고하는 방법보다는 퇴출시키는 식의 접근 방법에 주력한다.

▶ 해설: 형평성을 고려한 나눠먹기식의 평가가 이루지지 않기 위해 객관적인 평가제도를 마련한다.

26. 서비스 조직 성과관리의 핵심요소를 통한 대상군 관리는 직원 성장에서 가장 중요한 요소인 역량과 의지를 기준으로 한다. 아래 역량과 의지 매트릭스에서 'I'에 해당하는 내용이 <u>아닌 것은?</u>

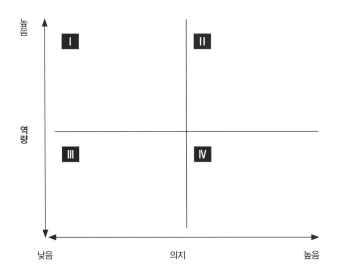

① 타 대상군에 비해서 지식 및 능력은 높음

② 심리적인 요인 발생 가능성이 높음

③ 자발적인 성장에의 욕구가 강함

④ 의욕 상실 및 감정 소진이 큰 편임

▶ 해설: 자발적인 성장에의 욕구가 큰 것은 II 영역에 해당하는 사항이다.

27. 의지나 역량 매트릭스를 통한 성과향상 코칭을 진행할 때 직접적인 방법과 간접적인 방법이 있는데 아래 예시 중 성격이 <u>다른 하나는?</u>

① 코치(관리자)에 의존할 가능성이 높음

② 지지와 격려, 위임, 장점 탐색 같은 것이 대표적인 방법

③ 답을 직접 제시하지 않기 때문에 시간이 소요됨

④ 코치(관리자)는 듣고 주로 직원들이 말을 하는 등 분위기 주도

▶ 해설: 코치에게 의존할 가능성이 높은 것은 직접적인 방법(Push)에 해당한다.

28. 서비스 조직 성과지표를 속성화한 매트릭스 분석에 대한 설명으로 <u>바르지 않은 것은?</u>

① 분석하고자 하는 대상(속성)을 X축과 Y축에 위치시키고 대상 간의 의미나 상황을 파악한다.

② 매트릭스 분석의 핵심은 어느 부분에 집중해야 하는가에 대한 명확한 답을 제시하는 것이다.

③ 실적 부진자뿐만 아니라 조직 전체에 개선해야 할 부분이 어떤 부분인지 명확히 보여 준다.

④ 매트릭스 차원이 증가할수록 직관성이 높아지고 분석이 단순해지고 명료화되는 특징이 있다.

▶ 해설: 상황이나 조건에 따라 분석하고자 하는 차원의 형태가 늘어나면 늘어날수록 직관성이 떨어지고 분석의 복잡해지는 등의 문제가 발생한다.

29. 아래 매트릭스를 통한 서비스 조직 개인별 성과관리 방향에 대한 설명으로 <u>바르지 않은 것은?</u>

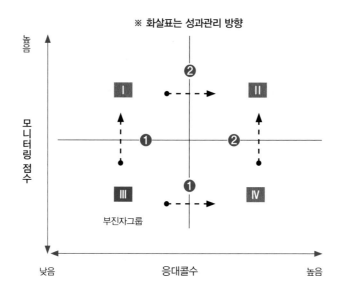

① 'Ⅰ'그룹 Ⅰ은 생산성은 낮은 반면 상담품질은 우수한 그룹으로 코칭 또는 성과관리를 진행할 때 호응 및 경청 등 고객을 만족시키기 위한 코칭이나 교육ㆍ훈련이 필요하다.

② 'Ⅱ'그룹은 생산성은 물론 상담품질 모두 우수한 그룹으로 적절한 방향성 제시와 적정 업무량만 부과해 최적의 결과를 낼 수 있도록 하는 것이 바람직하다.

③ 'Ⅲ'그룹은 흔히 실적 부진자 그룹이라고 할 수 있으며 생산성도 낮고 상담품질도 낮은 그룹으로 서비스 조직 관리자들이 집중적으로 교육ㆍ훈련시켜야 하는 그룹이다.

④ 'Ⅳ'그룹의 경우 생산성은 높은 반면 상담품질은 낮은 그룹으로 성과관리 진행 시 상담품질을 향상시키기 위한 코칭이나 교육ㆍ훈련이 필요한 그룹이다.

30. 실적 부진자 코칭방안에 대한 설명으로 <u>바르지 않은 것은?</u>

① 상위 수준에 맞춘 상담능력 평준화 조성

② 객관적이며 세부적인 평가 기준 마련

③ 적정 코칭법을 선택하여 효율적, 효과적인 통화품질 개선

④ 잦은 평가기준의 수정 및 보완 진행

31. 국내 서비스 조직 특성에 대한 설명으로 <u>바르지 않은 것은?</u>

① 절대 다수의 직원들이 정규직, 비정규직 형태로 혼재되어 고용되어 있는 조직

② 감정과 규범이 혼재되어 있으며 위계에 기반한 통제와 규율을 강조하는 조직

③ 감정노동이 심한 업무로 인한 정서적 소진이 많으며 과정 지향적인 조직

④ 많은 인원이 근무해 소통이 어렵고 감정전염(물결효과)이 심해 집단화 현상이 심한 조직

32. 갈등의 긍정적인 측면이라고 보기 어려운 하나는 무엇인가?

① 문제해결을 위한 대안 감소 및 상호 간의 입장 차의 감소

② 갈등해소 과정에서 상호 간의 관계 개선 및 강화

③ 다양한 의견의 개진을 통한 공동의 합리성 증가

④ 부정적인 감정 및 억압된 감정, 정서 발산

33. 서비스 조직에서 갈등발생 원인 중 업무상 요인이 <u>아닌 것은?</u>

① 불명확하고 정의되지 않은 업무(모호한 업무지시)

② 조직에서 공동으로 처리해야 하는 업무

③ 커뮤니케이션 부재 및 미흡
④ 과도한 업무 강도 및 업무량

▶ 해설: 커뮤니케이션 부재 및 미흡, 조직 내 정책 및 원칙의 부재, 산만하고 원칙 없는 의사결정, 한정적인 자원의 활용은 조직상 요인으로 발생하는 갈등요인이다.

34. 조직 내에서 오해와 갈등을 유발하는 심리적 원인 중 아래 박스에서 설명하고 있는 것은 어떤 유형에 해당하는 것인가?

- 이러한 행위를 심리학에서는 '행위자-관찰자 편향(Actor-Observer Bias)'이라 고 함
- 상황을 고려하지 않고, 모든 원인을 개인 탓으로 전가하는 사고 방식은 위험
- 이러한 태도는 분노, 좌절, 억울함, 우울 등 부정적인 감정에 빠뜨릴 위험성 이 높음
- '내가 하면 로맨스, 남이 하면 불륜'이라는 심리가 대표적이라고 할 수 있음

① 표현하지 않아도 분명 의도를 알고 있을 것이라는 착각 및 오류
② 자신에게는 유리하게 상대방에게는 불리하게 행동의 원인을 규정
③ 자신이 중요하다고 생각하는 것이 타인에게도 중요하다고 생각하는 오류
④ 자신만 객관적이고 보편적이라고 단정짓는 착각

35. 조직 내 갈등해결에 대한 매트릭스 중 'A'에 해당하는 갈등해결 방식은?

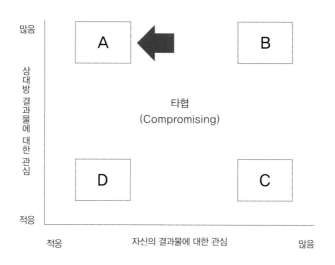

① 순응(Yielding)
② 경쟁(Contending)
③ 회피 · 포기(Inaction)
④ 협조 · 문제 해결(Compromising)

36. 관리자로서의 조직갈등 관리에 있어 자세와 태도에 대한 설명으로 바르지 않은 것은?
① 현실적이고 특정한 목표를 조직은 물론 구성원에게 부여하고 관심사를 주기적으로 강조한다.
② 갈등발생 시 적용되는 해소절차와 규칙을 마련하고 문제를 해결하는 데 필요한 지원을 한다.
③ 공정한 것보다는 공평해야 하므로 균형 잡힌 시각과 자세를 유지한다.

④ 주기적으로 갈등을 예방할 수 있는 커뮤니케이션 체계 및 채널을 마련하고 시행한다.

37. 서비스 조직 내 직원들의 성격 유형을 DISC형으로 구분한다면 주도형(Dominance)의 일반적인 특징에 대한 설명으로 바르지 않은 것은?

① 행동과 말이 빠르고 사람보다는 일을 중시하며 결과 지향적이고 앞뒤 가리지 않고 일을 벌임

② 일에 있어 진행이 빠르고 추진력이 있으며 직설적이며 자기주장이 강함

③ 도전을 받아들이며 의사결정을 빠르게 내리며 기존의 상태에 문제를 제기를 잘함

④ 매사에 꼼꼼한 스타일로 일에 있어서 깐깐하고 완벽함을 추구하며 자존심과 고집이 셈

▶ 해설: 매사에 꼼꼼한 스타일로 일에 있어서 깐깐하고 완벽함을 추구하며 자존심과 고집이 센 것은 '신중형(Conscientiousness)'에 해당한다.

38. 유형별 접점직원 대상 갈등을 최소화하기 위한 커뮤니케이션 방법 중 아래 해당하는 커뮤니케이션 방법은 어떤 성격 유형에 해당하는가?

- 주변 동료의 지지에 동기 부여됨 ["ㅇㅇㅇ 씨가 없으면 절대 안 됩니다"]
- 주도적인 역할을 할 수 있는 동료와의 친화 유도
- 수행해야 할 업무를 구분하고 구체적인 방향성을 정해 줌
- 공동작업 수행할 수 있는 기회 제공을 통해 실력을 발휘하도록 유도
- 좀 더 적극적인 표현과 함께 활기찬 분위기 조성이 중요
- 적절하게 감정을 자제하고 의견을 개진할 때는 좀 더 빠르게 할 것

① 주도형(Dominance)

② 사교형(Influence)

③ 안정형(Steadiness)

④ 신중형(Conscientiousness)

39. 조직에서 갈등을 일으키는 대표적인 문제적 직원 유형 중 남의 말을 듣지 않고 성급한 직원에 대한 커뮤니케이션 방법 중 바르지 않은 것은?

① 더 큰 갈등으로 번지기 전에 완충작용을 해 줄 수 있는 직원과 소통하게 한다.

② 객관적이고 중립적인 역할을 수행할 수 있는 중재자가 필요하다.

③ 단순히 참견이 아닌 해당 업무에 참여시켜 구체적인 결과물을 낼 수 있도록 유도한다.

④ 과도할 경우 그러한 태도가 미칠 영향과 제재에 대해 인지하도록 한다.

▶ 해설: ③번의 경우 잘난 척하고 간섭하며 자기 확신이 강한 직원에 대한 커뮤니케이션 방법이다.

40. 서비스 조직 내 갈등관리의 중요한 지침을 설명한 것들 중 바르지 않은 것은?

① 갈등해결에 있어 예방보다는 사후관리가 매우 중요하므로 관리자의 갈등해결 역량을 강화한다.

② 갈등요소를 파악하기 위해 조직 구성원의 의견이나 불만을 수렴할 수 있는 채널을 확보한다.

③ 갈등원인 및 불만 수렴 후 이를 최소화하기 위한 프로그램 및 제도를 도입한다.

④ 조직에서 발생하는 갈등 해결에 있어 가장 중요한 것은 신속한 대처가 핵심이다.

▶ 해설: 조직에서 발생하는 갈등해결에 있어 가장 중요한 것은 선제적인 대응이나 사전예방이다.

41. 조직 간의 커뮤니케이션을 중심으로 조직을 운영하는 리더십으로 정량평가보다는 정성적인 평가를 중요시하는 리더십 유형은?

① 조직 관리형 리더십   ② 분석적 리더십

③ 전문가형 리더십   ④ 통제 관리형 리더십

42. 바람직한 서비스 조직 리더십의 조건이라고 보기 어려운 것은?

① 서비스 조직 관리자 구성원들에게 비전을 제시하여 직원의 역량을 집중할 수 있게 해야 한다.

② 관리자가 커뮤니케이션을 활성화하기 위해 가장 기본적으로 갖추어야 할 자세는 자존감이다.

③ 감성이 주를 이루는 서비스 조직문화 창조를 위해 긍정적인 감성으로 조직을 운영하여야 한다.

④ 직원들에게 균형적이고 올바른 역할모델이 되려면 끊임없이 자기계발에 힘써야 한다.

▶ 해설: 커뮤니케이션 활성화를 위해서 리더가 갖추어야 할 자세는 경청이다.

43. 리더십 코칭이 필요한 이유에 대한 설명으로 바르지 않은?

① 자신의 리더십에 대해서 정확하게 판단하고 객관적으로 평가해 주는 사람들이 없다.

② 객관적인 평가나 피드백이 없으면 자신의 과거 경험에만 의존하여 의사결정을 하거나 책임을 회피하는 경우가 발생한다.

③ 직원들과의 커뮤니케이션 스킬이 부족해 감정적인 자극이나 오해를 불러일으킨다.

④ 직급이 오를수록 조언과 도움을 받을 수 있는 대상이 많지만 행동 변화가 일어나

기 어렵다.

▶ 해설: 직급이 오를수록 조언 또는 도움을 받을 수 있는 대상이 적어지고 약점이나 단점을 보이고
   싶지 않은 행동으로 인해 제대로 된 행동 변화가 일어나기 어렵다.

44. 조하리의 창에서 부하의 의견을 무시하거나 자기 주장이 강하며 소통이 어렵고 부하
    직원들을 대상으로 신뢰감을 주지 못해 결국 적대적인 감정을 유발하게 하는 것은
    어느 창의 형태에 해당하는 것인가?

① 열린 창   ② 보이지 않는 창   ③ 닫힌 창   ④ 숨겨진 창

45. 서비스 리더십 코칭을 시작할 때 관리자는 성찰을 통해 자기 자신을 정확히 이해하
    고 아는 것부터 시작해야 한다. 조직에서 리더십 코칭을 진행할 때 고려사항으로 바
    르지 않은 것은?

① 리더십 코칭은 리더십이 없는 관리자만을 대상으로 하는 것이라는 사실을 인식하
   여야 한다.

② 코칭의 목적이나 목표를 구체적이고 세부적으로 정한 상태에서 진행되어야 한다.

③ 단기가 아닌 장기적인 관점에서 이루어지는 코칭인 만큼 조직에서의 지원은 필수
   적이다.

④ 대화나 행동 관찰 외에 축적된 다양한 피드백을 근거로 해당 관리자에게 피드백
   을 전달한다.

▶ 해설: 리더십 코칭은 리더들이 스스로 자신의 말과 행동을 되돌아보게 하고 더 나은 리더십을 발
   휘할 수 있도록 지원해 주는 것이며 단순히 리더십이 없는 관리자만을 대상으로 진행하는 것이 아
   니라 조직을 이끌어 나가는 데 있어 부족한 부분이나 개인의 행동이나 문제에 대해서 객관적인 평
   가나 피드백을 통해 조직의 유무형 성과에 기여할 수 있도록 하는 등 광범위한 문제를 다룬다.

정답표

문항	1	2	3	4	5
정답	④	③	④	③	④
문항	6	7	8	9	10
정답	②	②	②	②	④
문항	11	12	13	14	15
정답	④	①	④	③	②
문항	16	17	18	19	20
정답	②	④	②	①	①
문항	21	22	23	24	25
정답	④	③	④	②	②
문항	26	27	28	29	30
정답	③	①	④	①	④
문항	31	32	33	34	35
정답	③	①	③	②	①
문항	36	37	38	39	40
정답	③	④	③	③	①
문항	41	42	43	44	45
정답	①	②	④	②	①